新編　史跡足利學校所藏古書分類目錄

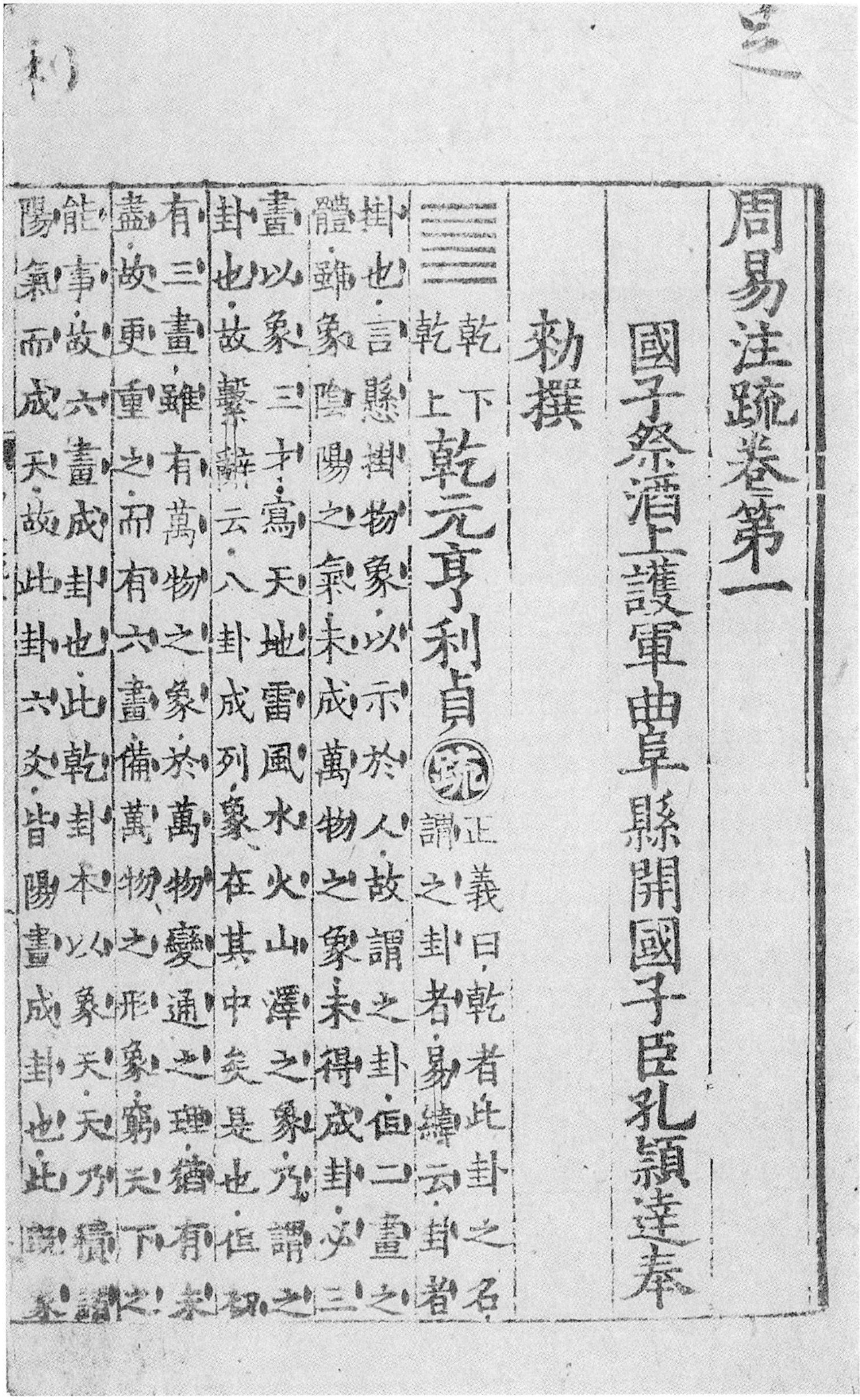
周易注疏卷第一
國子祭酒上護軍曲阜縣開國子臣孔穎達奉
勅撰
☰乾下乾上 乾元亨利貞 疏 正義曰乾者此卦之名謂之卦者易緯云卦者掛也言懸掛物象以示於人故謂之卦但二畫之體雖象陰陽之氣未成萬物之象未得成卦必三畫以象三才寫天地雷風水火山澤之象乃謂之卦也故繫辭云八卦成列象在其中矣是也但初有三畫雖有萬物之象於萬物變通之理猶有未盡故更重之而有六畫備萬物之形象窮天下之能事故六畫成卦也此乾卦本以象天天乃積諸陽氣而成天故此卦六爻皆陽畫成卦也此既象

周易注疏　南宋初刊　國寶

足利

周易乾傳

清源李　中正　伯謙　撰

☰ 上經

乾下
乾上

自太極肇判得陽氣之純全者為乾得陰氣之純全者為
坤乾體剛健坤體柔順乾之六畫純奇所以象其剛健而
已

乾元亨利貞

元亨利貞合之則一分之則四蓋元亨利貞特一氣之變
化同出而異名隨時迭見運用周流循環不息故元言一
氣之始亨言一氣之通利言一氣之成貞言一氣之終四
者皆以元為本而亨利貞在其中如春夏秋冬雖異時而

周易傳　室町寫　重文

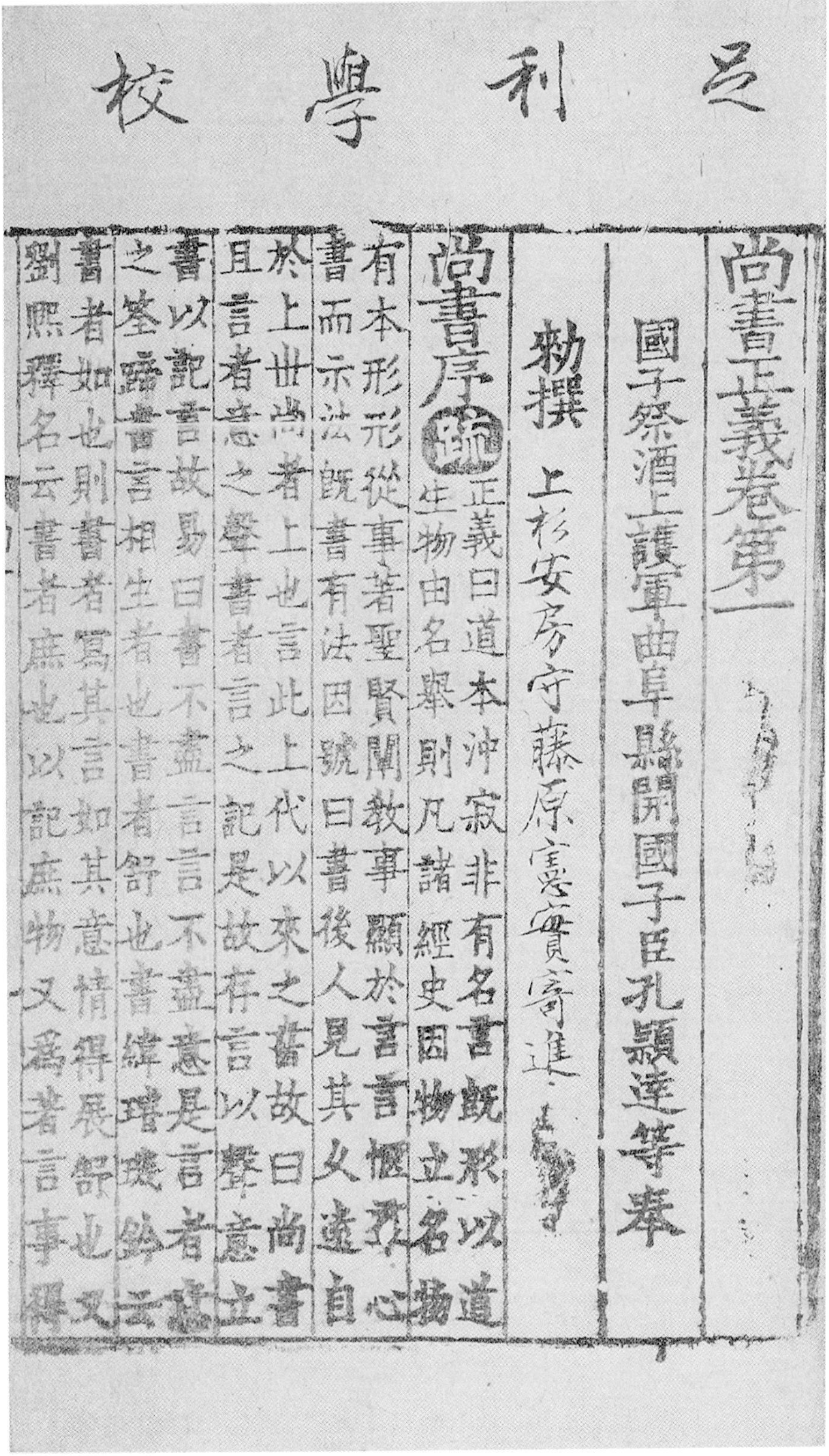

足利學校

尚書正義卷第一

國子祭酒上護軍曲阜縣開國子臣孔穎達等奉

勅撰　上杉安房守藤原憲實寄進

尚書序 疏 正義曰道本沖寂非有名言既形以道生物由名舉則凡諸經史因物立名物

有本形形從事著聖賢闡教事顯於言言愜於心

書而示法既書有法因號曰書後人見其久遠自

於上世尚者上也言此上代以來之書故曰尚書

且言者意之聲書者言之記是故存言以聲意立

書以記言故易曰書不盡言言不盡意是言者意

之筌蹄書言相生者也書者舒也書緯璿璣鈐云

書者如也則書者寫其言如其意情得展舒也又

劉熙釋名云書者庶也以記庶物又爲著言事得

尚書正義　宋刊(元修)　國寶

附釋音毛詩註疏卷第一（一之一）

唐國子祭酒上護軍曲阜縣開國子孔　穎達　奉

勑撰

周南關雎詁訓傳第一　陸德明音義曰周南周者代名其地在禹貢雍州之域岐
山之陽於漢屬扶風美陽縣南者言周之德化自岐陽而先被南方故序云化自北而南也漢廣序又云文王之道被於
南國是也○關雎七胥反依字且邊隹且音子餘反旁或作鳥故訓舊本多作故今或作詁音古又音故傳音直戀反案
詁故皆是古義所以兩行然前儒多作詁解而章句有故言郭景純注爾雅則作釋詁樊孫等爾雅本皆爲釋故今宜隨
本不煩改字　（疏）正義曰關雎者詩篇之名既以關雎爲首遂以關雎爲一卷之目金縢云公乃爲詩以貽王名
之曰鴟鴞然則篇名皆作者所自名既言爲詩乃云名之則先作詩後爲名也名篇之例義無定準多不過五少纔取一
或偏舉兩字或全取一句偏舉則或上或下全取則或盡或餘亦有捨其篇首撮章中之一言或復都遺見文假外理以

(附釋音)毛詩註疏　重文

禮記正義卷第一

國子祭酒上護軍曲阜縣開國子臣孔穎達等奉

勑撰

夫禮者經天地理人倫本其所起在天地未分之前故禮運云夫禮必本於大一是天地未分之前已有禮也禮者理也其用以治則與天地俱興故昭二十六年左傳稱晏子云禮之可以爲國也久矣與天地並但于時質略物生則自然而有尊卑若羊羔跪乳鴻鴈飛有行列豈由教之者哉是三才既判尊卑自然而有但天地初分之後即應有君臣治國但年代緜遠無文以言案易緯通卦驗云天皇之先與乾曜合元君有五期輔有三名注云君之用事五行王亦有五期輔有三名公卿大夫也又云遂皇始出握機矩注云遂皇謂遂人在伏犧前始王天下也矩法也

禮記正義　宋紹熙三跋刊　國寶

上杉安房守藤原憲實寄進

足利學校

附釋音春秋左傳註疏卷第一

國子祭酒上護軍曲阜縣開國子臣孔頴達等奉

勑撰

國子博士兼太子中允贈齊州刺史吳縣開國男臣陸德明釋文

春秋序○陸曰此元凱所作既以釋經故依例音之本或題爲春秋左傳序者沈文何以爲釋例序今不用

疏 正義曰此序題目文多不同或云春秋序或云左氏傳序或云春秋經傳集解序或云春秋左氏傳序案晉宋古本及今定本並云春秋左氏傳序今依用之南人多云此本釋例序後人移之於此且有題曰春秋釋例序置之釋例之端今所不用晉太尉劉寔与杜同時人也宋大學博士賀道養去杜亦近俱爲此序作註題並不言釋例序明非釋例序也又晉宋古本序注集解之端徐邈以晉世言五經音例爲此序作音且此序稱分年相附隨而解之名曰經傳集解是言爲集解作序也又別集諸例從而釋之名曰釋例異同之說釋例詳之是其據集解而指釋例安得爲釋例序与叙

(附釋音)春秋左傳註疏　宋刊　重文

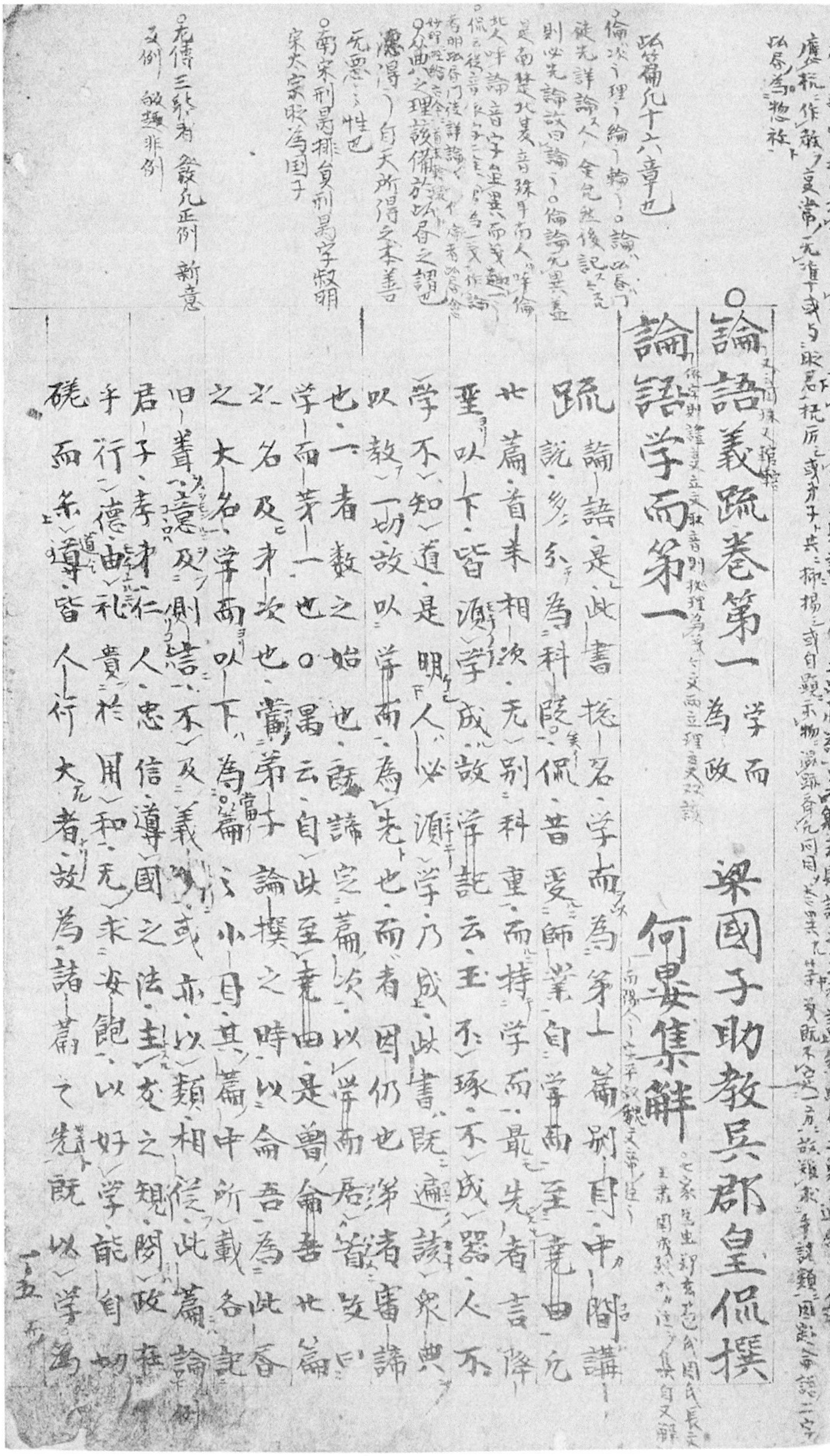
論語義疏巻第一　学而　為政　梁國子助教呉郡皇侃撰
論語学而第一　何晏集解
疏論語是此書捴名、学而為第一篇別目。中間講説、多分為科段。侃昔受師業、自学而至堯曰凡廿篇、首末相次、无別科重。而持学而最先者、言降聖以下皆須学成。故学記云、玉不琢不成器、人不学不知道。是明人必須学乃成。此書既遍該衆典以教一切、故以学而為先也。而者因仍也。第者審諦也。一者数之始也。既諦定篇次、以学而居首、故曰学而第一也。○冒云、自此至堯曰、是魯論語廿篇之名及第次也。當弟子論撰之時、以論吾為此書之大名、学而以下為篇小目。其篇中所載各記旧聞、意及則言、不及義例。或亦以類相從。此篇論君子孝悌仁人忠信道國之法、主友之規、閑政在乎行德、由礼貴於用和、无求安飽以好学、能自切磋而楽道、皆人行大者、故為諸篇之先。既以学為

論語義疏　室町寫　重文

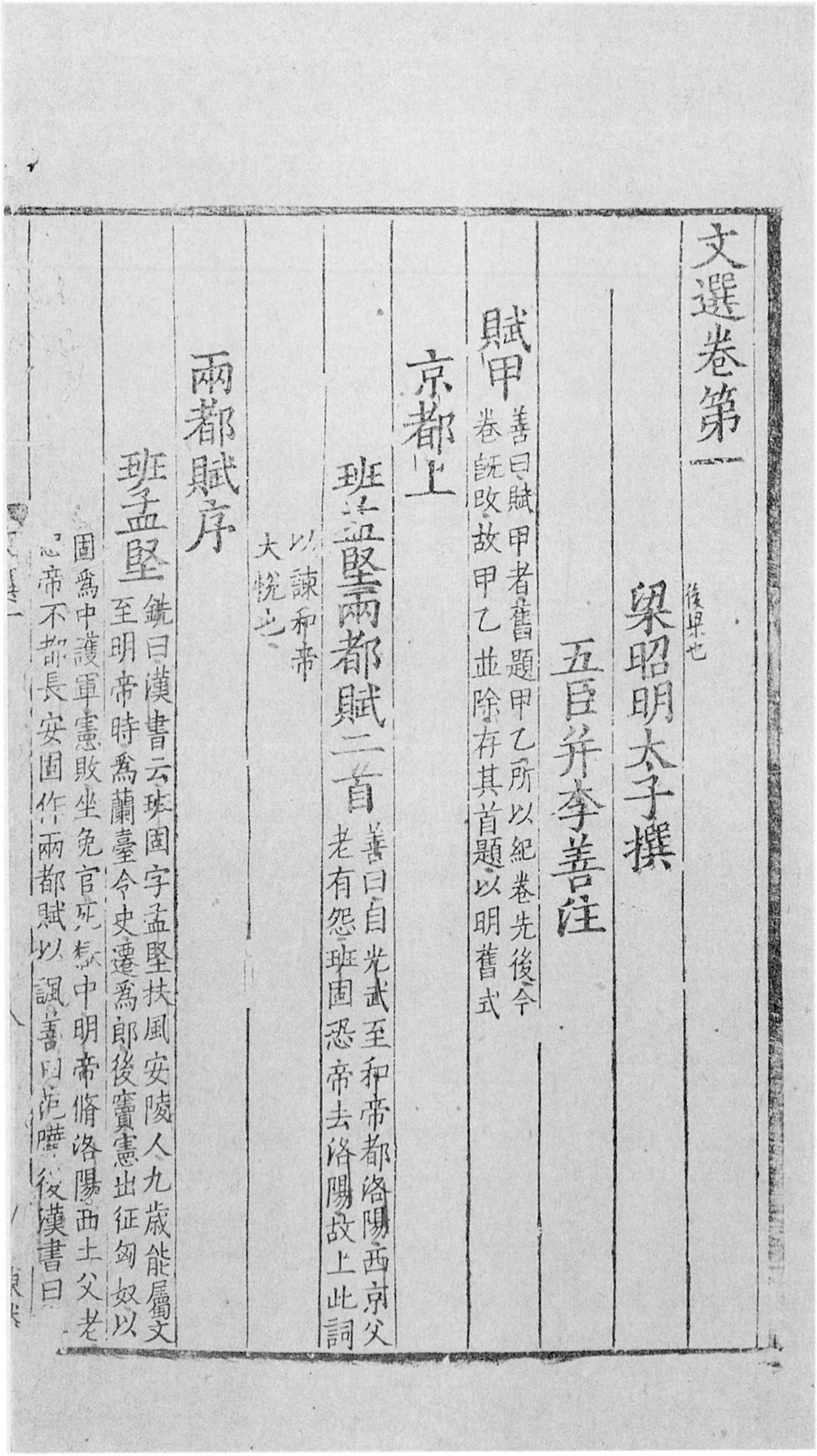

文選卷第一
梁昭明太子撰　後梁也
五臣并李善注
賦甲　善曰賦甲者舊題甲乙所以紀卷先後今卷旣改故甲乙並除存其首題以明舊式
京都上
班孟堅兩都賦二首　善曰自光武至和帝都洛陽西京父老有怨班固恐帝去洛陽故上此詞以諫和帝大悅也
兩都賦序
班孟堅　銑曰漢書云班固字孟堅扶風安陵人九歲能屬文至明帝時爲蘭臺令史遷爲郎後竇憲出征匈奴以固爲中護軍憲敗坐免官死獄中明帝脩洛陽西土父老怨帝不都長安固作兩都賦以諷善曰范曄後漢書曰

文　選　宋紹興刊　國寶

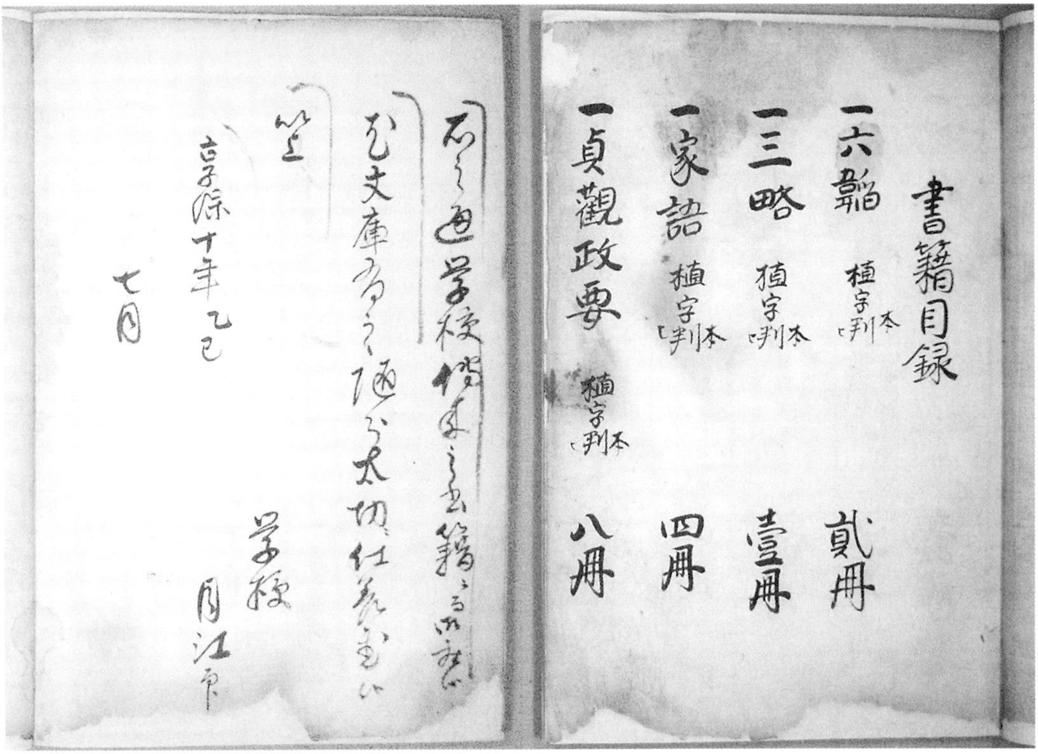

1 「足利學校書籍目録」（国２）

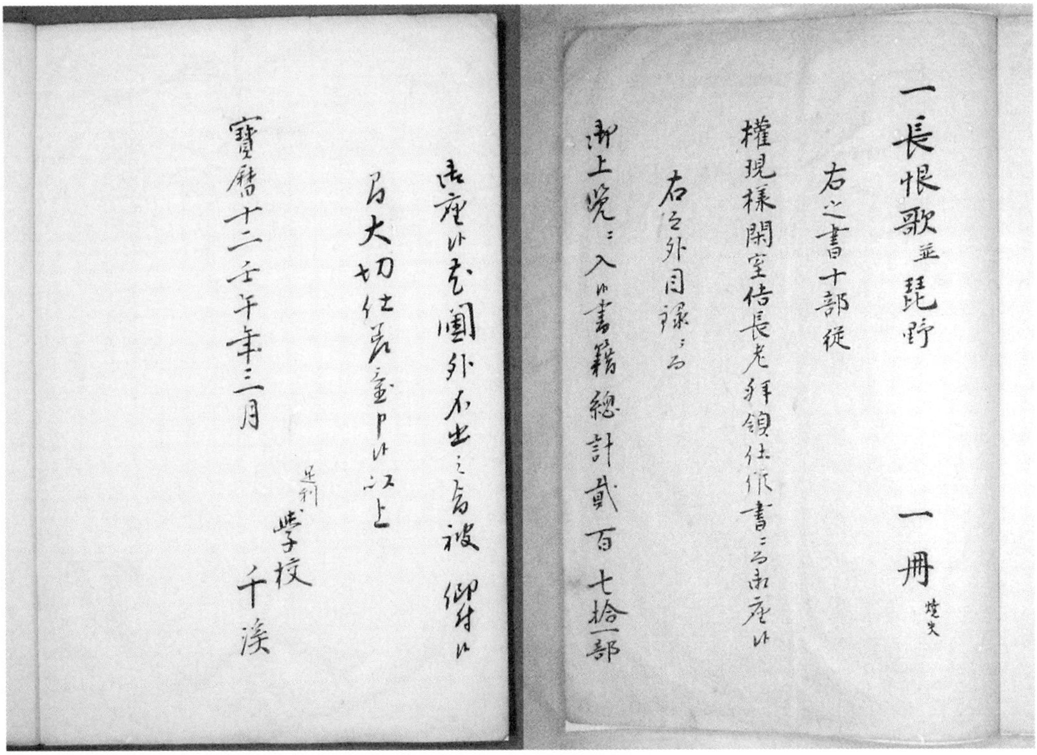

2 「御上覧之書目録」（国６）

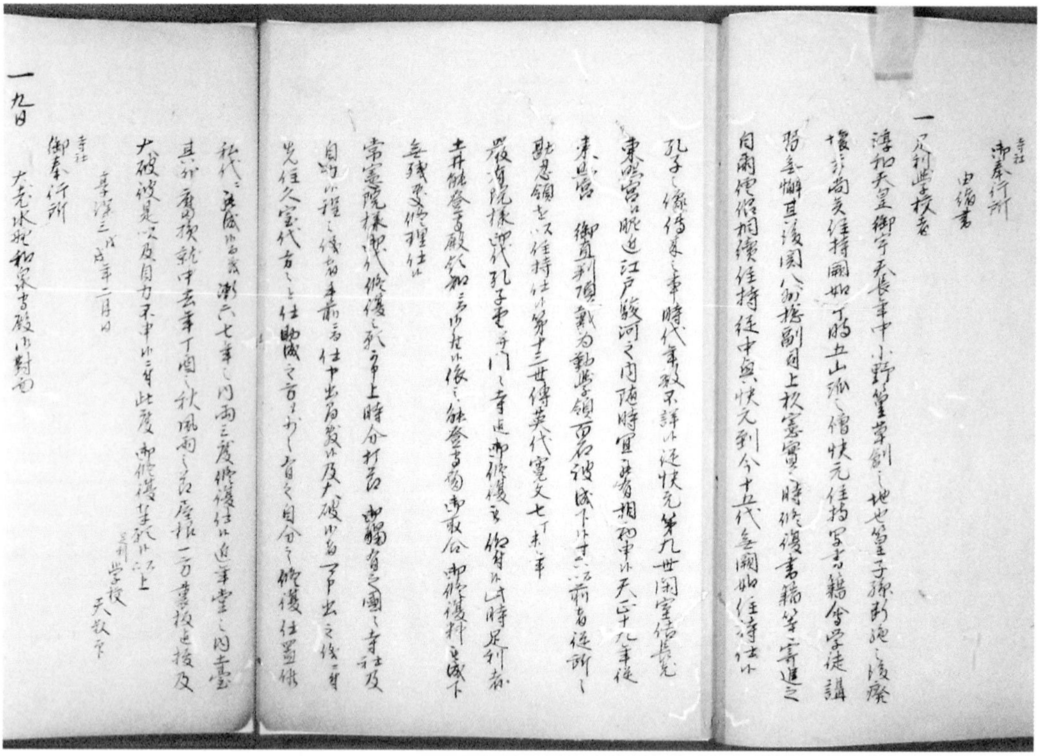

3 「足利學校記錄」(国513)

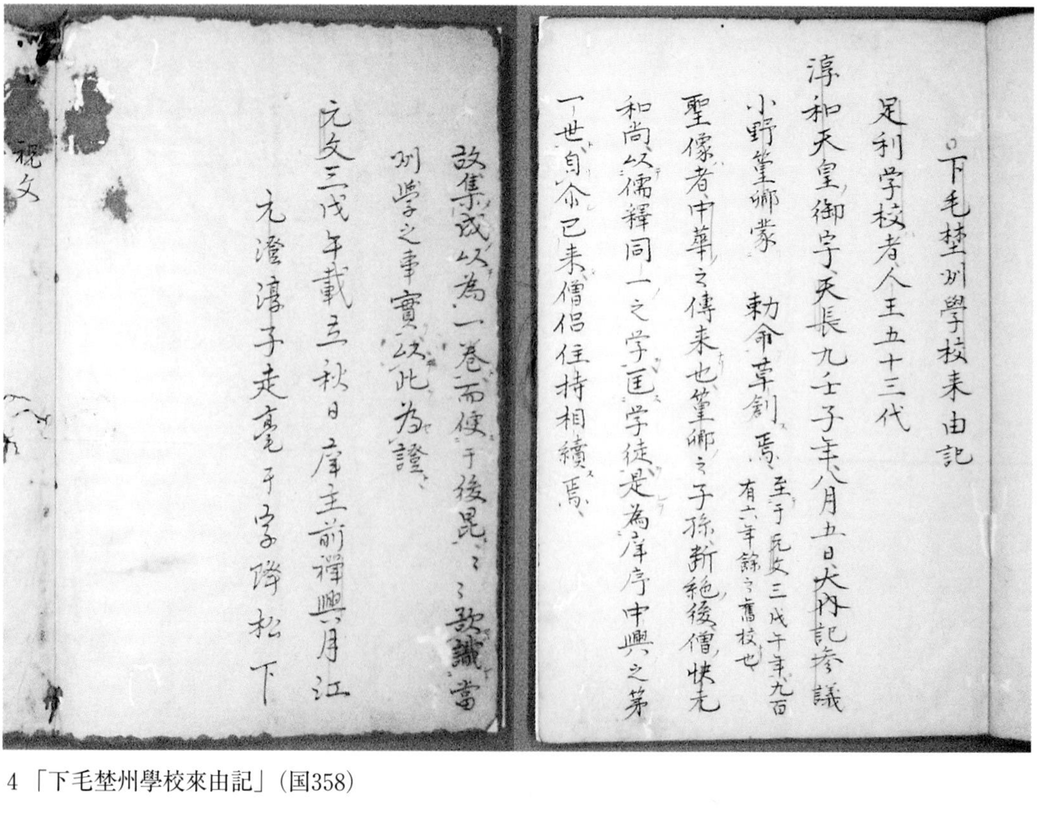

4 「下毛埜州學校來由記」(国358)

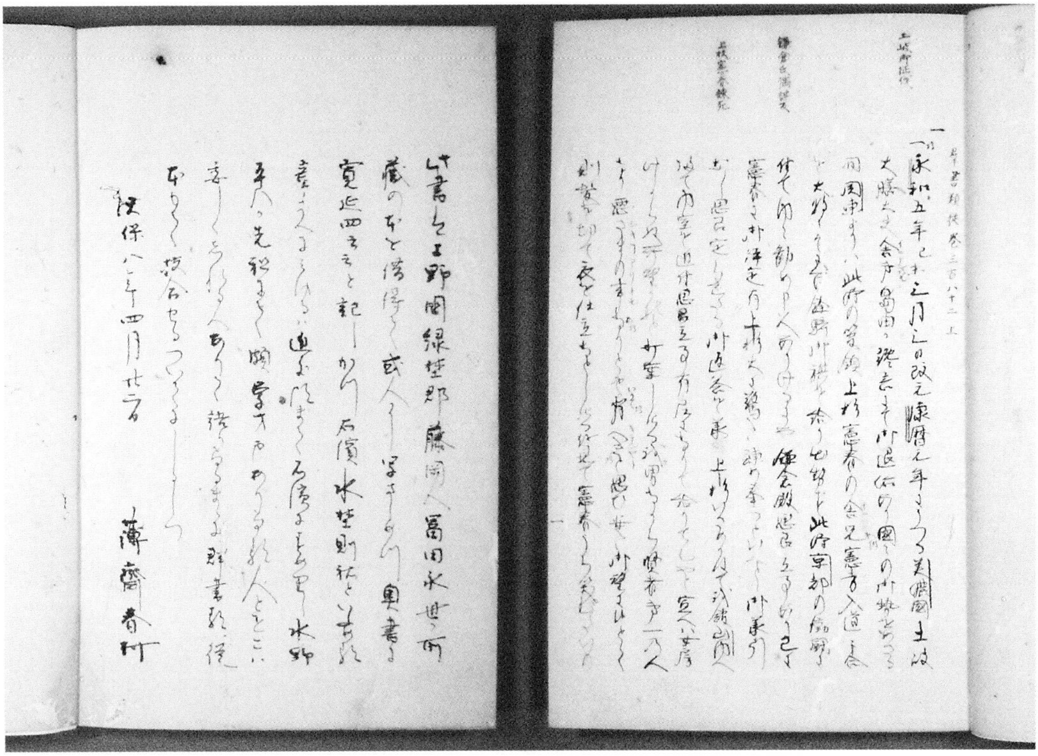

5 「鎌倉大草紙」(国525)

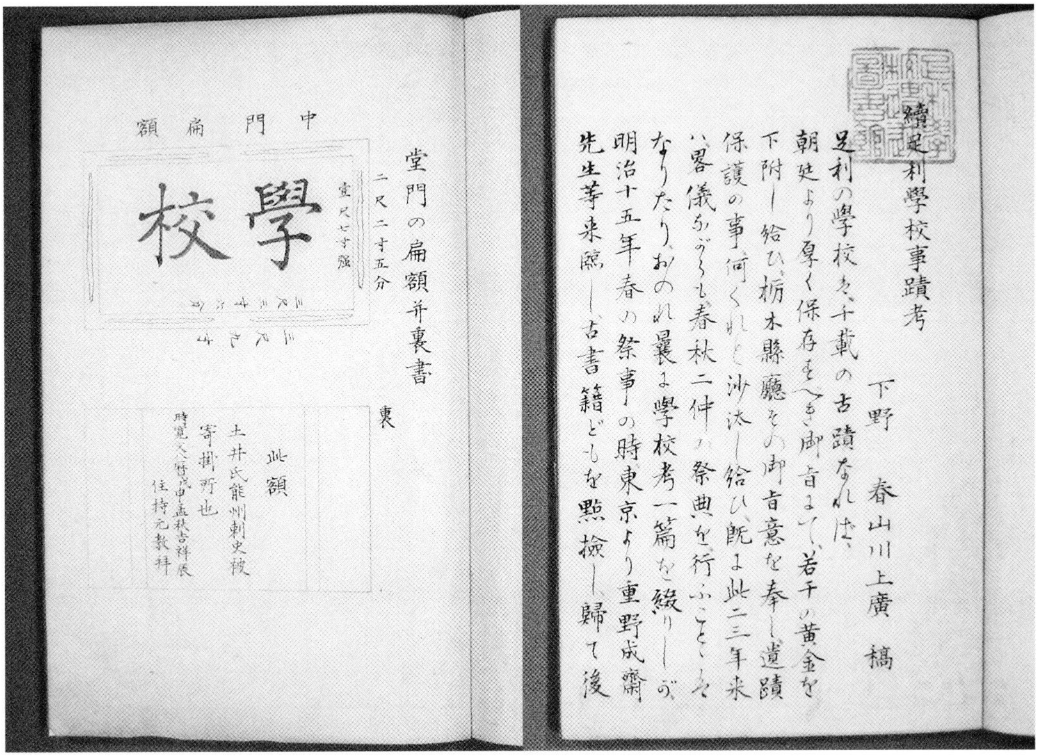

6 「續足利學校事蹟考」(国359)

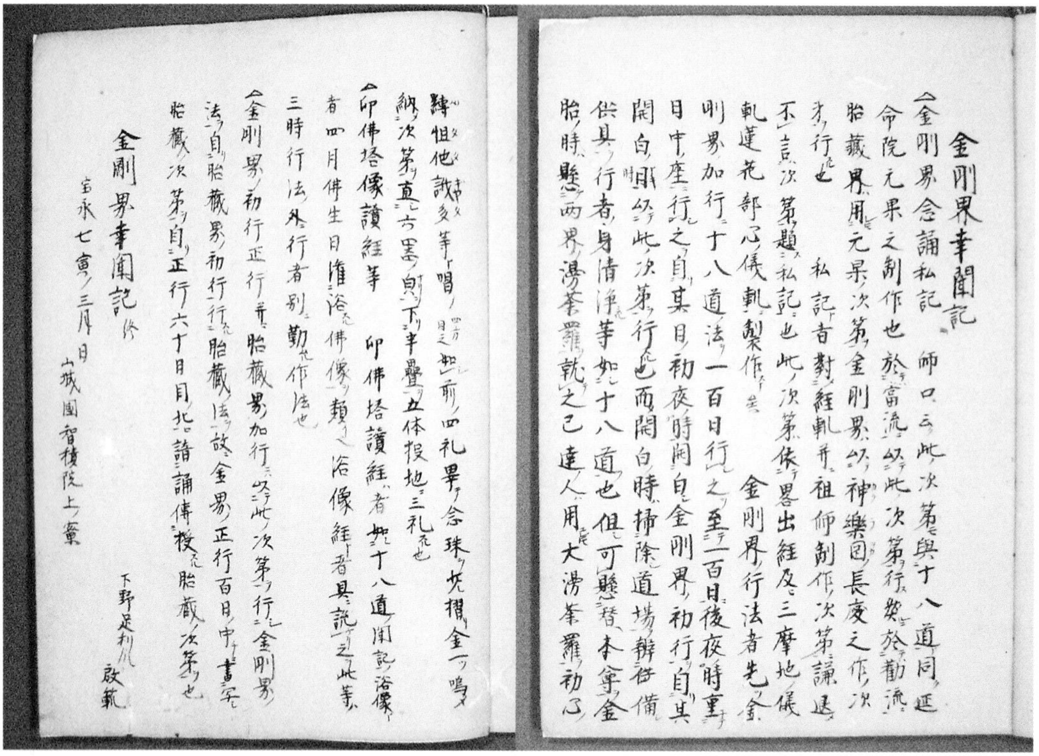

7 「金剛界幸聞記」（国42）

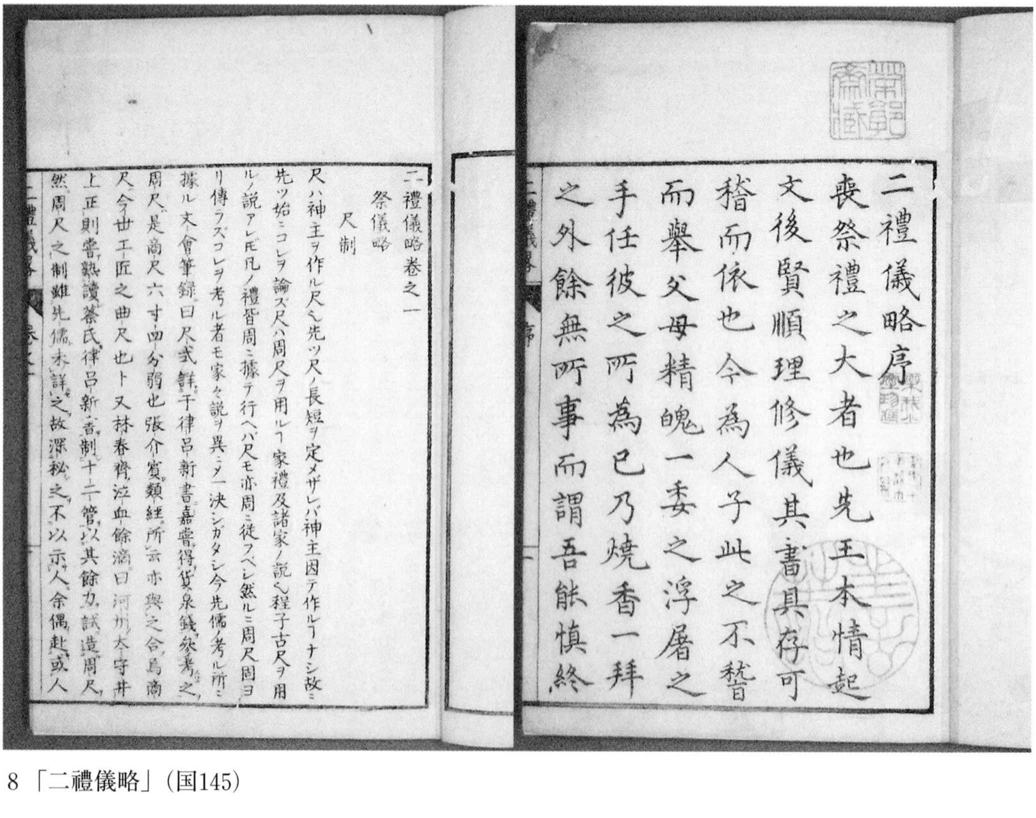

8 「二禮儀略」（国145）

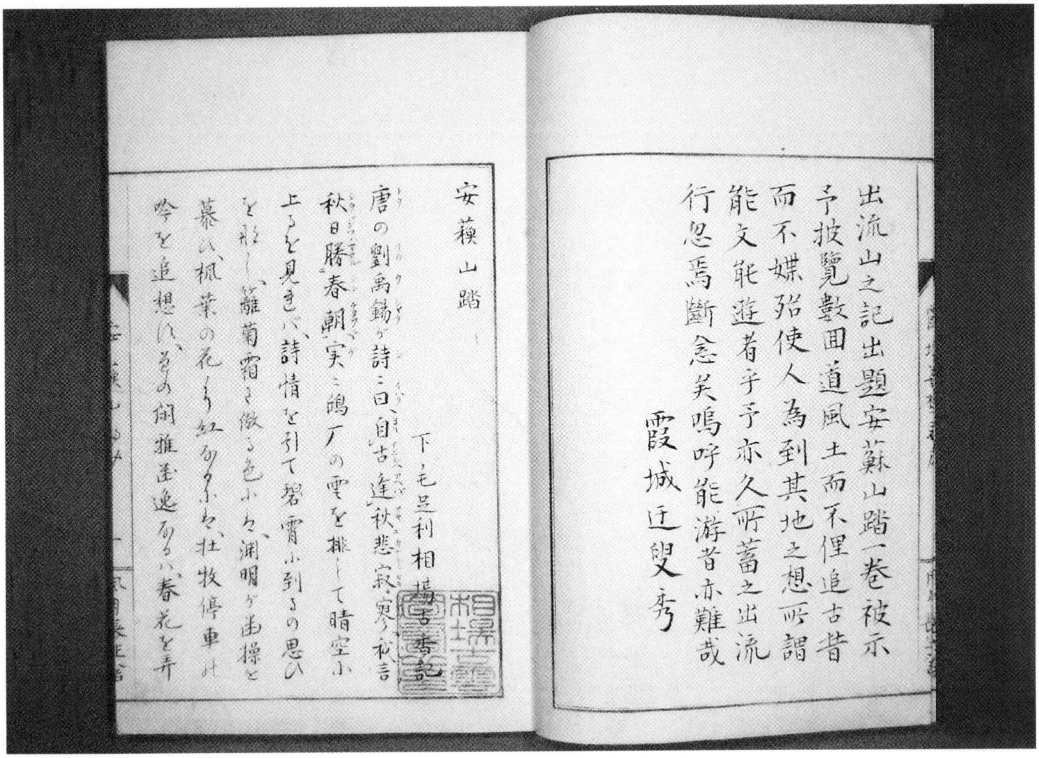

9 「安蘒山踏」（国108）

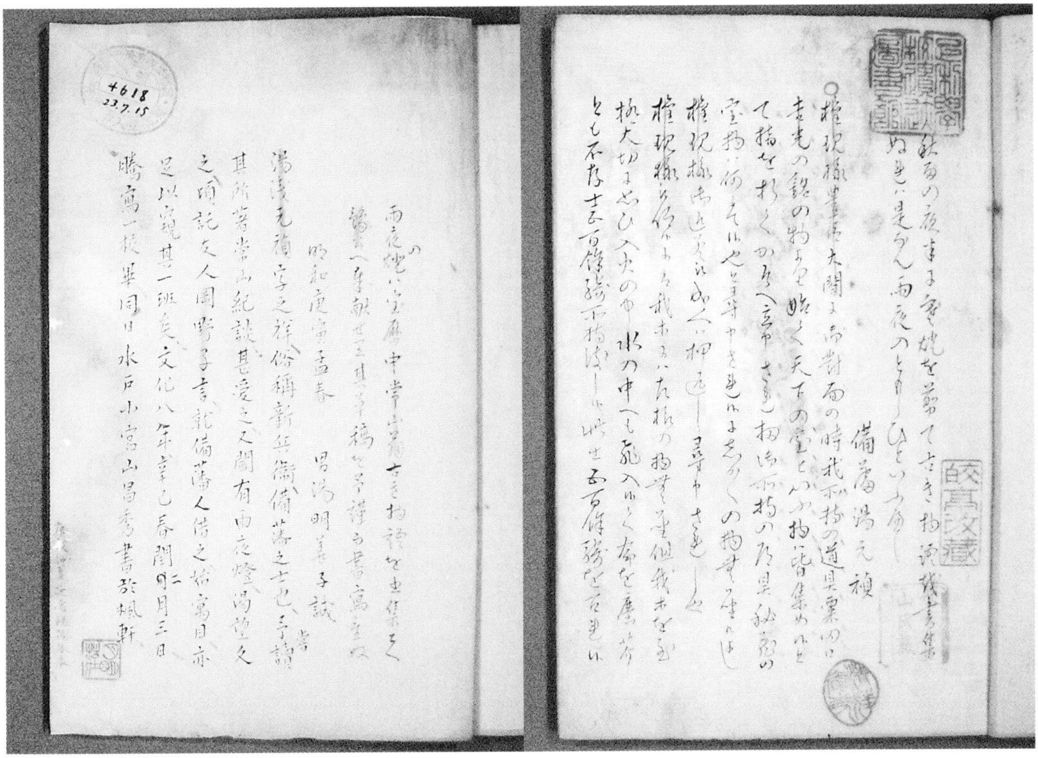

10「雨夜燈」（国242）

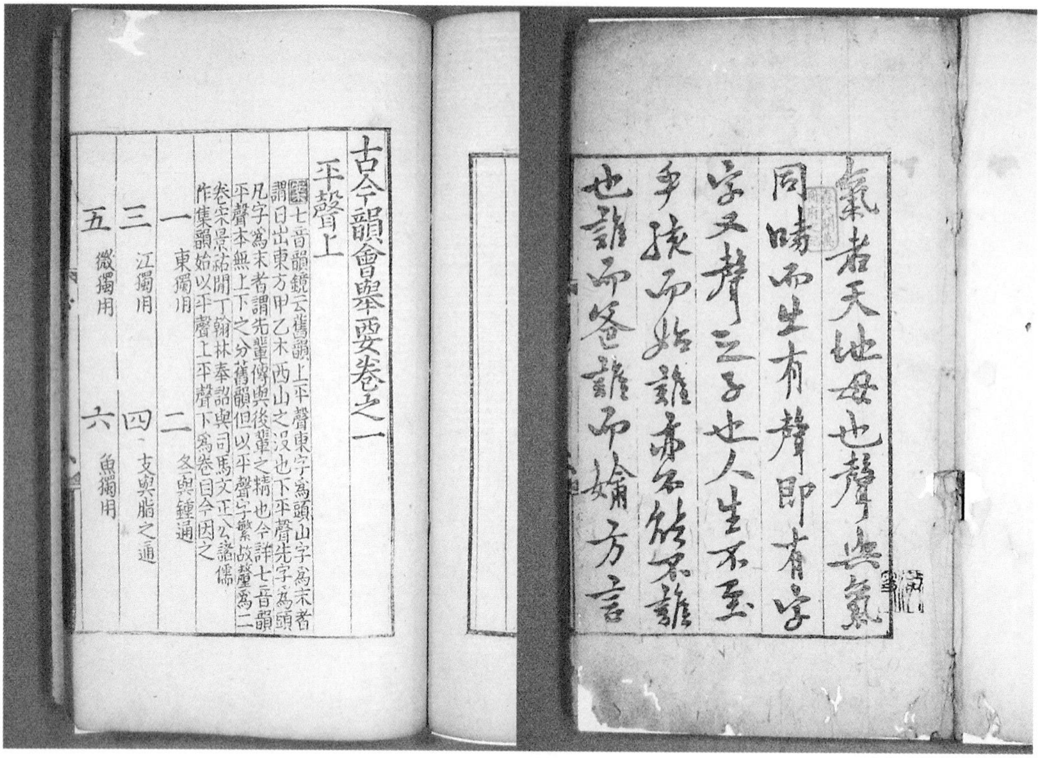
氣者天地母也聲與氣同時而生有聲即有字字又聲之子也人生不至乎孩而始離亦不能不離也離而答離而喩方言

古今韻會舉要卷之一

平聲上

蒙七音韻鏡云舊韻上平聲東字爲頭山字爲末者謂日出東方甲乙木西山之没也下平聲先字爲頭凡字爲末者謂先輩傳與後輩之精也今詳七音韻平聲本無上下之分舊韻但以平聲字繁故釐爲二卷宋景祐間丁翰林奉詔與司馬文正公諸儒作集韻始以平聲上平聲下爲卷目今因之

一 東獨用　二 冬與鍾通

三 江獨用　四 支與脂之通

五 微獨用　六 魚獨用

11「古今韻會舉要」(漢106)

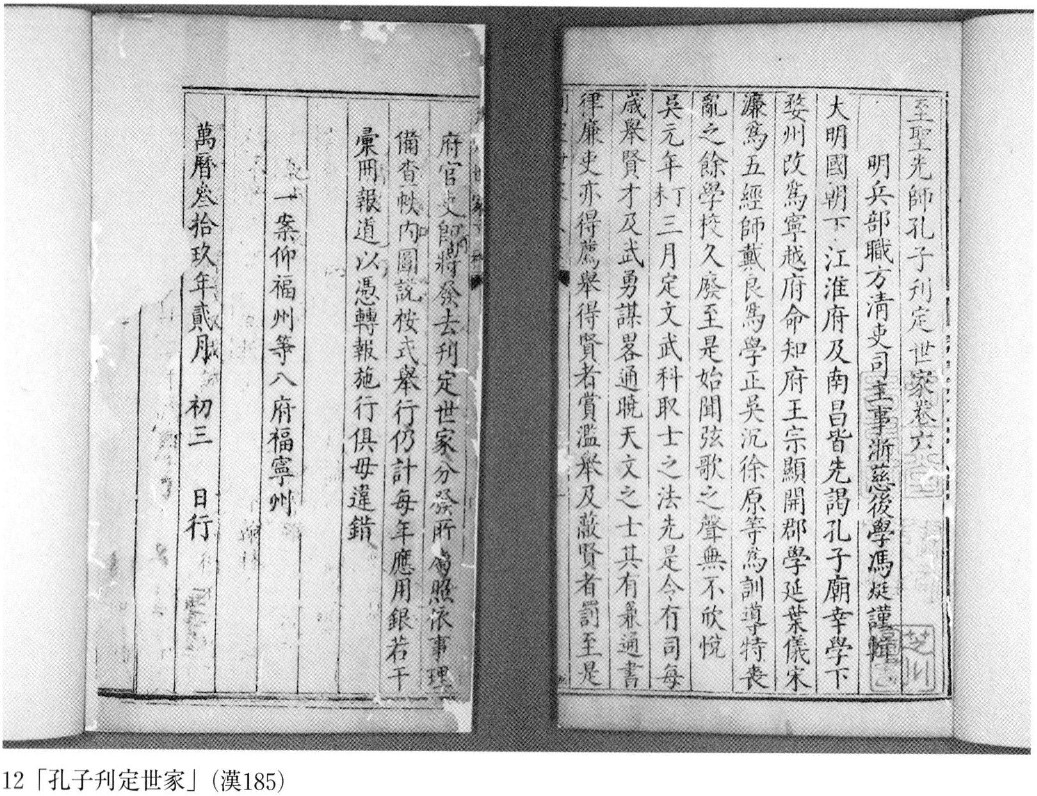
至聖先師孔子刋定世家卷六

明兵部職方清吏司主事浙慈後學馮烶謹輯

大明國朝下江淮府及南昌皆先謁孔子廟幸學下婺州改爲寧越府命知府王宗顯開郡學延葉儀宋濂爲五經師戴良爲學正吳沉徐原等爲訓導特表亂之餘學校久廢至是始聞弦歌之聲無不欣悅

吳元年朾三月定文武科取士之法先是令有司每歲舉賢才及武勇謀畧通曉天文之士其有兼通書律廉吏亦得薦舉得賢者賞濫舉及蔽賢者罰至是

府官吏即將發去刋定世家分發所屬照依事理備查帖內圖說校式舉行仍計每年應用銀若干彙冊報道以憑轉報施行俱毋違錯

一案仰福州等八府福寧州

萬曆叁拾玖年貳月初三日行

12「孔子刋定世家」(漢185)

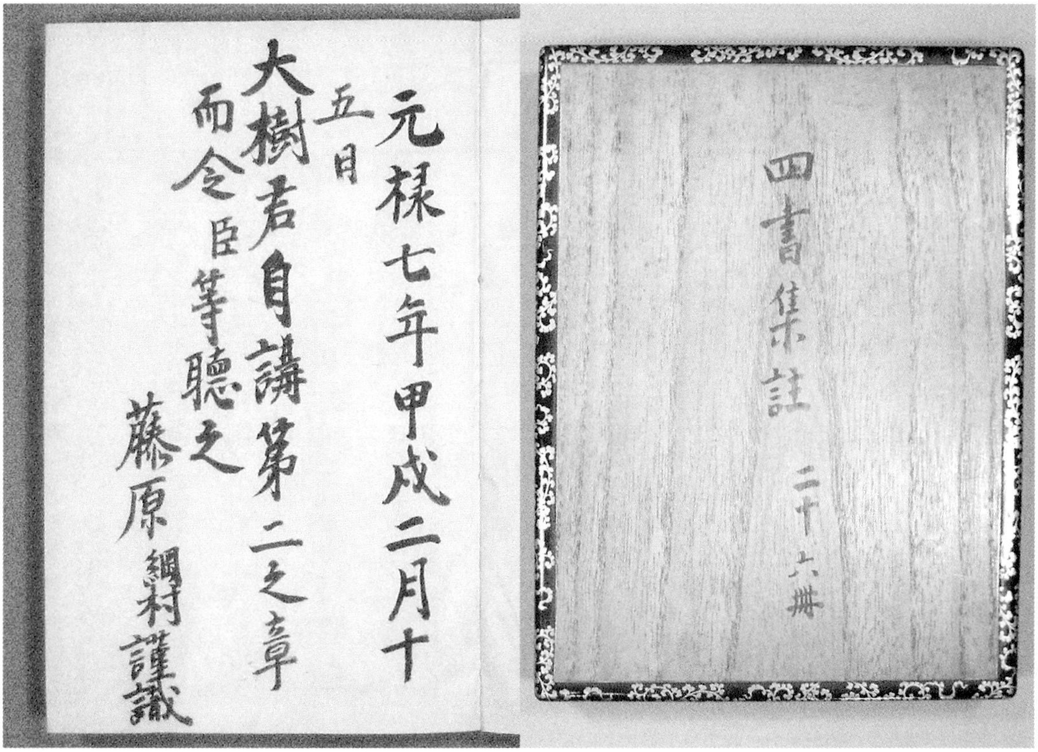

13「四書章句集註」(常憲院本)(漢284)

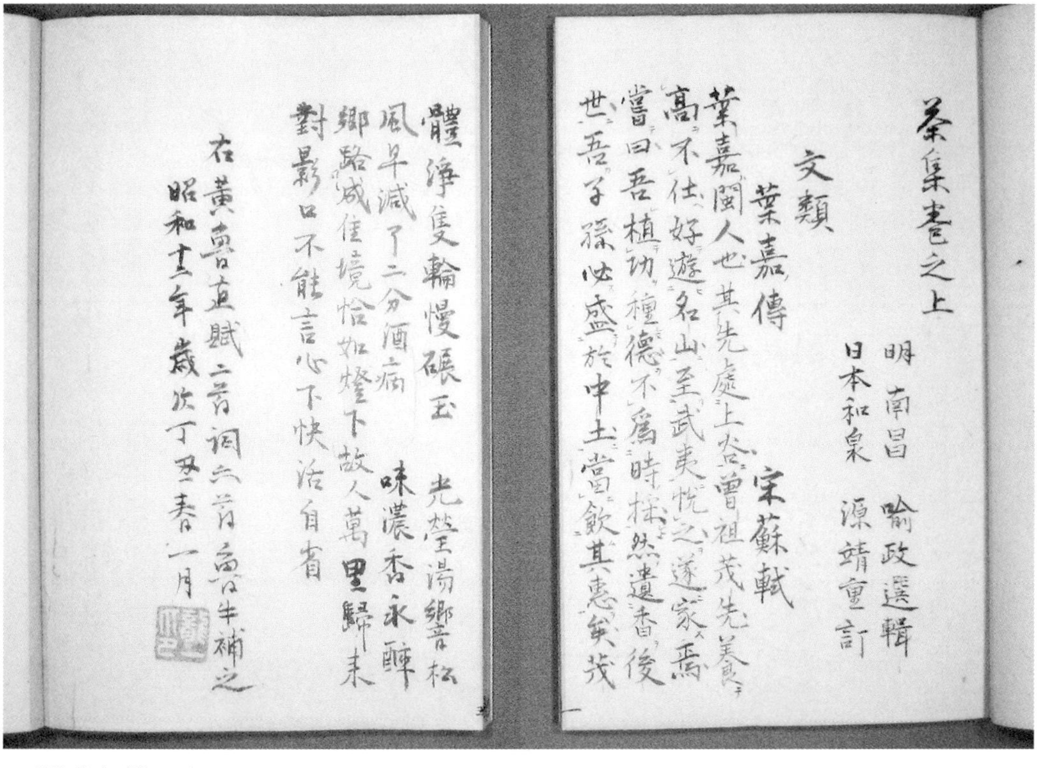

14「茶集」(漢208)

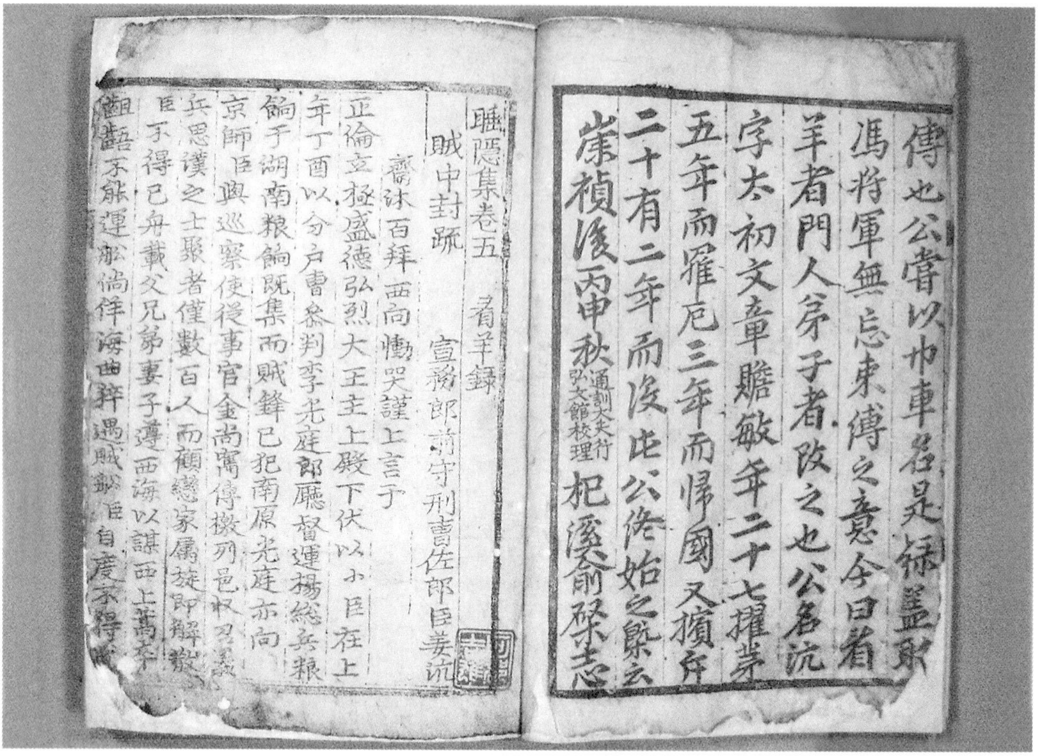

15「看羊錄」(漢259)

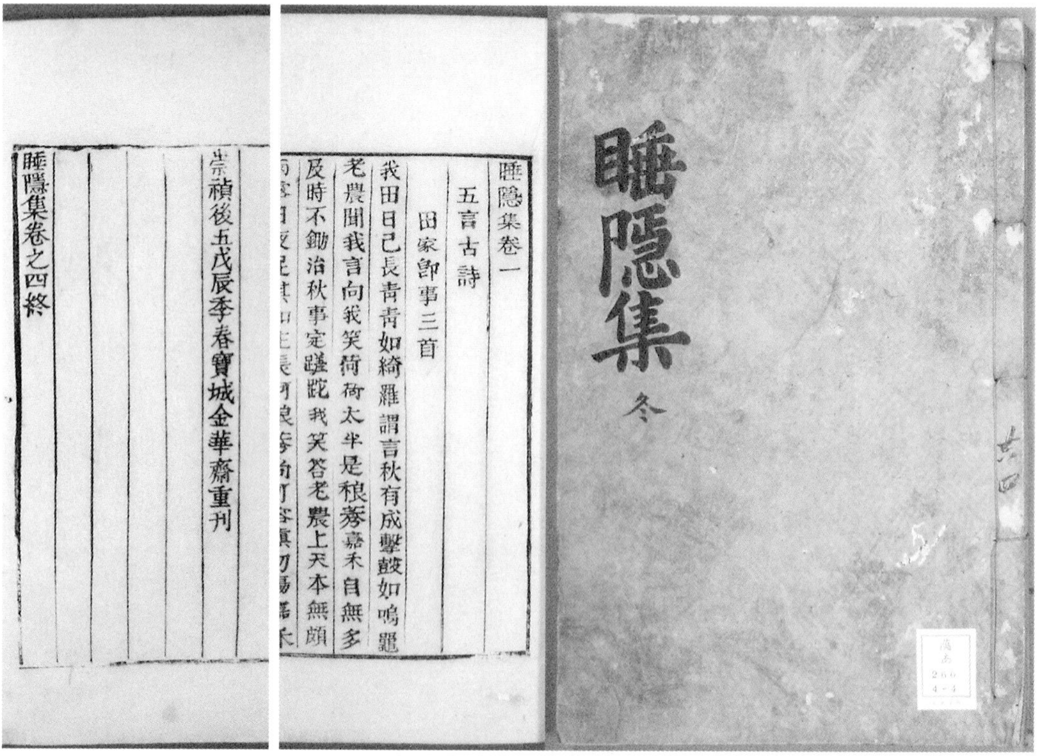

16「睡隱集」(漢260)

序

この度、最新の史跡足利学校所蔵書籍目録『新編史跡足利学校所蔵古書分類目録』が刊行されました。刊行された目録はこれで三冊目となりますが、その編纂を第一冊目は長澤規矩也先生、第二・第三冊目は長澤孝三先生と親子二代にわたりご縁を頂いております。

史跡足利学校は今更申すまでもなく、開創の時期は諸説ありますが、日本最古の開かれた学校であり、中世後半には宣教師フランシスコ・ザビエルによって海外にも広く紹介されております。現在でも国宝書籍四点七十七冊、国重要文化財八点九十八冊をはじめとして数多くの貴重書を有しております。また、大正十年に国の史跡指定を受けた足利学校跡地は、文化庁の指導のもとに平成二年には江戸時代中期の景観に完全に復原され、平成二十一年の今は、世界遺産登録に向け官民一体となって努力しているところです。

旧序でも述べておりますとおり、この目録が学界・研究者の方々のお役に立てることを願っております。

終わりにあたり、編者の長澤孝三先生や関係各位に厚くお礼申し上げます。

平成二十一年三月

足利市長　吉谷宗夫

総目次

図版　『補訂　足利學校遺跡圖書館古書分類目錄』　一―二
　　　『史跡足利学校新収古書分類目録』　一―四
序
分類表　『新編　史跡足利学校所蔵古書分類目録』
　　　序　一―二
　　　凡例　三―六
　　　本文　一―六九
　　　後記　一―六
目録　『補訂　足利學校遺跡圖書館古書分類目錄』
　　　凡例　一―二
　　　本文　七一―一一三
　　　後記　一―六
　　『史跡足利学校新収古書分類目録』
　　　蔵書印印影一覧　二八―三四
　　　蔵書印番号表　二四―二七
索引　一―二三

◎本書の題字は、本校が所蔵する宋紹興刊『文選』中から集字・作字した。

新編 史跡足利學校所藏古書分類目錄分類表

漢籍（続き）

(一) 經・律・論・疏……一五・八一
(二) 史傳……一六
(三) 語錄・古則……一六・八一
(四) 文藝……一六・八一
(五) 雜著……一六・八二

一四 道家類……一七・六八・八二

集 部

一 楚辭類……一七・六八・八二
二 別集類……一七・六八・八二
  (一) 漢・魏・六朝……八二
  (二) 唐・五代……一七・六八・八二
  (三) 宋……一八・六八・八三
  (四) 金・元……一八・六八・八三
  (五) 明……一八
  (六) 清……一八
  (七) 民國……八三
  (八) 共和國……八三
  (九) 朝鮮……一九・八三
三 總集類……一九・六八・八三
四 尺牘類 附對聯……一九・六九・八三
  (一) 通代……一九・六九・八三
  (二) 斷代……一九・六九・八三
五 詩文評類……二〇・六九・八四
六 詞曲類……二〇
七 戲曲小說類……二〇
  (一) 戲曲……二〇
  (二) 通俗小說……二一

五 叢書部……二一

國 書 除準漢籍

一 總 記
  (一) 圖書……一三・八五
    (1) 書誌學……一三・八五
    (2) 藏書目……一三・八五
    (3) 一般書目……一三
  (二) 雜著……一三・八六
    (1) 事典・事彙……一三・八六
    (2) 叢書・全集……一三・八六
    (3) 全集……一三・八六
    (4) 雜考……一三・八六
    (5) 雜筆……一三・八六
    (6) 雜抄……一三
    (7) 雜編……一三
    (8) 隨叢……一三

二 神 祇 附國學
  一 總記……一三・八七
  二 神道……一三・八七
    (1) 總記……一三・八七
    (2) 諸家神道……一三・八七
    (3) 教派神道……一三・八七
  三 神社……一三・八七
    (1) 總記……一三・八七
    (2) 神宮……一三・八七
    (3) 諸神社……一三・八八
  四 祭祀……一三・八七

三 佛 教
  一 總記……一三・八八
  二 史傳……一三
    (1) 概論・通說・雜著……一三・八八
    (2) 傳記・緣起……一四
    (3) 歷史……一四
    (4) 圖像……一四
    (5) 辭書・事彙・音義……一四
  三 宗派
    (1) 總記……一四
    (2) 經・律・論・疏……一四
    (3) 叢書・全集……一四
    (4) 因明・悉曇……一五
    (5) 悉曇……一五
    (6) 儀軌……一五
    (7) 華嚴宗……一五
    (8) 法相宗・倶舍宗……一五
    (9) 三論宗（無書）
    (10) 律宗……一五
    (11) 天台宗……一五
    (12) 眞言宗……一五
    (13) 禪宗……一五
    (14) 淨土宗……一五
    (15) 眞宗……一五
    (16) 日蓮宗……一五
  四 寺院
    (1) 時宗……一五
    (2) 寺誌……一五
    (3) 行事……一五
  五 儀式・法會文……一五
  六 外教……一五
  七 附錄……一五

四 言 語
  一 總記……一六
  二 文字……一六
    (1) 漢字……一六
    (2) 假字……一六
    (3) 古代文字……一六
  三 音韻……一六
    (1) 五十音……一六
    (2) 字音……一六
  四 語義……一六
    (1) 雜……一六
    (2) 古語・語源 附難語……一六
    (3) 俚諺・俗語・方語……一六
    (4) 冠辭……一六
  五 辭書
    (1) 字典……一六
    (2) 辭典……一六
    (3) 名彙……一六
    (4) 文集……一六
  六 語法
    (1) 文法……一六
    (2) 訓讀・句讀……一六
  七 外國語
    (1) 東洋……一六
    (2) 西洋……一六
    (3) 雜……一六

五 文 學
  一 國文
    (1) 總記 附作文……一六
    (2) 小說
      (一) 古物語 附擬古物語……一六
      (二) 說話物語……一六
      (三) 歷史物語……一六
      (四) 軍記物語……一六
      (五) 中世小說……一六
      (六) 近世小說……一六
        (1) 總記……一六
        (2) 讀本……一六
        (3) 滑稽本……一六
        (4) 洒落本……一六
        (5) 人情本……一六
        (6) 赤本……一六
        (7) 黑本・青本……一六
        (8) 黃表紙……一六
        (9) 合卷……一六
      (七) 近代小說……一六
      (三) 咄本……一六
      (四) 實錄……一六
    (3) 隨筆……一六
    (4) 日記・紀行……一六
    (5) 文集……一六
    (6) 消息……一六
  二 漢文
    (1) 總記 附漢學……一六
    (2) 詩文評・作詩作文……一六
    (3) 總集……一六
    (4) 別集……一六
    (5) 日記・遊記……一六

三　和歌
　(一)　總記……………………九五
　(二)　歌論・作法…………九五
　(三)　撰集
　　(1)　勅撰集………………九五
　　(2)　私撰集………………九六
　　(3)　家集……………………九六
　　(4)　歌合・歌合和歌……九六
　　(5)　雜………………………九六
　(四)　連歌……………………九六
　(五)　俳諧
　　　雜俳・川柳……………九六
　(六)　宴曲・舞曲……………九七
　(七)　朗詠・今樣……………九七
　(八)　神樂歌・催馬樂………九七
　(九)　近世歌謠
　　(1)　總記………………………九七
　　(2)　古代歌謠…………………九七
四　狂歌………………………九七・九八

三　古代劇
　(一)　神樂・催馬樂………………九九
　(二)　延年・田樂……………………九九
　(三)　變弄・幸若舞…………………九九
　(四)　曲舞・幸若舞…………………九九
　(五)　雜藝……………………………九九
四　能樂
　(一)　總記……………………………九九
　(二)　傳書……………………………一〇〇
　(三)　謠書……………………………一〇〇
　(四)　型付・囃子付・面………………九七・九九
　(五)　裝束付・面………………………一〇〇
　(六)　變り謠……………………………一〇〇
五　狂言
　(一)　總記……………………………九九
　(二)　狂言本……………………………九九
六　歌舞伎
　(一)　總記……………………………九九
　(二)　脚本　附根本………………一〇〇
　(三)　番附………………………………一〇〇
　(四)　評判記……………………………一〇〇
　(五)　雜書………………………………一〇〇
七　淨瑠璃　附人形劇……………九九
八　雜……………………………………一〇〇
九　近代劇……………………………一〇〇

七　歷史
一　總記…………………………九七・九八
二　日本史
　(一)　通史……………………………九八・九九
　(二)　時代史…………………………九八・九九
　(三)　世界史…………………………九八・九九
　(四)　雜記……………………………九八・九九

六　音樂・演劇
一　音樂
　(一)　總記……………………………九七
　(二)　管樂……………………………
　(三)　絃樂……………………………九七・九八
　(四)　打樂……………………………

八　地理
一　總記…………………………………一〇一
二　日本地誌
　(一)　總記…………………………………一〇一
　(二)　古風土記……………………………一〇二
　(三)　通誌…………………………………一〇二
　(四)　地方誌………………………………一〇二
　(五)　畿内…………………………………一〇二
　(六)　東海道………………………………一〇二
　(七)　東山道………………………………一〇二
　(八)　北陸道………………………………一〇二
　(九)　山陽道………………………………一〇二
　(一〇)　山陰道……………………………一〇二
　(一一)　南海道……………………………一〇二
　(一二)　西海道………………………………一〇二
　(一三)　北海道　附蝦夷蝦…………一〇二
　(四)　遊覽
　　(1)　遊覽・遊歷…………………………一〇二
　　(2)　案内記………………………………一〇二
　　(3)　道中記………………………………一〇二
　　(4)　里程表………………………………一〇二
三　邊防
　　(1)　邊防・漂着…………………………一〇三
　　(2)　漂流記………………………………一〇三
四　外國地誌
　(一)　總記…………………………………一〇三
　(二)　支那誌………………………………一〇三
　(三)　朝鮮誌………………………………一〇三
　(四)　世界誌………………………………一〇三
　(五)　見聞記………………………………一〇三
五　地圖
　(一)　日本全圖……………………………一〇三
　(二)　地方圖………………………………一〇三

(三)　城圖……………………………
(四)　世界圖・外國圖……………
(五)　雜圖……………………………

九　政治・法制　附故實
一　總記……………………………一〇三
二　政治
　(一)　總記…………………………一〇三
　(二)　公家…………………………一〇三
　(三)　武家…………………………一〇三
　(四)　明治…………………………一〇三
　(五)　外國…………………………一〇三
三　詔令・宣命
　(一)　詔敕…………………………一〇三
　(二)　宣命…………………………一〇三
四　法令
　(一)　律……………………………
　(二)　令……………………………
　(三)　格……………………………
　(四)　式……………………………一〇四
　(五)　雜……………………………一〇四
五　武家
　(一)　中世法………………………
　(二)　近世法………………………一〇四
　(三)　藩府法………………………
六　明治
　(一)　總記…………………………一〇四
　(二)　雜……………………………
　(三)　國際……………………………

三

五　官職		
（一）總記		五六七・一〇四
（二）公家		五六七・一〇四
（三）武家		五六七・一〇四
（四）明治		五六七
（五）外國		五六七
六　補任		
（一）總記		五六七・一〇四
（二）公家		五六七
（三）武家 附武鑑		五六七
（四）明治		五六七・一〇四
（五）諸禮 附書禮		五六八・一〇五
七　典例・儀式		
（五）年中行事・風習		五六八・一〇四
（六）建築・調度		
（七）裝束・服飾		五六八・一〇五
10　經　濟		
（一）總記		五六八・一〇五
（二）度量衡		
（三）貨幣		五六八
（四）領知 附分限帳		
（五）地方		五六九・一〇五
（六）雜		

三　心學		
四　教科書		五九・一〇七

二　教　育		
（一）總記		五六九・一〇六
（二）教訓		五六九・一〇六

（一）往來物		五六九・一〇七
（二）啓蒙書		五六九・一〇七
（三）教科書		五六九・一〇七
（四）雜		
三　理　學		
（一）總記		六〇
（二）天文歷算		六〇・一〇八
（三）測量		六〇
（四）地學 附鑛物		六〇
（五）物理		六〇・一〇八
（六）化學		六〇・一〇八
（七）博物		
①總記		六一
②植物		六一
③動物		六一
④雜		六一
八　醫　學		
（一）總記 附史傳		六一・一〇九
（二）漢方		六一
（三）方論		六一〇
（四）方集		六一〇
（五）本草		六一一
（六）蘭方		六一・一一〇
（七）和方		六一・一一〇
（八）折衷方		六一・一一〇
（九）近代醫學		六二・一一〇
（十）雜		六二・一一〇

一四　產　業		
一　總記		
二　農業		六二・二一〇
三　畜產業		

①畜產		
②獸醫		
③養蠶		
④雜		
四　林業		
五　水產業		
六　鑛業		
七　工業 附土木・建築		
八　商業		一一〇
九　交通 附通信		
10　物產		六二
一五　藝　術		
一　總記		六二
二　書畫		
①總記		六二
②繪畫		六三・一一一
③書蹟		六三・一一二
④考古		
⑤印譜		六四・一一三
三　金石		
①金石學		六四
②碑帖		
③拓本		
四　工藝		
一六　諸　藝		
一　總記		
二　茶道		六四
三　作庭 附盆景		六四
四　華道		
五　香道		
六　占卜・相法		
七　料理 附菓子		六四・一一三

八　玩具		
九　遊技		
（一）狩獵		六五
（二）放鷹		
（三）犬追物		
（四）水泳		
（五）相撲		
（六）蹴鞠		
（七）競馬		
（八）雜		
10　遊戲		
（一）圍碁・將棋		一一三
（二）雙六		一一三
（三）加留太		
（四）投壺		
（五）投扇		
（六）楊弓		
（七）手品		
一七　武學・武術		
一　總記		六五
二　兵法		
三　武具		六五・一一三
四　劍術		
五　槍術		
六　弓術		
七　馬術		一一三
八　柔術		
九　火術		六五
一〇　雜		
一一　近代軍事		六六

補訂
足利学校遺蹟図書館古書分類目録

序

このたび法政大学教授長澤規矩也氏の編修による「足利學校遺蹟圖書館古書分類目錄」が刊行できますことはまことに喜びにたえない次第でございます。

足利は古く毛野国の中心地として、また足利氏発祥の地として栄えてきましたところで、豊かな歴史とすぐれた文化や伝統とを、維持して今日に至っていますため、貴重な文化財も数多く現存しております。

中にも、足利学校遺蹟図書館には、由緒深い足利学校伝来の貴重な古典籍をはじめ、足利藩学求道館の旧蔵書が移管され、亙理の日就館の蔵書も寄贈され、その上、明治十八年には阿由葉鍋造氏の遺書約五百部が寄付され、さらに諸家によって寄贈された古今の書籍が保管されております。

ところが、これらの古書類は、足利学校伝来の古書の一部が世に知られているほかは、まったく学界にも知られていない現状であります。

この意味から本市におきましては、かねがねこれらの古書目録を刊行し、市民はもとより広く学術研究家のための書といたしたく考えておりましたところ、さいわいにも長澤氏ならびに足利銀行をはじめ地もと各位の多大のご援助によって出版されることになりました。

この書が全国の学界各位によってじゅうぶん活用されることに期待するものであります。

終わりに本書の編刊にあたってご尽力いただいた関係各位に対して深甚な感謝の意を表するものであります。

昭和四十一年三月

足利市長　木　村　淺　七

凡　例

一　この目録には、昭和四十年十二月末日現在本館所蔵の和漢古書（郷土資料の一部を除く）を収めた。

一　ここに古書と称するものは東洋旧式の装訂によるものを原則とするが、ザラ紙・印刷紙を使ったものはこれを除いた。

一　図書館における図書の分類は書店の出版または販売目録とは同じではない。また学問の分類とも違うべきである。本目では、専門研究家の便をはかり、おおむね内閣文庫の分類に従った。ただし、個々の書物については、いくらか訂正した。

一　同一門類中の配列も、個々の書物の記載も、ほぼ内閣文庫の方法によったが、冠称はできるだけ原書のままに従った。

一　上段の「同」は書名が前書と全く同じであることを示し、同版のものは中段にも「同」としるした。中段のみ「同」とあるものは、同版の外題換えであることを示す。中段の「同」の下に、（――印）とあるものは同版後印本である。

一　ただ「刊」とあるものは、江戸初期以前の刊本を除く和刻本であり、出版者は、特殊のものを除いては記入しない。古書の出版者は正確には知りがたいからである。「寫」の下に（　）に入れてしるした姓名は書写人を示す。

一　著者名は本名を原則とし、雅号等は検索者の便を考えて、原書になくても補入したものが多い。

一　下段の数字は、冊数、函号を示す。本館では、和本の本質に従い、積み重ねて排架してあるので、図書番号の設定がない今日、図書番号（古書は一冊一番号にすべきものではない）に近いものである。

一　下段数字の上の略称は旧蔵者を示す。ただし足利学校旧蔵のもので確証がないものは記入を略してある。旧蔵者については後記参照。

一　分類は上記のごとくほぼ内閣文庫の旧に従ったが、目次には現在無書の門類をも併記して、本館の分類表をも示すことにした。門類の名称の下にページ数の記入のないものがそれである。

一　内閣文庫の漢籍分類において、緯書などを収めるために設けた経部各類の付録その他、国書分類において、神道の諸家神道・教派神道・諸神社、政治・法制の典礼儀式中の皇室・武家等の類は、将来も細分を要するほどの収書は予想されないので、分類表から除いたが、この類に属すべき古書の多数入蔵があるときは内閣文庫の分類表に従うべきものである。

一　巻末の書名索引は、利用者の便を考えて漢籍・国書に分け、邦人の編著にかかる、漢籍の注釈考証翻訳などの各書を収めた準漢籍は便宜漢籍中に編入した。

一　索引の配列は、漢籍は電話帳式に同一音中同一漢字をまとめ、国書は文字の同異は無視して発音順にした。これは、国書は書名の表記法が一定していないからで、この方法も内閣文庫の目録の編修法則に従った。

一　索引の編修は本館職員がこれを行なった。

舊藏者略稱

足　足利學校傳來の確證のあるもの

求　足利藩學求道館

戸　足利藩主戸田氏

亙　亙理鄉學日就館

月　月谷學校（北鄉）

明　中村明遠(蘭林)

人　鄕儒人見氏

阿　阿由葉鍋造

蓮　田崎草雲

相　相場朋厚

與　與津壽男

須　須藤宗次郎

小　小谷野周吉

刊　刊行者寄贈

足利學校遺蹟圖書館漢籍分類目録

一 經部

一 易類

周易	(王注本) 尾缺 寫	足	一	五〇四	一	一
歸藏	(周易) 享保一〇寫(月江)	足	二	五〇四	一	一
周易	一〇卷 魏王弼・晉韓康伯注 室町末寫	足	五	五〇三	一	三
同	一〇卷(卷五、六缺) 魏王弼・晉韓康伯注 江戸初寫	足	三	五〇四	一	一
同	六卷 魏王弼注 慶長寫(釋明徹)	足	三	五〇四	一	一
周易注疏	(越刊八行本)(陸子遹手識本) 一三卷(序缺) 魏王弼・晉韓康伯注 唐孔穎達等正義 宋刊	足	一三	五〇一	一	一
易經集註	二〇卷(卷一、二、七至一〇、一三至一五缺) 宋程頤・朱熹 刊		六		一	一
周易(傳義)	二四卷首一卷 宋程頤・朱熹 刊(享保九印)	求	一三		一	二
周易(本義)	全四卷本義序例一卷 宋朱熹撰 林(恕)點 寬文四序刊		七		一	三
周易(本義附錄纂註)	(通志堂經解本) 一五卷 宋朱熹本義 元胡一桂附錄纂註 清納蘭成德校 文化一一刊(覆清、官版)	求	四		一	四
周易傳義大全	二四卷首一卷周易朱子圖說一卷 明胡廣等奉勅編 鵜(飼)信之點 慶安五刊		二六		一	五
同	同(卷四、五、七、八、首、圖說缺)		二〇		一	六
(東谷鄭先生)易翼傳	(通志堂經解零本) 二卷 宋鄭汝諧 清康熙刊	明	一		一	七
易學啓蒙	全四卷(卷三、四缺) 宋朱熹 刊		一		一	八
易學啓蒙(通釋)	二卷 宋胡方平 室町寫	足	一	五〇四	一	二
(周易本義啓蒙翼傳)	殘本(存中・下・外篇) 元胡一桂 江戸初寫	足	三	五〇四	一	一
周易發明啓蒙翼傳	(通志堂經解本)(中村明遠自筆書入本) 三卷外篇一卷 元胡一桂 寫	明	四		一	九
易學啓蒙要解	六卷(卷四、五缺) 朝鮮崔恒等奉勅 刊		五		一	一〇
啓蒙傳疑	全四卷(卷一至三缺) 朝鮮李滉 明曆三刊		一		一	一一
周易傳	(南宋刊小字本) 六卷 宋李中正撰 李舜擧校 李熙績編 應安五寫	足	三	五〇三	一	三
易經蒙引	二四卷(卷四至一〇缺) 明蔡清 刊(承應元印)		一七		一	一三
(御纂)周易述義	一〇卷 清吳鼎等奉勅 寫	求	八		一	一三

二 書類

古文尚書	一三卷 寫	足	二	五〇四	一	三
同	(內野皓亭舊藏元亨二年素慶跋古鈔本) 三卷 舊題漢孔安國傳 昭和一四刊(影印、京・東方文化研究所)		六		一	一四
同	一三卷 舊題漢孔安國傳 室町寫	足	二	五〇四		四
同	(本館所藏室町時代寫本) 一三卷 舊題漢孔安國傳 明治三〇・三一寫(摸寫)		二		一	一五

尚書	舊題漢孔安國傳　賀島矩直點　刊(後印)		五	一	一六
尚書正義	(越刊八行本)二〇卷　舊題漢孔安國傳　唐孔穎達等疏　宋刊(元修)	足	八	五〇一	二
同	(越刊八行本)二〇卷　舊題漢孔安國傳　唐孔穎達等疏　弘化四刊(覆宋、熊本藩)		二〇	五一五	三
同	(題簽・尚書正義定本)二〇卷　舊題漢孔安國傳　唐孔穎達等疏　昭和一四～一八刊(活版、京・東方文化研究所)		八	一	一七
同	同(存卷六至九)		二	一	一八
同	零本一卷(卷一)首一卷　舊題漢孔安國傳　唐孔穎達等疏　室町寫	足	一	五〇四	一
(三山拙齋林先生)尚書全解	(通志堂經解本)四〇卷(卷一・三四・三七至四〇缺)　宋林之奇撰　清納蘭性德校　寫(三亥信一)	求	一〇	一	一九
書經(集註)	(題簽・頭書音訓書經集註)六卷　宋蔡沈　刊(後印)	求	六	一	二〇
尚書句解	(通志堂經解本)一三卷　元朱祖義撰　清納蘭成德校　寫(三亥信一)	求	一	一	二一
(新鍥)書經講義會編	一二卷　明申時行撰　李鴻編　延寶二跋刊		八	一	二二

三　詩　類

毛詩	二〇卷　舊題漢毛亨傳　鄭玄箋　室町寫	足	一〇	五〇四	五
同	二〇卷(卷一、一二、一七至二〇缺)　舊題漢毛亨傳　鄭玄箋　室町末寫	足	七	五〇四	五
(附釋音)毛詩註疏	(附釋音十行本)二〇卷首一卷　舊題漢毛亨傳　鄭玄箋　唐孔穎達等疏　宋刊(建安・劉叔剛一經堂)	足	三〇	五〇二	四・五
詩(集傳)	零本一卷(卷二)首一卷　宋朱熹　元至正一一刊(宗文精舍)	足	一	五〇四	二
詩經集註	(書入本)八卷　宋朱熹　刊		四	一	二三
詩經(集傳)	八卷　宋朱熹撰　松永昌易頭注　[寛文四]刊(享保九印)		八	一	二四
同	(題簽・新刻頭書詩經集註)八卷　宋朱熹撰　松永昌易頭注　寛政三刊	阿	八	一	二五
同	同	求	八	一	二六
毛詩名物圖說	九卷　清徐鼎撰　北條[士伸](蠖堂)校　文化五刊(覆清)	阿	四	一	二七

四　禮　類

(一)　周　禮

周禮	(重言重意巾箱本)(狩谷棭齋手跋本)一三卷　漢鄭玄注　宋刊	足	二	五〇二	三
(重校)古周禮	(江戸初期書入本)六卷　明陳仁錫編　明末刊	求	四	一	二八
周禮訓雋	二〇卷　明陳深　寫	明	四	一	二九

(二)　禮　記

禮記	(五經零本)末缺　[林安昌]點　[寛永五]刊		三	一	三〇
同	二〇卷　漢鄭玄注　室町寫	足	一〇	五〇四	四
同	二〇卷　漢鄭玄注　慶長刊(古活)	足	一〇	五〇四	三
禮記正義	(越刊八行本)七〇卷　漢鄭玄注　唐孔穎達等疏　宋紹熙跋刊(後修)	足	三五	五〇一	三〜五
禮記(集說)	一六卷(卷一〇首缺)　元陳澔　元天曆元刊(建安・鄭明德)	足	五	五〇四	二
禮記集說	三〇卷(卷二九、三〇缺、卷五、六以別本配)　元陳澔　刊	求	一八	一	三一
夏小正經傳埒解	全四卷(卷一缺)追加一卷　[渡]邊之望　文化六刊		一	一	三二

(四)　三禮總義

(欽定)三禮義疏　清諸錦等奉勅　清刊　亙　一六　一　一三
第　一～　三〇冊　(欽定)周官義疏四八首一
第三一～　八〇冊　(欽定)儀禮義疏四八首二
第八一～一二八冊　(欽定)禮記義疏八二首一

(六) 雜禮

家禮(儀節)　八卷　明丘濬　(慶安元)刊(後印)　四　一　一四

五　春秋類

(一) 左氏傳

春秋經傳集解　三〇卷　晉杜預　(慶長)刊(古活)　足　一五　五二　一

春秋左傳　(後藤松蔭自筆書入本)　三〇卷　晉杜預撰　那波師曾點　安永六刊　亙　一五　五五　四

春秋經傳集解　三〇卷　晉杜預　刊(後印)　一五　一　二五

春秋左氏傳校本　三〇卷(卷一、二配寶曆五年刊那波師曾點本)(文政七修)　晉杜預注　唐陸德明音　秦鼎・村瀨誨輔校　文化八刊　一五　一　二七

同　三〇卷　晉杜預注　唐陸德明音　秦鼎・村瀨誨輔校　嘉永三刊　一五　一　二六

(附釋音)春秋左傳註疏　(附釋音十行本)　六〇卷　晉杜預注　唐孔穎達等疏　宋刊(建安・劉叔剛、後印)　足　二五　五〇二 五〇三　一 六

(評註)東萊博議　六卷　宋呂祖謙撰　清瞿世瑛校　阪谷素注　明治一二刊　阿　六　一　二八

左繡　三〇卷首一卷　清馮李驊・陸浩　清嘉慶一三刊　一六　一　二九

六　孝經類

古文孝經　(正文)　江戸初寫(釋明敵)　足　一　五〇四　二

孝經　(今文正文)(書入本)　元祿一三寫　一　一　四〇

古文孝經　(足利本)　舊題漢孔安國傳　山本龍校　寛政刊(一二印)　一　一九　一〇

孝經大義　宋朱熹刊誤　元董鼎注　貞享元刊　足　一　一　四一

七　群經總義類

(一) 群經

(欽定)四經　清張廷玉等奉勅　清刊　求　九二　一　四二
第　一～一六冊　(御纂)周易折中二二首一(蔣廷錫等)
第一七～三六冊　(欽定)書經傳說彙纂二一書序一首二(張廷玉等)
第三七～六〇冊　(欽定)詩經傳說彙纂二一詩序二首二(張廷玉等)
第六一～九二冊　(欽定)春秋傳說彙纂三八首二(張廷玉等)

同　清張廷玉等奉勅　刊(加賀藩學、薄葉刷)　亙　五〇　一　四三
第　一～　九冊　(御纂)周易折中二二首一(蔣廷錫等)
第一〇～二〇冊　(欽定)書經傳說彙纂二一書序一首二(張廷玉等)
第二一～三四冊　(欽定)詩經傳說彙纂二一詩序二首二(張廷玉等)
第三五～五〇冊　(欽定)春秋傳說彙纂三八首二(張廷玉等)

改正音訓五經　(後藤點五經)　後藤世鈞(芝山)點　文化一〇刊　周易・尚書・詩經各二卷春秋一卷禮記四卷　二　一　四四

鼇頭音註五經　(後藤點五經)　後藤世鈞點　明治一八刊　周易・尚書・詩經各二卷春秋一卷禮記四卷　二　一　四五

再刻音訓五經　佐藤坦(一齋)點　天保一二刊　周易・尚書・詩經各二卷春秋一卷禮記四卷　小　二　一　四六

(玉堂袖珍)五經集註　易經(缺)書經一〇卷詩經(存斷簡)禮記集說一〇卷(卷二、四缺)春秋胡傳三〇卷　〔明萬曆〕刊　一六　一　四七

(大方)五經大全　明胡廣等奉勅編　(明萬曆)刊　足　二五　二　一
第　一～一一冊　(周會魁校正)易經大全二〇首一(明周士顯校)
第一二～一七冊　(申學士校正古本官板)書經大全一〇首一(明申時行校)
第一八～二七冊　(葉太史參補古今大方)詩經大全一五首全三(明葉向高編　張以誠校)
第二八～四一冊　(張翰林校正)禮記大全三〇序一(明張瑞圖・沈正宗校)
第四二～五五冊　春秋集傳大全三七(明廣大復校)

五經備旨　清鄒聖脉撰　鄒廷猷編　鄒景揚等校　清同治三刊　二〇　一　四八
第　一～　三冊　(寄傲山房塾課纂輯御案)易經備旨七首一
第　四～　六冊　(寄傲山房塾課纂輯御案)書經備旨蔡註捷錄七
第　七～一〇冊　(御案)詩經備旨八
第一一～一五冊　(御案)春秋左傳經解備旨一二首一
第一七～二〇冊　(寄傲山房塾課纂輯)禮記全文備旨一一

〔十三經註疏〕　明毛晉校　明崇禎刊(清修)　足　一四三　二　二
第　一～　六冊　周易兼義九(魏王弼・晉韓康伯注　唐孔穎達等疏)
第　七～一六冊　尚書正義二〇(舊題漢孔安國傳　唐孔穎達等疏)
第一七～二六冊　毛詩註疏二〇(舊題漢毛亨傳　鄭玄箋　唐孔穎達等疏)
第二七～四六冊　周禮註疏四二(漢鄭玄注　唐賈公彥疏)
第四七～六〇冊　儀禮註疏一七(漢鄭玄注　唐賈公彥疏)
第六一～九〇冊　禮記註疏六三(漢鄭玄注　唐孔穎達等疏)
第九一～一二〇冊　春秋左傳註疏六〇(晉杜預注　唐孔穎達等疏)
第一二一～一三〇冊　春秋公羊傳註疏二八(漢何休注　(唐徐彥疏))
第一三一～一三六冊　春秋穀梁註疏二〇(晉范寧注　唐楊士勛疏)　論語註疏解經(缺)
第　一　三　七　冊　孝經註疏九(唐玄宗注　宋邢昺疏)
第一三八～一四〇冊　爾雅註疏一一(晉郭璞注　宋邢昺疏)
第一四一～一四三冊　孟子註疏解經一四(一～七缺)(漢趙岐注　舊題宋孫奭疏)

(二) 總　義

(萬氏)經學五書　清萬斯大　清嘉慶元序刊　忠　六　二　三
第　一　冊　學禮質疑二
第　二　冊　禮記偶箋三
第　三　冊　儀禮商二附一
第　四　冊　周官辨非一
第五・六冊　學春秋隨筆一〇

(四) 附　錄

古微書　三六卷　明孫瑴編　寫　求　六　二　四

八　四書類

(一) 大　學

(重訂古本)大學章句合釋文存一卷　明管志道　(太田南畝・橘守部舊藏)　寫(大田覃)　須　一　五一五　四

(二) 中　庸

中庸(章句)　(四書卒本)　宋朱熹撰　林信勝(道春)點　文化刊　一　二　五

(三) 論　語

論語(集解)　(貞和本)一〇卷　魏何晏撰　吉田漢宧校　寬政二刊(木活)　足　二　五一五　五
同　(正平本)(近藤正齋・市野迷庵手識本)一〇卷附正平本論語札記　魏何晏撰　(附)市野光彥編　文化一三序刊　足　四　五〇九　一
同　存二卷(卷一、二)　魏何晏撰　室町寫(九華)　足　一　五〇五　一
同　一〇卷　魏何晏撰　江戶初寫(九華)　足　五　五〇九　一
同　一〇卷(卷一至四缺)　魏何晏撰　江戶初寫　足　一　五〇五　一
同　一〇卷附攷異　魏何晏撰　吉田漢宧校　(附)吉田漢宧編　寬政三序刊(木活)　足　四　五一五　五
論語義疏　一〇卷　梁皇侃　室町寫　足　一〇　五〇三　二
同　存一卷(卷四)　梁皇侃　(明治)寫(模寫)　一　二　六

同　一〇卷附論語義疏校勘記
梁皇侃撰　武內義雄校　(附)武內義雄編　大正一三刊
(活版、大・懷德堂記念會)　六　二　七

論語(集註)　(首書四書集註零本)(朱書入本)　一〇卷(卷一缺)
宋朱熹　刊　六　二　八

同　(首書四書集註零本)　一〇卷
宋朱熹　刊　四　二　九

論語集注　(四書集註零本)(謙堂自筆奥書本)　一〇卷(卷一至五缺)
宋朱熹　刊　二　二　一〇

(四)　孟　子

孟　子　(三要自筆書入本)存四卷(卷一至四)
漢趙岐注　室町末寫　足　二　五〇四　二

孟子註疏解經　(近藤正齋手跋本)(注疏合刻本)　一四卷
舊題宋孫奭疏　室町寫　足　七　五〇八　六

孟子(集註)　(宋榮堂藏本)　一四卷
宋朱熹　天保九刊　四　二　二

孟子論文　七卷
竹添光鴻編　明治一五刊　小　七　二　三

(七)　四　書

〔四書章句集註〕　大學〔章句〕一卷(缺)中庸〔章句〕一卷(缺)論語〔集註〕一〇卷孟子〔集註〕一四卷(卷三至六缺)
宋朱熹　寛文九刊　七　二　三

〔同〕　大學〔章句〕・中庸〔章句〕各一卷論語〔集註〕一〇卷(卷一、二缺)孟子〔集註〕一四卷(卷一、二、七至一四缺)
宋朱熹　刊(額田版)　足　六　二　一四

〔同〕　大學〔章句〕一卷(缺)中庸〔章句〕一卷(缺)論語〔集註〕一〇卷(卷三至一〇缺)孟子〔集註〕一四卷(卷一、二缺)
宋朱熹　安永二刊　四　二　一五

鼇頭評註四書大全　大學章句大全・大學或問・中庸章句大全・中庸或問各一卷論語集註大全二〇卷孟子集註大全一四卷
明胡廣等奉勅編　藤原肅注　鵜〔飼〕信之點　刊　三　二　一六

鼇頭新增四書大全　存大學或問・中庸或問各一卷
明胡廣等奉勅編　刊　亙　二　二　一七

(增訂)四書大全　大學章句大全三卷大學或問一卷中庸章句大全三卷中庸或問一卷論語集註大全二〇卷孟子集註大全一四卷附一卷
明胡廣等奉勅編　清汪份編　張九棐等校　吉村晉點　嘉永七刊　亙　四八　二　一八

四書大全說約合參正解　(四書正解)　三〇卷(卷六、一七缺)附四書正解字畫辨訛
清吳荃𦶜編　丁熿等校　元祿一〇刊(後印)　求　二八　二　一九

四書輯釋章圖通義大成　(明嘉靖四年刊本)存朱子大學或問重訂輯釋通義大全一卷論語集註重訂輯釋通義大成存一五卷(卷一至七、一〇至一七)孟子集註重訂輯釋章圖通義大成存六卷(卷三至六、一一、一二)
元倪士毅輯釋　程復心章圖　明王逢通義　朝鮮刊
(銅活、甲辰字印本、朝鮮宣祖三年十月內賜)　足　三　五二一　二

四書蒙引　一五卷(卷一、三缺)
明蔡清撰　敖鯤校　刊(寛永一三印)　一八　二　二〇

(靈源山房重訂)四書淺說　一三卷
明陳琛撰　劉蜚英訂　刊　三　二　二一

四書便蒙講述　二〇卷
明盧一誠撰　盧伯儒編　慶安四刊　足　二〇　二　二二

(連理堂重訂)四書存疑　一四卷附四書存疑考異
明林希元撰　方文訂　鵜〔飼〕信之點　刊(承應三印)　一四　二　二三

同　同　一四　二　二四

(新刻)課兒明講　(高頭講章本)全一四卷
明顏茂猷編　陳仁錫・湯本沛補　〔明萬曆〕刊　相　四　二　二五

九　樂　類

律呂解註　二卷首一卷(序首缺)
明鄧文憲　明嘉靖刊　足　二　五〇九　一

一〇　小學類

(一)　訓　詁

(輶軒使者絕代語釋別國)方言　一三卷
漢揚雄撰　晉郭璞解　明程榮校　寛文九刊(後印)　一　二　二六

(新刻)助語辭　〔鼇頭本〕
明盧以緯撰　胡文煥校　天和三刊　蓮　一　二　二七

虚字註釋備考　六卷　清張文柄撰　杉四郎點　嘉永四刊　小　一　二　二六

(二) 字書

(新刊)大廣益會增修玉篇　三〇卷玉篇廣韻指南一卷　明朱(祐擯)(端玉)編　寬文四刊　足　二　二　二九
字彙　一二卷韻法直圖・韻法横圖・首尾各一卷　明梅膺祚(横)明李世澤　清康熙刊(雲棲寺)　求　一四　二　三〇
同　一二卷韻法直圖・韻法横圖・首尾各一卷　明梅膺祚(横)明李世澤　刊　足　一四　二　三一
同　(書扉・四聲韻字彙)一二卷首尾各一卷　明梅膺祚　刊　一四　二　三二
集古印篆　(六書通摘錄本)　秦駘校　安永四刊　四　二　三三
廣金石韻府　全五卷首一卷　明林尙葵編　李根校　安永五刊　蓮　六　二　三四
正字通　一二卷首一卷十二字頭一卷　清張自烈・廖文英(十)清廖綸璣　清康熙九序刊　阿　四〇　二　三五
康熙字典　一二卷首一卷字母切韻要法・補遺・備考各一卷附字典琢屑・字典初學索引各一卷　清凌紹雯等奉勅(琢)都賀庭鐘補考　都賀枝春音攷(初)都賀枝春　安永(九)刊　阿　四一　二　三六
字貫　(題簽・字貫提要)四〇卷　清王錫侯　刊　阿　一〇　二　三七
草字彙　全一二卷　〔清佟世男〕編　刊(後印)　阿　一三　二　三八

○

千字文註　清孫呂吉撰　蔡汪琮校　(附)清尤珍書　〔元祿一一〕刊(正德五印)　附清書千字文　蓮　一　二　三九

(三) 韻書

〔廣韻〕　存三卷(卷三至五、每卷首尾缺)　〔宋陳彭等奉勅〕〔元末明初〕刊　足　三　五三　四
(參考)切韻指掌圖　宋司馬光　享保一七刊　一　二　四〇
(重訂)直音篇　(睦子手澤本)七卷(序缺)　明章黼　〔明萬曆〕刊　足　七　五一五　五

○

詩韻含英　(書入本)一八卷　清劉文蔚編　秦鼎校　文化一二刊　二　二　四一
詩韻含英校本　一八卷(卷九至一八缺)附異同辨(上層)　清劉文蔚編　明治刊(銅版)　一　二　四二

二 史部

一 正史類

史記(索隱)　存四卷(卷一五至一八)　唐司馬貞　明正德九刊(愼獨齋)　足　一　五〇五　二
史記　存一卷(卷一〇五)　漢司馬遷撰　宋裴駰集解　唐司馬貞索隱　室町寫(九華)　足　一　五〇九　二
史記評林　一三〇卷(卷一、二、五・一五、一六、二三至二七、二九至三一、三八至四五、一〇五、一〇六缺)首二卷　明凌稚隆編　李光縉補　寬文一三刊　足　二八　三　一
同　同(延寶二修、卷一八至二七缺)　三　三　二
同　一三〇卷補史記一卷首二卷　明凌稚隆編　李光縉補　明和七刊(天明九印)　二五　三　三
同　一三〇卷補史記一卷首二卷　明凌稚隆編　李光縉補　明治二刊(鶴牧藩修來館)　阿　五〇　三　四
漢書　一〇〇卷(卷二五至六八缺)　漢班固撰　唐顏師古注　明崇禎一五刊(汲古閣、後印)　求　一四　三　五
前漢書　一〇〇卷　漢班固撰　唐顏師古注　明陳仁錫評　明崇禎五序刊　足　二六　三　六
漢書評林　一〇〇卷首一卷　明凌稚隆編　釋玄朴點　明曆三刊　阿　五〇　三　七
同　同(卷一七、一八、五九至六二、六八、六九、七三至五、七八至八〇缺)　四五　三　八
同　同(卷首缺)　四九　三　九

同　同(後印)　求 五〇 三 一〇

後漢書　九〇卷志三〇卷　宋范曄撰　唐李賢注　明正統刊　足 二〇 五〇五 三

同　(朱訂本)九〇卷志三〇卷　宋范曄撰　唐李賢注　刊　阿 六〇 三 二

同　同(後印)　月 六〇 三 三

後漢書方術列傳　附魏書方技傳　宋范曄撰　唐李賢注　(附)晉陳壽撰　裴松之注　寫 一 三 三

唐書　殘本一〇九卷(列傳卷一至四、一六至五七、六九至九七、一一七至一五〇)　宋歐陽脩・宋祁撰　宋紹興刊(覆宋嘉祐五年刊本)　足 三 五〇三 三

同　二二五卷唐書釋音二五卷　宋歐陽脩撰　堀正脩點　寛延三跋刊(松會堂)　阿 八二 三 一四

十七史　附四朝別史　明毛晉編　明崇禎元～一七刊(汲古閣、淸順治修、淸補)　亙 三九八 三 一五

第一～一六册　史記一三〇

第一七～四六册　漢書一〇〇

第四七～六六册　後漢書九〇志三〇

第六七～七八册　三國志六五

第七九～一〇八册　晉書一三〇

第一〇九～一二八册　宋書一〇〇

第一二九～一三八册　南齊書五九

第一三九～一四六册　梁書五六

第一四七～一五〇册　陳書三六

第一五一～一七二册　魏書一一四(三三―四四缺)

第一七三～一七八册　北齊書五〇

第一七九～一八六册　周書五〇

第一八七～二〇二册　南史八〇

第二〇三～二二六册　北史一〇〇

第二二七～二四二册　隋書八五

第二四三～二九〇册　唐書二二五

第二九一～二九八册　五代史七四

第二九九～三七八册　弘簡錄二五四(二〇〇―三補寫)(明邵經邦)　淸康熙刊

第三七九～三九八册　續弘簡錄元史類編四二首一(淸邵遠平)　淸康熙刊

二十二史反爾錄　三卷　淸彭希涑編　釋黃泉補　天保六刊(鵜飼徹定舊藏)　阿 三 四 一

二　編年類

資治通鑑　二九四卷(序跋卷一至一八缺)　宋司馬光等撰　元胡三省注　天保七刊(覆明天啓、津藩有造館)　阿 一三八 四 二

(少微家塾點校附音)通鑑節要　五〇卷資治通鑑總括通論一卷外紀五卷　宋江贄編　史炤音釋　元王逢輯義　明劉剡增校(外)宋劉恕編　元王逢釋義　明劉剡纂校　朝鮮刊(全羅道、後印)　足 一六 五二一 五

資治通鑑綱目　(題簽・朱子資治通鑑綱目)五九卷(卷一下、一〇上、二四、三五、四五後半、四八前半、五九缺、有破)　宋朱熹　淸康熙九刊(張朝珍、康熙八修)　相 七三 四 三

續資治通鑑綱目　二七卷　宋朱熹　明弘治一七刊(愼獨齋)　足 一三 五二一 六

(鼎鍥黃太史彙纂)玉堂鑑綱　七二卷首一卷　明葉向高編　李京訂　淸虞二球續訂　淸刊　二〇 四 四

(鼎鍥趙田了凢袁先生編纂古本)歷史大方綱鑑補　三九卷首一卷　明袁黃編　鵜(飼)信之點　寛文三刊(後印)　相 二〇 四 五

通鑑擥要　前編二卷正編一九卷續編八卷明史擥要八卷附一卷　淸姚培謙・張景星編　增田貢點　明治九刊　相 一五 四 六

(尺木堂)綱鑑易知錄　九二卷(卷一缺)明鑑易知錄一五卷　淸吳乘權編　篠崎欒校　嘉永二刊　求 六三 四 七

同　同(無明鑑易知錄、明治二修)　月 四八 五 一

同　同(同、後印)　四八 五 二

三　紀事本末類

聖武記拔萃　四卷　淸魏源撰　山中信古編　安政三刊　求 四 五 三

四 別史類

名山藏詳節（稿本）二〇卷（中村）明遠（蘭林）編　延享五序寫（自筆）　明　一〇　五一五　六

（新增音義釋文古今歷代）十八史略　二卷　元曾先之編　明初刊　足　一　五〇九　三

（歷代）十八史略　一〇卷首一卷　元曾先之編　朝鮮刊（銅活、庚午字印本）　足　一〇　五〇九　二

（立齋先生標題解註音釋）十八史略（明正統辛酉余氏刊本）七卷　元曾先之編　明陳殷音　王逢校　（慶安元）刊（寬保三修）　互　五　五　四

（校訂標註）十八史略讀本　七卷　元曾先之編　今井匡之標註　明治一六刊　相　七　五　五

（古今歷代標題註釋）十九史略通攷　八卷首一卷　元曾先之撰　明余進校　朝鮮刊　足　八　五三　一

五 雜史類

國　語　二一卷　吳韋昭解　宋宋庠音　明穆文熙編　石星等校　刊　足　五　五　六

國語定本　二一卷　吳韋昭解　宋宋庠音　秦鼎校　文化六刊（文化七印）　興　六　五　七

貞觀政要（集論）一〇卷　元戈直　慶長五刊（古活、伏見版）　足　八　五三　二

同　一〇卷　元戈直　文政六刊（南紀學習館、後印）　互　一〇　五　八

中興偉略　明馮夢龍編　（正保三）刊　阿　一　五　九

七 史鈔類

（新鐫）古今帝王創制原始（古今原始）明謝紹芳編　余震編次　正保三刊　足　一　五　一〇

八 傳記類

(一) 聖賢

聖蹟圖　明張楷編　何廷瑞補　元祿四刊　足　一　五　一一

同　同（首缺）　足　二　五　一二

闕里誌　一二卷　明孔貞叢　寬文一二刊　足　三　五　一三

同　同（寶永六印）　六　五　一四

（刻）孔聖全書　一三卷　明安夢松撰　黃大年校　寬文八刊　六　五　一五

同　同　六　五　一六

聖賢像贊　四卷　刊（寬永二〇印）　足　二　五　一七

同　同　蓮　二　五　一八

同　同　阿　二　五　一九

（新刻）鄒魯故事　五卷　明魏時應編　林時若音　黃雲龍校　延寶三刊　足　四　五　二〇

(二) 名人

合肥執政年譜（段祺瑞）（清同治四―民國二五）二卷　民國吳延燮編　民國二七跋刊（活版）　一　五　二一

(三) 總録

（焦太史編輯）國朝獻徵錄　零殘（卷次不正、卷一、一九等）　明焦竑　明萬曆刊　足　三　五　三

五朝名臣言行錄　前集一〇卷後集一四卷續集八卷別錄上一三卷下一三卷外錄一七卷　宋朱熹・李幼武　朝鮮明弘治一五刊（淸道郡、後印）　足　一六　五〇九　四

(宋朱晦菴先生)名臣言行錄　前集一〇卷後集一四卷補遺一卷　宋朱熹撰〔鵜飼信奉〕點　寛文七刊(後修)　亙 六 五 二三
皇朝名臣言行續錄　八卷四朝名臣言行錄別集上一三卷下一三卷皇朝道學名臣言行外錄一七卷　宋李幼武撰　齋藤五郎象校　天保一二・嘉永元刊　亙 一五 五 二四
伊洛淵源錄　新增一四卷續錄六卷　明楊廉〔續〕明謝鐸　慶安二刊(後印)　亙 五 五 二五
唐才子傳　一〇卷　元辛文房　〔正保四〕刊　阿 二 五 二六
高士傳　三卷　晉皇甫謐撰　明張遂辰閱　〔安永四〕刊(後印)　阿 三 五 二七
新續列女傳　三卷　明黄希周等　承懸三刊　求 三 五 二八

九　史評類

(東萊先生音註)唐鑑　二四卷　宋范祖禹撰　呂祖謙注　〔寛文九〕刊(天保一四印)　亙 六 五 二九
涉史隨筆　宋葛洪　寛政七刊　阿 一 五 三〇

一〇　外國史類

懲毖錄　四卷　〔朝鮮柳成龍〕　元祿八刊(後印)　阿 四 五 三一

二　地理類

(三)　山　水

水　經　四〇卷　舊題漢桑欽撰　後魏酈道元注　清乾隆一八跋刊　阿 一四 五 三二
名山勝槩圖　原存圖　享和元刊(文政一一修)　蓮 三 五 三三

(四)　古　蹟

平山堂圖志　一〇卷宸翰一卷圖一卷　清趙之壁　天保一四刊(官版)　阿 四 五 三四

(八)　外　紀

中山傳信錄　六卷　清徐葆光　服〔部〕天游(蘇門)等校　明和三刊　阿 六 五 三五
湯島紀行　朝鮮孔聖學　昭和一一刊(活版)　一 五 三六

(九)　地　圖

歷代地理沿革圖　清馬徴麟訂　李兆洛編　明治一三刊　阿 一 五 三七

三　時令類

玉燭寶典　(前田家所藏嘉保三年跋本)一二卷(卷九原缺)　隋杜臺卿　文化一三寫　阿 二 五一五 五
清嘉錄　一二卷　清顧祿撰　安原寛校　天保八刊　蓮 五 五 三八

一三　詔令奏議類

(一)　詔　令

六諭衍義　清范鋐　享保六刊〔官版〕　蓮 一 五 三九
同　同　足 一 五 四〇

(二) 奏議

陸宣公奏議　四卷附學譌　唐陸贄撰　田口文之校　安政六跋刊（木活、聯腋書院）　阿　四　五　四一

一六 目錄類

(一) 書目

八旗藝文編目　四卷補一卷訂一卷　蒙古恩華編　民國刊（活版）　二　五　四二

北京人文科學研究所藏書簡目　全六卷書名索引一卷　同所編　民國二七刊（活版）　八　五　四三

北京人文科學研究所藏書續目　附書名索引　同所編　民國二八刊（活版）　二　五　四四

(二) 金石

（重定）金石契　六卷續一卷附石鼓文釋存　清張燕庭　清光緒二二・二八刊　五　五　四五

金石圖說　二卷　清牛運震集說　褚峻圖・劉世珩補　清光緒二二刊　四　五　四六

三 子部

一 儒家類

孔子家語　（汲古閣舊藏宋蜀刊本）一〇卷孔子家語札記一卷〔魏王肅〕（札）清劉世珩編　清光緒二四刊（覆宋・玉海堂）　四　五　四七

（新刊標題）孔子家語句解　（朝鮮刊本）六卷首一卷　元王廣謀　室町寫　足　二　五〇五　六

（標題句解）孔子家語　三卷附一卷〔魏王肅撰〕　元王廣謀句解　慶長刊（古活）　足　四　五〇五　六

荀子　（荀子全書）（明世德堂刊本）二〇卷（卷一至六缺）　唐楊倞注　延享二刊（覆明）　阿　七　五　四八

荀子〔箋釋〕　二〇卷荀子校勘補遺一卷　清謝墉撰　朝川鼎校　文政刊（平戸藩維新館）　阿　八　五　四九

（劉向）新序　一〇卷　漢劉向　朝鮮刊（後印）　足　二　五〇九　三

說苑　二〇卷　漢劉向撰　明程榮校　〔寛文八〕刊（後印）　蓮　五　五　五〇

潛夫論　一〇卷　漢王符撰　奥田元繼點　天明六跋刊（天明七印）　阿　五　五　五一

帝範　（武英殿刊本對校本）二卷　唐太宗撰　注者未詳　寛文八跋刊　二　五　五二

張子全書　（周張全書零本）一五卷　明徐必達編　延寶三刊（後印）　亙　一〇　五　五三

二程全書　六八卷（卷四二至四五缺）　明徐必達編　刊　亙　二〇　五　五四

二程先生類語　七卷二程先生年譜一卷合八卷　明唐伯元編　明曆三刊　阿　八　五　五五

近思錄〔集解〕　一四卷　宋葉采　〔慶安元〕刊（萬治二印）　足　八　五　五六

小學集說　零本二卷（卷三、四）　明程愈撰　李鑑・李承祖編　〔慶安三〕刊　足　一　五　五七

（標題註疏）小學集成　（明正統中朝鮮古活字印本）一〇卷首一卷　朝鮮金汶校　萬治元刊　足　二　五　五八

（改訂）小學總論　（朝鮮良善叢書第一編本）　朝鮮世朴采編　昭和一九刊（活版）　一　五　五九

朱子語類　一四〇卷　宋黎靖德編　鵜飼〔信之〕・安井眞祐點　寛文八跋刊（寛政三修）　亙　四六　五　六〇

同　同（後印）　求　四五　五　六一

大學衍義　四三卷　宋眞德秀　明初刊（後修）　足　一〇　五二　三

（北溪先生）性理字義　二卷　宋陳淳撰　〔熊谷立閑〕鼇頭　寛文一〇刊　足　四　五　六二

（新刊）性理大全　七〇卷　明胡廣等奉勅　明萬曆三六刊（建・安正堂劉蓮台）　足　一六　五　六三

性理大全書　七〇卷（卷四、五異版重複、卷八、九缺）　明胡廣等奉勅　朝鮮刊（慶尚道、後印）　足　三三　五二　四

聖學心法　四卷　明成祖　明刊(經廠)　足　四　五〇五　六

傳習錄　三卷附一卷　明王守仁撰　三輪希賢校　刊(明治印)　四　五　六四

吉齋漫錄　二卷　明吳廷翰撰　吳國寶編　寫　阿　二　五　六五

孝行錄　朝鮮李齊賢　大正一一刊(活版、東・橘井清五郎)　一　五　六六

二　兵家類

七書　存六韜六卷(卷四至六缺)(黄石公)三略三卷　慶長五刊(古活、伏見版)　足　二　五〇六　一

同　存六韜六卷司馬法三卷尉繚子五卷唐太宗李衞公問對三卷　刊　四　五　六七

(施氏)七書講義　四二卷　金施子美　室町末寫　足　一〇　五〇六　二

(標題)武經七書全文　(題簽・開宗直解鼇頭七書)(鼇頭・武經直解開宗合參)　七卷　淸汪桓校　(直)淸汪淇編　〔延寶〕刊(後印)　五　五　六八

武經開宗　一四卷(卷八缺)七書義解宋評訂識一卷　明黄獻臣　(宗)山中倡庵　寛文元刊　足　三　五　六九

(新刊官板批評)續百將傳　(釋玄道手加藍點本)　四卷　明何喬新撰　趙光裕評　〔明萬曆〕刊　足　四　五　七〇

三　法家類

管子　(題簽・管子全書)二四卷　唐房玄齡注　明劉績增注　朱長春通演　朱養和輯訂　武〔田〕欽繇校　〔寶曆六〕刊(後修)　阿　一三　五　七一

四　農家類

耕織圖　(題簽・佩文耕織圖)　淸聖祖撰　焦秉貞畫　文化五刊(姫路藩好古堂)　蓮　二　五一五　六

五　醫家類

(一)　醫經

(新刊黄帝內經)靈樞　二四卷　刊　六　五　七二

難經本義　二卷首一卷　元滑壽撰　明吳中珩校　刊(後印)　二　五　七三

(六)　方論

傷寒論　舊題漢張機(仲景)撰　晋王叔和編　正德五序刊(後印)　一　五　七四

同　同(後印)　一　五　七五

同　舊題漢張機撰　晋王叔和編　享和元刊　一　五　七六

同　(片假名附)舊題漢張機撰　晋王叔和編　種杏道人點　天保一〇刊　須　一　五　七七

金匱要略　三卷　舊題漢張機(仲景)撰　晋王叔和編　天明八刊　一　五　七八

同　三卷　舊題漢張機撰　晋王叔和編　文化三刊(後印)　一　五　七九

同　同　一　五　八〇

(類證辨異)全九集　四卷　明釋月湖編　田澤仲舒校　文政元跋刊(木活)　足　二　五　八一

(八)　本草

(重修)政和經史證類備用本草　三〇卷　宋唐愼微撰　曹孝忠校　明嘉靖刊(楚府崇本書院)　足　一〇　五〇六　三

本草綱目　五二卷圖二卷　明李時珍　寛文一二刊(後印)　阿　四〇　五　八二

七 術數類

(一) 數學

洪範皇極內篇 三卷後錄一卷首一卷尾一卷 蔡(九峰) 寛文七序刊 五 六 一

(四) 占卜

(新鍥纂集諸家全書大成)斷易天機 六卷(卷一、三、五、六缺) 明劉世傑 正保二刊 足 一 六 二

八 藝術類

(一) 書畫

寶繪錄 (知不足齋正本)二〇卷唐六如先生畫譜三卷首一卷 明張泰階 清刊 阿 八 六 三

江邨銷夏錄 三卷 清高士奇 寛政一二刊 蓮 五 六 四

明畫錄 八卷 清徐沁 文化刊(明治印) 蓮 五 六 五

國朝畫徵錄 三卷續錄二卷(缺) 清張庚 寛政一〇刊 蓮 一 六 六

漢溪書法通解 八卷(卷一缺) 清戈守智撰 周錫龍・陸聲鏞編 文政六刊 蓮 五 六 七

芥舟學畫編 四卷 清沈宗騫 弘化元刊(覆清、明治印) 蓮 四 六 八

墨林今話 一八卷續一卷 清蔣寶齡 清咸豐二跋刊 蓮 六 六 九

(八種畫譜) 唐詩畫譜全三卷梅竹蘭菊四譜・木本花鳥譜・草本花詩譜・唐六如畫譜・扇譜各一卷 明黃鳳池 明刊(集雅齋・清繪齋、後印) 蓮 八 六 一〇

歷代名公畫譜 四卷 明顧炳畫 谷文晁摹 寛政一〇跋刊 蓮 二 六 一一

(王維)輞川圖畫詩鈔出 寫 足 一 六 一二

賢俊圖 (芥子園畫傳第四集本)寫 蓮 一 六 一三

紅樓夢圖詠 四卷 清改琦 清光緒刊 四 六 一四

紉齋畫賸 清陳允升畫 明治一四刊 四 六 一五

賞奇軒四種合編 清刊 蓮 三 六 一六

○

(二) 法帖

草書要領 五卷 晉王羲之 寛文四刊(寛政七印) 蓮 二 六 一七

蘭亭序 (四種) 晉王羲之撰 唐褚遂良書 刊 興 一 六 一八

四體千字文 梁周公嗣次韻 陳釋智永書 寛保元刊 相 一 六 一九

(三) 音樂

琴學心聲諧譜 存一卷(卷上) 明莊臻鳳 寫 阿 一 六 二〇

(四) 篆刻

秋閒戲銕 一〇卷(卷一、二缺) 明嚴乘・羅公權編 明刊(朱絲套印) 蓮 八 六 二一

(同) 零本 刊 蓮 一 六 二二

九 譜錄類

(一) 器用

文房圖贊 一卷續一卷十友圖贊一卷 宋林洪 (續)元羅先登 (十)明顧元慶 清刊 阿 二 六 二三

文房肆考圖說　八卷　清唐秉鈞撰　康愷畫　清刊　阿　四　六　二四

方氏墨譜　零本一卷(卷首序目)　明方于魯　〔大正〕刊　一　六　二五

(三) 草木・鳥獸・蟲魚

秘傳花鏡　六卷(卷一・六缺)　清陳淏子　清刊　蓮　四　六　二六

同　六卷　清陳淏子　安永二刊(文政一二修)　蓮　六　六　二七

一〇　雜家類

(一) 雜學

呂氏春秋　(書入本)二六卷　漢高誘注　〔明萬曆〕刊(卷四至一四補寫)　阿　六　六　二八

同　(書入本)二六卷(卷一至六缺)　漢高誘注　刊(寛保三印)　明　六　六　二九

淮南鴻烈解　二一卷　漢高誘撰　明茅坤編　鵜〔飼〕信之點　寛文四刊　阿　六　六　三〇

明朝破邪集　八卷　明徐昌治編　〔安政五〕寫　求　八　六　三一

○

顏氏家訓　二卷　北齊顏之推　寛文二刊　二　六　三二

同　同(捫虱居士手校本)　二　六　三三

自警編　八卷　宋趙善璙編　明嘉靖刊　五　五三　二

菜根談　明洪〔自誠〕　清光緒五刊　須　一　六　三四

中國魂　二卷(卷下缺)　清〔梁啓超〕(飲氷室主人)　清光緒刊(活版)　一　六　三五

(二) 雜考

容齋隨筆　一六卷容齋續筆一六卷容齋三筆一六卷容齋四筆一六卷容齋五筆一〇卷　宋洪邁　清乾隆五九刊(掃葉山房)　阿　一六　六　三六

(陳眉公重訂)野客叢書　一二卷附一卷　宋王楙撰　明張昞校　承應二刊　阿　六　六　三七

(三) 雜說

三餘偶筆　一六卷　清左暄　天保一二刊　求　八　六　三八

讀書雜釋　一四卷　清徐鼒　清咸豐一一刊(福寧郡齋)　四　六　三九

(新刊)鶴林玉露　三卷各六卷　宋羅大經　〔慶安元〕刊(寛文二印)　蓮　六　六　四〇

(燕泉何先生)餘冬序錄　六〇卷外篇五卷　明何孟春　明刊　一三　五〇六　五

五雜組　一六卷　明謝肇淛　寛文元刊(寛政七修)　蓮　八　六　四一

同　同(文政七修)　阿　八　六　四二

小窓別紀　四卷　明吳從先撰　施沛等校　寛文一〇刊　阿　四　六　四三

焦氏筆乘　六卷　明焦竑撰　謝與棟・焦尊生校　刊(覆明、慶安二印)　蓮　二　六　四四

(四) 雜品

居家必用事類全集　一〇集二〇卷　寛文一三刊　阿　二〇　六　四五

鐵網珊瑚　二〇卷　明都穆　清刊　蓮　四　六　四六

考槃餘事　四卷　明屠隆　享和三刊(後印)　蓮　四　六　四七

華夷花木鳥獸珍玩考　一二卷(卷一一、一二缺)　明愼懋官　寫　阿　五　六　四八

(五) 雜纂

(標題徐狀元補注)蒙求　八卷　唐李瀚編　宋徐子光注　江戸初寫　足　八　五〇七　一

同　三卷(卷下缺)　唐李瀚編　宋徐子光注　刊(覆古活)　足　二　六　四九

同　零本一卷(卷上)　唐李瀚編　宋徐子光注　刊　足　一　六　五〇

同　同(存卷下)　足　一　六　五一

同　三卷　唐李瀚編　宋徐子光注　服部元喬(南郭)校　〔元文〕刊(寛保元印)　三　六　五二

同　三卷(卷中缺)　唐李瀚編　宋徐子光注　元祿七刊(後印)　二　六　五三

同　(鼇頭本)三卷(卷中缺)　唐李瀚編　宋徐子光注　承應三刊　二　六　五四

(六) 雜編

(明本排字增廣附音釋文)三註　存一卷(卷中)　室町寫　足　三　五〇七　一

(七) 西學

植物學　八卷　英韋廉臣譯　清李善蘭編　刊(昭和一四印、本館)　三　六　五五

格物入門　七卷　美丁韙良撰　本山漸吉點　明治二刊(明親館)　求　七　六　五六

二　小說家類

(一) 雜事

(李卓吾先生批點)世說新語補　二〇卷　明何良俊撰　王世貞編　王世懋釋　李贄批點　張文柱注　刊(元祿七修)　阿　一〇　六　五七

世說箋本　二〇卷　明何良俊撰　秦鼎校　文政九刊　興　一〇　六　五八

唐國史補　三卷　唐李肇　寫　明　一　六　五九

冷齋夜話　一〇卷　宋釋惠洪　〔正保二〕刊(寛文六印)　阿　二　六　六〇

輟畊錄　三〇卷　元陶宗儀　承應元刊(後印)　蓮　八　六　六一

同　同(後印)　阿　八　六　六二

(二) 異聞

山海經　一八卷　晉郭璞注　清黃晟校　清刊(槐蔭草堂)　阿　二　六　六三

同　一八卷　晉郭璞注　明蔣應鎬畫　刊(後印)　蓮　三　六　六四

述異記　梁任昉撰　明商濬校　〔享保元〕刊(寶曆三修)　阿　一　六　六五

虞初新志　二〇卷　清張潮編　荒〔井〕公廉點　〔文政六〕刊(後印)　蓮　一〇　六　六六

山中一夕話　(開卷一笑)上下集各七卷　明李贄編　笑笑先生增　明刊(清修)　阿　六　五一五　六

三　類書類

(重刊)書叙指南　二〇卷　宋任廣德編　明喬應甲校　慶安二刊(後印)　阿　四　六　六七

(新編)古今事文類聚　(明德壽堂刊本)前集六〇卷後集五〇卷續集二八卷別集三二卷新集三六卷外集一五卷遺集一五卷　宋祝穆編　(新・外)元富大用編　(遺)元祝淵編　寛文六刊　阿　一〇〇　六　六八

同　同　存後集五〇卷(卷四四至四六缺)　一九　六　六九

(新編)古今事類全書　前集六〇卷後集五〇卷續集二八卷別集三二卷新集三六卷外集一五集遺集一五卷雜集二卷　宋祝穆編　(新・外)元富大用編　(遺)元祝淵編　延寶五・六刊(六印)　阿　三　六　七〇

玉海　附刻一三種　宋王應麟編　元刊(明崇禎修)　明　一〇〇　五一六　一

第一〜八〇册　玉海二〇四

第八一　册　詩攷一

第八二・八三册　詩地理攷六

第八三〜八五册　漢藝文志攷證一〇

第八五〜八八册　通鑑地理通釋一〇

第八八冊 踐祚編集解一
第八九冊 周書王會一
第八九・九〇冊 漢制攷四
第九〇～九三冊 小學紺珠一〇
第九四・九五冊 急就四
第九六冊 姓氏急就篇二
第九七・九八冊 六經天文編二
第九九冊 周易鄭康成注一
第九九・一〇〇冊 通鑑答問五

羣書拾唾	一二卷 明張九韶編 汪道昆補 (承應元)刊(寬政九印)	阿	三	六	一一
(新刻丘瓊山)故事雕龍	二卷 明丘濬 享保一〇刊	阿	二	六	一二
唐類函	二〇〇卷目二卷 明兪安編 徐顯卿校 明萬曆三一序刊	阿	一〇〇	六	一三
麗藻	全八卷 明鄧志謨編 安永七刊	阿	四	六	一四
事言要玄集	天集三卷地集八卷人集一四卷事集四卷物集三卷 明陳懋學編 明萬曆四六序刊	阿	四三	六	一五
(新刻重校增補)圓機活法	詩學全書二四卷(卷七、八、一一、一二缺)圓機詩韻活法全書一四卷(卷三、四、一一、一二缺) 明王世貞校 刊	足	一六	六	一六
五車韻瑞	一六卷洪武正韻一卷 明凌稚隆編 (萬治二)刊	阿	二五	六	一七
事物異名錄	四〇卷 清厲荃編 關槐補 刊(覆清、官版)	阿	三	六	一八

三 釋家類

(一) 經・律・論・疏

佛祖三經	三卷 寬文三刊	足	一	七	一
同	同(卷上・下缺)		一	七	二
楞伽阿跋多羅寶經合轍	四卷 明釋道潤 延寶五刊		一五	七	三
首楞嚴義疏注經	一〇卷 宋釋子璿 延寶八刊		一〇	七	四
大佛頂首楞嚴經科	宋釋子璿 寫		一	七	五
首楞嚴經分科正改	宋釋子璿 天和二刊		一	七	六
注維摩詰經	一〇卷(卷七至一〇缺) 後秦釋僧肇 (貞享三)刊		三	七	七
大方廣圓覺脩多羅了義經略疏註	二卷 唐釋宗密 元祿七刊		五	七	八
般若波羅蜜多心經註解	(寬永十一年仁左衞門刊本) 明釋宗泐 慶安三寫	足	一	七	九
金剛般若波羅蜜經	姚秦鳩摩羅什譯 刊	足	一	七	一〇
金剛般若波羅蜜經(川老頌古評記)	存一卷(卷上) 宋釋道川 刊	足	一	七	一一
妙法蓮華經略疏	八卷妙法蓮華經略疏科一卷 隋釋智顗撰 釋性慶略 享保一〇刊	足	二	七	一二
科註妙法蓮華經	八卷(卷一缺) 宋釋守倫 古寫	足	七	五〇八	五
同	(書入本)八卷(卷一、二缺) 宋釋守倫 延寶四刊	足	六	七	一三
同	八卷(卷一至四缺) 宋釋守倫 元祿四刊	足	四	七	一四
同	八卷(卷三至七缺) 宋釋守倫 寫	足	三	七	一五
(六祖大師)灋寶壇經	唐釋智能撰 元釋宗寶編 寬永一一刊	足	一	七	一六
同	(鼇頭本) 唐釋慧能撰 元釋宗寶編 刊	足	一	七	一七
梵網經古迹記	存一卷(卷下) (唐釋太賢) 寬文一二刊	足	二	七	一八
佛說甚深大回向經	(明和八年刊本) 寫(釋子永)		一	七	一九

○

(圭峯禪師)原人論發微錄　宋釋淨源　明曆元刊　一　七　二〇

護法論　(頭書本)宋張商英　刊　足　二　七　二一

○

請觀世音菩薩消伏毒陀羅尼三昧儀　正保五刊　足　一　七　二二

(二) 史　傳

(希叟和尚)正宗贊　(鼇頭本)(書入本)宋釋紹曇　萬治三刊　足　六　七　二三

五燈會元　二〇卷　宋釋普濟　明崇禎七序刊　足　二〇　七　二四

(三) 語錄・古則

(撫州)曹山元證大師語錄　(鼇頭本)唐釋本寂撰　從志編　寛文六刊　一　七　二五

(曹山錄抄)　(曹山錄拔抄分類)寫　足　一　七　二六

同　(曹山錄拔萃)寫　一　七　二七

同　(曹山錄拔萃)寫　一　七　二八

(黄檗山斷際禪師)傳心法要　附黄檗斷際禪師宛陵錄　唐釋希運撰　裴休編　寫　一　七　二九

(舒州投子山)妙續大師語錄　宋釋義青撰　道楷編　室町末寫　一　五一六　五

靈源和尚筆語　〔宋釋惟清撰　務本編〕　刊(後印)　一　七　三〇

(佛果圜悟禪師)碧巖錄　存一卷(卷八)　宋釋克勤　室町刊　足　一　五一〇　五

同　一〇卷(卷四、九缺)　宋釋克勤　〔寛永〕刊　八　七　三一

同　一〇卷　宋釋克勤　寛永刊(後印)　四　七　三二

同　一〇卷　宋釋克勤　延寶五刊(覆寛永)　足　五　七　三三

同　同(後印)　足　五　七　三四

(大慧普覺禪師)宗門武庫　附雪堂和尚拾遺錄　宋釋宗杲撰　道謙編　寛永一四刊　足　一　七　三五

禪門寶訓集　(頭書本)二卷　宋釋淨善編　延寶九刊　一　七　三六

(禪宗)無門關　宋釋慧開　寛永八刊　一　七　三七

同　(首書本)宋釋慧開　寛文六刊　足　一　七　三八

同　(首書本)宋釋慧開　寶曆二刊(覆寛文六)　一　七　三九

虛堂和尚語錄　三卷後錄一卷(後半缺)　宋釋智愚撰　妙源等編　〔寛永〕刊　足　六　七　四〇

同　零本(存卷下偈頌)　宋釋智愚撰　妙源等編　寫　足　一　七　四一

同　(息耕老師偈頌)零本(存卷下偈頌)　宋釋智愚撰　妙源等編　寫　足　一　七　四二

枯崖和尚漫錄　三卷(卷上缺)　宋釋圓悟　南北朝刊　足　一　五〇八　五

(普應國師)幻住庵清規　元釋明本　刊(京、田原二左衞門)　足　一　七　四三

(勅脩)百丈清規　二卷　元釋德輝編　釋大訢校　寛永六刊　足　四　七　四四

古尊宿語錄　零本三卷(卷二〇至二二)　〔宋釋頤藏〕編　刊　足　二　七　四五

少室六門　(首書本)三卷　延寶三刊　足　三　七　四七

(四) 文　藝

靈苑集　三卷採遺集一卷附天竺寺懺主慈雲大法師行業曲記　宋釋遵式撰　釋惠觀編　(附)宋釋契嵩　寫　足　一　七　四八

(永嘉眞覺大師)證道歌　宋釋玄覺　寫　足　一　七　四九

證道歌　宋釋玄覺撰　釋知訥注　寛永一八刊　一　七　五〇

〔蒲室集〕　語錄一卷疏一卷書簡一卷　元釋大訢　〔承應二〕刊　四　七　五一

(五) 雜　著

普勸僧俗發菩提心文　唐釋裴休　文政四跋刊　足　一　七　五二

禪源諸詮集都序	二卷 唐釋宗密 刊		二	七	五三
巨海代	(版心・良遠) 承應二刊	足	一	七	五四
(賢首)諸乘法數	(弘治十三年跋鳳栖寺刊本) 一一卷 明釋行深 貞享二刊		二	七	五五
五百羅漢像贊	(嘉慶刊本) 清劉權之 明治寫	蓮	一〇	七	五六

一四 道家類

老子經	二卷 舊題漢河上公章句 室町寫	足	二	五〇九	六
(太上)老子道德經	二卷(卷上之一缺) 明何道全注 刊		四	七	五七
沖虛至德眞經	(世德堂刊本)八卷 晋張湛注 延享四刊(覆明)		四	七	五八
同	同(卷五至八缺)		一	七	五九
同	八卷 晋張湛注 寛政三刊	阿	四	七	六〇
列子鬳齋口義	二卷(卷上缺) 宋林希逸 (寛永)刊		二	七	六一
南華真經注疏解經	一〇卷(有缺) 唐釋玄英 室町寫(補寫)	足	一六	五〇九	六
同	三三卷(有缺) 唐釋玄英 室町末寫	足	一三	五一三	一
同	三三卷 唐釋玄英 刊(萬治四印)	蓮	一三	七	六二
莊子鬳齋口義	一〇卷(卷一、二缺) 宋林希逸 室町初刊	足	八	五〇五	一
同	一〇卷新添莊子十論一卷 宋林希逸 (十)宋李士表 寛文三刊(五修)	蓮	一〇	七	六三
莊子因	六卷首一卷 清林雲銘撰 秦鼎補 寛政九刊	阿	六	七	六四
標註莊子因	六卷 清林雲銘撰 秦鼎補 東條保標注 明治二三刊	小	六	七	六五
(老莊翼)	老子翼六卷莊子翼一一卷(卷一一缺) 明焦竑撰 王元貞校 小出立庭點 承應二刊	求	一六	七	六六
(全文)抱朴子	內篇四卷外篇四卷 晉葛洪撰 明愼懋官校 元祿一二刊(享保一一修、文政八印)	阿	八	七	六七

四 集部

二 別集類

(三) 唐・五代

杜律集解	五言四卷七言二卷(七言缺) 明邵傅撰 陳學樂校 貞享二刊	足	二	七	六八
同	同(五言缺)		二	七	六九
同	同(五言缺)		一	七	七〇
同	(和語注解書入本)五言四卷七言二卷(卷下缺) 明邵傅撰 陳學樂校 刊		五	七	七一
同	(頭注本)存一卷(五言卷三) 明邵傅撰 陳學樂校 刊		一	七	七二
同	(頭注本)存二卷(七言) 明邵傅 寛文一〇刊		四	七	七三
柳文	二二卷 唐柳宗元撰 林汝詔校 明萬曆二〇序刊	蓮	二〇	七	七四
唐柳河東集	四五卷讀柳集敍說遺文各一卷 唐柳宗元撰 明蔣之翹注 鵜飼信之點 寛文四刊(後印)	阿	二四	七	七五
(增廣註釋音辯)唐柳先生集	二〇卷別集・外集附各一卷 唐柳宗元撰 宋童宗説音注 張敦頤音辯 潘緯音義 明刊	足	五	五〇五	二
唐韓昌黎集	四〇卷讀韓集敍說一卷唐韓昌黎外集一〇卷唐韓昌黎集遺文一卷唐韓昌黎集附錄一卷 唐韓愈撰 明蔣之翹注 萬治三刊	阿	四〇	七	七六

韓文起	一〇巻韓文公年譜一巻 清林雲銘撰 神野世猷校 秦鼎補標 文政六刊	阿	一〇	七	七七
(須溪先生校本)韋蘇州集	一〇巻拾遺一巻 唐韋應物撰 宋(劉辰翁)校 朝鮮刊 (銅活、甲寅字印本)	足	三	五〇九	三
文集	(古典保存會叢書第九冊)(神田喜一郎氏所藏平安朝鈔本) 原存一巻(巻四) 唐白居易 昭和四刊(玻璃版)		(一)	九	二六
長恨歌	(清原宣賢手筆本) 附長恨歌傳・琵琶行・解説 唐白居易 (傳)唐陳鴻 (解)川瀬一馬 昭和三七刊(影印、龍門文庫)		一	七	七九
白樂天詩集	五巻 唐白居易撰 近藤元粹編 明治四一刊(活版)		二	七	八〇

(三) 宋

(司馬文正公)傳家集(選)	六巻 明葛鼐編 刊(木活)	阿	六	七	八一
東坡先生詩	二五巻(巻一五、一七、二四、二五配王狀元集百家註分類本) 宋蘇軾 寫(配南北朝刊)	足	一三	五一六	五
(王狀元集百家註分類)東坡先生詩	二五巻首一巻東坡紀年錄一巻 宋蘇軾撰 劉辰翁評 南北朝刊(巻一四補寫)	足	二六	五一三	二
同	同(序目缺)	足	二五	五〇七	四
東坡集選	五〇巻東坡集餘一巻(首缺) 明陳繼儒・陳夢槐編 潘允宜・斐亹然校 明刊		九	七	八二
山谷詩集注	二〇巻 宋任淵 〔寛永六〕刊(後修、京、田原仁左衞門、後印)	足	二	七	八三
同	二〇巻 宋任淵 慶安五刊	足	二	七	八四
山谷黃先生大全詩註	零殘二巻(巻一、二) 宋任淵 室町初刊	足	一	五〇七	六
(豫章)羅先生文集	一七巻豫章羅先生年譜一巻 (寛政九年林祭酒寄進本) 宋羅從彥撰 林衡校 (年)元曹道辰編 明謝鸞校 寛政八跋刊		五	七	八五
陸象山先生文抄	三巻 宋陸九淵撰 桑原忱編 刊	阿	三	七	八六
石湖先生詩鈔	(題簽・范石湖詩鈔)全六巻 宋范成大撰 清周之麟・柴升編 大窪行・山本謹校 文化元刊	阿	三	七	八七
横浦先生文集	二〇巻(無垢先生)横浦心傳錄三巻横浦日新一巻(施先生)孟子發題一巻附一巻校勘一巻 宋張九成撰 郎曄編 (心・日)于恕編 (孟)施德操編 民國一四刊(影明、海鹽張氏)		八	七	八八
(晦庵先生)朱文公文集	一〇〇巻同續集一一巻同別集一〇巻 宋朱熹撰 明胡岳等校 正德元刊	亙	八〇	七	九〇
放翁先生詩鈔	(題簽・陸放翁詩鈔)全八巻 宋陸游撰 清周之麟・柴升編 大窪行・山本謹校 享和元刊	足	四	七	九一
指南錄	四巻文信國公紀年錄一巻 宋文天祥撰 安達忠貫校 明治三刊		三	七	九二

(四) 金・元

廬山外集	四巻(巻三、四缺) 元釋性空 南北朝刊		一	五一三	四
(臨川)吳文正公集	四九巻首一巻(臨川)吳文正公年譜一巻 元吳澄 (年)明危素編 〔明成化〕刊	足	一九	五一〇	一
蒲室集	一五巻笑隱和尚語錄一巻 元釋大訢 (語)釋廷俊等編 南北朝刊	足	六	五一三	四

(五) 明

(青邱)高季迪先生律詩集	五巻 明高啓撰 清金檀注 梁川孟緯校 安政三刊(後印)		二	七	九三
劉誠意文鈔	三巻 明劉基撰 奥野純編 天保一五刊(後印)	阿	四	七	九四
(新刊)宋學士全集	三四巻 明宋濂 元祿一〇刊(補寫) (東條琴臺舊藏)	阿	三〇	七	九五
方正學文粹	六巻 明方孝孺撰 村瀬誨輔編 文政元序刊(一二印)	求	四	七	九六
王陽明文粹	四巻 明王守仁撰 村瀬誨輔編 文政一一刊	求	四	七	九七
王遵巖文粹	五巻 明王愼中撰 村瀬誨輔編 天保一五刊	阿	五	七	九八
唐荊川文粹	五巻 明唐順之撰 村瀬誨輔編 文政一三刊(後修)	阿	四	七	九九
歸震川文粹	五巻 明歸有光撰 村瀬誨輔編 天保八刊(後印)	阿	五	七	一〇〇
劉戢山文抄	二巻 明劉宗周撰 桑原忱編 文久四刊	阿	二	七	一〇一

(六) 清

書名	巻数・編著者・刊写	所蔵	番号		
魏叔子文選要	三巻續篇三巻 清魏禧撰 桑原忱編 安政刊(文久四印)・明治三刊	阿	六	七	一〇二
竹嘯軒詩鈔	(沈歸愚詩文全集零本)一八巻歸愚詩鈔一四巻 清沈德潛 清乾隆刊(敎忠堂)	蓮	五	七	一〇三
船山詩草	(題簽・張船山詩草)三巻二集六巻 清張問陶 嘉永元、三刊	阿	七	七	一〇四
篔喜廬詩稾	初集 清傅雲龍 清光緒一三跋刊(石印)	相	一	七	一〇五
福雅堂詩鈔	一六巻 清林鶴年 清光緒二九刊(活版、民國五印)		四	七	一〇六
意園文略	二巻 清楊鍾羲 清宣統二刊		一	七	一〇七

(九) 朝鮮

書名	巻数・編著者・刊写	所蔵	番号		
三峯先生集	八巻 朝鮮鄭道傳撰 朝鮮明成化元刊(同一三、卷八增補印)	足	四	五〇八	一
青坡集	一卷附清坡劇談一卷 朝鮮李陸 朝鮮明正德七序刊	足	一	五一〇	三

三 總集類

書名	巻数・編著者・刊写	所蔵	番号		
文選正文	(書入本)一二巻 梁蕭統編 片山世璠(兼山)點 天明四刊	相	一三	七	一〇八
同	一二巻 梁蕭統編 片山世璠點 久保謙訂 明治一四刊(活版)	阿	三	七	一〇九
同	同	小	三	八	一
文選	六〇巻 梁蕭統編 唐李善等注 宋紹興刊(後修)(金澤文庫舊藏)	足	二	五〇一 五〇二	六 一・二
(六臣註)文選	六〇巻 梁蕭統編 唐李善等注 刊		六	八	二
文選刪註	一二巻(巻九缺) 明王象乾 (承應三)刊		三	八	三
(評苑)文選傍訓大全	一五巻(巻一、三至六缺) 明王象乾 元祿一一刊		七	八	四

○

書名	巻数・編著者・刊写	所蔵	番号		
(重校正)唐文粹	一〇〇巻 宋姚鉉編 明嘉靖刊	足	七	五〇八	二
(增註唐賢)三體詩法	三巻首一巻 宋周密編 元釋圓至注 裴庾增 正保三刊		三	八	五
同	三巻首一巻 宋周密編 元釋圓至注 裴庾增 刊(慶安二印)	小	三	八	六
同	存一巻(巻上) 宋周密編 元釋圓至注 裴庾增 貞享二刊		一	八	七
同	三巻首一巻 宋周密編 元釋圓至注 裴庾增 享保三刊		三	八	八
(正)文章軌範百家評林註釋	七巻續七巻 明李廷機 正德五刊		四	八	九
同	同(後印)	足	四	八	一〇
(正)文章軌範評林註釋	七巻續七巻 明李廷機撰 藍田東補訂 (寛政六跋)刊(嘉永四修)	求	六	八	一一
(宋謝疊山)唐詩合選	二巻 宋謝枋得編 立田誦等校 文久四刊	相	二	八	一二
(精選唐宋千家)聯珠詩格	二〇巻(巻一至六缺) 宋于濟・蔡正孫編 刊	興	七	八	一三
(新編)江湖風月集	存一巻(巻三) 宋釋松坡編 文化一五寫(釋宗孚)	足	一	五一六	五
(魁本大字諸儒箋解)古文眞寶	前集一〇巻(巻四至七缺) (宋黄堅)編 (江戸初)刊		二	五一六	五
同	前集一〇巻 (宋黄堅)編 刊	相	三	八	一四
訂正標記古文眞寶校本	前集三巻後集二巻(巻上缺) (宋黄堅)編 平山政演標記 明治一六刊(銅版)		四	八	一五
(魁本大字諸儒箋解)古文眞寶	後集一〇巻 (宋黄堅)編 刊	相	五	八	一六
唐詩正聲	二二巻 明高棅編 程寛校 明嘉靖刊	足	四	五〇七	一
全唐風雅	五言古六巻七言古五巻五言律五巻七言律三巻排律二巻七言排律一巻五言絶句二巻六言一巻七言絶句四巻 明黄應麟編 明萬曆二序跋刊	足	一〇	五一六	五
唐宋八家文讀本	三〇巻 清沈德潛編 文化一一刊(官版)	阿	一六	八	一七
同	同(巻一五至二二、二七、二八缺)		二	八	一八

同　同(後印)　小 一六 八 一九

(新鍥)四大家百家評林正式　七卷 明葉向高編 明萬曆三二刊(萃慶堂余泗泉)　七 八 二〇

(新刻李袁二先生精選)唐詩訓解　七卷(卷五、六缺)首一卷 明李攀龍編 袁宏道校 刊(覆明)　相 三 八 二一

唐詩選　七卷 題明李攀龍編 嘉永四刊(明治二四印)　小 三 八 二二

文體明辯　六一卷目六卷首一卷附一四卷目二卷 明徐師曾編 嘉永五刊　阿 四八 八 二三

明文翼運　六〇卷 明沈猶龍編 寫　明 三 五六 六

晩唐詩選　八卷 明曹學佺編 館機選 文化六刊　相 四 八 二四

○

古文淵鑒　六四卷 清徐乾學等奉勅編 清刊　阿 四八 八 二五

佩文齋詠物詩選(選)　二卷 館機編 嘉永三・文政一三刊　相 四 八 二六

濂洛風雅　九卷 清張伯行編 安政二刊(官版)　阿 四 八 二七

古文析義　一六卷 清林雲銘編 葉世宸等校 清刊　一六 八 二八

明詩別裁集　一二卷 清沈德潛・周準編 清乾隆刊　求 六 八 二九

(桂芳齋重訂)古文釋義新編　八卷(卷七末至八缺) 清余誠編 清刊(佛山、翰寶齋)　求 四 八 三〇

(國朝)古文所見集　一三卷(題簽・清名家古文所見集) 清林兆麒編 陳允中・陳允安校 天保一五刊　求 五 八 三一

百美新詠　集詠・圖傳各一卷 清顏希源編 清刊　蓮 四 八 三二

(貴池)二妙集　五一卷 清劉世珩編 清光緒刊(貴池・劉氏)　三 八 三三

四　尺牘類 附 對聯

(二) 總集

尺牘奇賞　一五卷 明陳仁錫編 鍾惺評 貞享四刊　四 八 三四

歐蘇手簡　四卷 正保二刊　二 八 三五

(三) 文例

(新鐫增補較正寅幾熊先生)尺牘雙魚　九卷 明熊寅幾 承應三刊　足 四 八 三六

尺牘清裁　一〇卷補一卷 明王世貞編 王世懋校 明萬曆四六序刊　蓮 五 八 三七

(鐫漱石山房彙纂士民便用)雲箋柬　四卷(卷一缺) 明陳某編 寛文一一刊　足 三 八 三八

同　同(存卷二)　足 一 八 三九

○

春窓聯偶巧對便蒙類編　二卷 明曾某(梅軒)編 寛永一三刊　足 二 八 四〇

五　詩文評類

文心雕龍　一〇卷 梁劉勰撰 清黃叔琳注 紀昀評 清道光一三刊　小 四 八 四一

漁洋詩話　二卷 清王士禛 清宣統元刊(石印)　小 一 八 四二

七　戲曲小說類

(三) 通俗小説

(新鐫全像通俗演義)隋煬帝艷史　四〇回(第三三至四〇缺)圖一卷(第四一至五〇葉缺)　明齊東野人　明崇禎四序刊(人瑞堂)　阿　三　五一五　五

今古奇觀　一〇卷四〇回(卷一〇缺)圖一卷　明抱甕老人・笑花主人編　清同治二刊(維經堂)　蓮　九　八　四三

(李卓吾先生批點)忠義水滸傳　二〇回　寶曆九刊　二　八　四四

兒女英雄傳評話　八卷四〇回續兒女英雄全傳六卷二四回　清光緒三三刊(活版、上、集成圖書公司)　小　三　八　四五

五 叢書部

漢魏叢書　參同契至新語缺　明何允中編　明崇禎刊　明　四六　八　四六

稗海全書　一〇函　明商濬編　明刊(清修)　阿　八〇　八　四七

津逮秘書　存第七集(歷代名畫記缺)　明毛晉編　(明崇禎)刊　(山本北山舊藏)　蓮　一五　八　四八

秘書廿一種　清汪士漢編　清乾隆五三刊　蓮　二〇　八　四九

知不足齋叢書　一五集(論語集解義疏卷九、一〇缺)　清鮑廷博編　清刊　二三　八　五〇

足利學校遺蹟圖書館國書分類目錄

一 總記

一 圖書

(一) 書誌學

右文故事　近藤守重 寫　(寺田望南舊藏)　一六 九 一
第一～三冊 御本日記附注三
第四～六冊 御本日記續錄三
第七・八冊 御寫本譜二
第九～一三冊 御代々文事表五
第一四・一五冊 御代々御詩歌二
第一六冊 慶長勅版考一
附亨和勅賜書

同　(無亨和勅賜書) 近藤守重 寫　同 一六 九 二

古文舊書考　四卷附古今書刻上編 島田翰 (附)明周弘祖編 明治三八刊(活版)　四 九 三

文會餘業　(經籍答問稿本) 松澤(麥)(老泉) 寫 (松山堂舊藏)　同 一 五一六 五

(三) 一般書目

日本書籍考　附經典題說 林恕(鵞峯) (附)林信勝 文化一三刊　同 一 九 四

倭板書籍考　一〇卷 幸島宗意 元祿一五刊　二 九 五

群書一覽 ○　六卷 尾崎雅嘉 享和二刊　同 六 九 六

(新增書籍目錄) ○　(佛書部分等抽綴本) 延寶三刊　一 九 七

典籍概見　釋下首(瓔珞和尚、隨緣道人)撰 釋天心編 寶曆四跋刊　同 一 九 八

(三) 藏書目

圖書寮漢籍善本書目　三卷附一卷 宮內省圖書寮(神田喜一郎等) 昭和五刊(活版)　四 九 九

靜嘉堂祕籍志　五〇卷 河田羆編 大正六～八刊(活版)　三五 九 一〇

(家藏)孝經類簡明目錄稿　田結莊金治編 昭和一二刊(活版)　一 九 二

二 事典・事彙

略要抄　(拾芥抄)三卷 洞院公賢編 刊(後印)　同 六 九 三

和漢三才圖會畧　(題簽・倭漢三才圖會)一〇五卷尾一卷 寺島良安編 正德五跋刊　同 八 九 三

古今要覽稿　(我自刊我書零本) 屋代弘賢等編 明治六刊(活版)　同 三 九 四
第一～三冊 神祇部全八
第四～八冊 姓氏部全一四(九・一〇缺)

第九册　曆占部全二歳時部全五
第一〇〜一二册　地理部全一一
第一三・一四册　器財部全一〇
第一五〜二一册　時令部全二九

(頭書增補)訓蒙圖彙　(題簽・頭書增補訓蒙圖彙大成)二一巻　中村(之欽)(惕齋)撰　下河邊拾水畫　寛政元刊　蓮　五　九　一五

唐土(もろこしきん)訓蒙圖彙　一四巻　平住周道(專庵)撰　穗積以貫校　橘村有税畫　享保四刊　阿　一五　九　一六

○

和漢事始　大和事始六巻附一巻中華事始六巻　貝原(重春)(好古)〔元祿一〇〕刊(文化一三修)　阿　六　九　一七

西國事物紀原　四巻　西村茂樹　明治一二刊　阿　四　九　一八

三　叢書・全集

(一)　叢書

遺老物語　二〇巻(巻一一、一二、一七缺)　(朝倉)(日下部)景衡編　寫　阿　一四　九　一九
第一册　巻一　備前老人物語
第二册　巻二　三河之物語
第三册　巻三　故諺記
第四册　巻四　東照宮御遺訓
第五册　巻五　御遺訓附錄　石谷土入書
第六册　巻六　本佐錄(本多正信)
第七册　巻七・八　豐臣秀吉出生　(太田道灌自記)　福島正則遠流廣島城引渡之覺　永祿以來出來初ゝ事　蝦夷亂記事
第八册　巻九　遠州三方原御合戰　(開國雜記)
第九册　巻一〇　島原始末記二
第一〇册　巻一三　見聞集書出　打出杭
第一一・一二册　巻一四〜一六　老談一言記三(日下部景衡)
第一三册　巻一八　水野家記
第一四册　巻一九・二〇　松平陸奥守綱村家中騷動之譜　三河記脱漏

同　二〇巻　(朝倉)(日下部)景衡編　寫　五　九　二〇
第一册　巻一〜三　備前老人物語　三河之物語　故諺記
第二册　巻五〜七　東照宮御遺訓　御遺訓附錄　石谷土入書　本佐錄
第三册　巻八〜一一　豐臣秀吉出生　永祿以來出來初ゝ事　遠州三方原御合戰　島原始末記上
第四册　巻一二〜一六　島原始末記下　由井根元記五　介石記四
第五册　巻一七〜二〇　見聞集書出　老談一言記三(日下部景衡)

溫知叢書　零本　寫　二　九　二一
第一册　鴉片始末(齋藤馨)　文化六巳年二月林祭酒書上之寫　海防守備打拂之方御改役之儀御尋ニ付愚存中上候書付(筒井政憲)　愼機論(渡邊登)　籌海私議(鹽谷世弘)　海防私策(板倉勝明)　別段風說書　上執政相國閣下書(平山潛)　上北闕書　奉吉田宰相書(蒲生秀實)附兵制　籌海因備
第二册(原一二七册)　化蝶品目　丙午記　年貢考(長久保玄珠)　螽徹問答　文久元年正月六日附御奉書ニ添來ル魯西亞人江の御教諭御書付　寛政四年尊號宣下記　松平光慈使行狀記

甘雨亭叢書　第四集第八册別集第一集第七册缺　板倉勝明編　安政三刊　蓮　四六　九　二二

史籍集覽　有缺　近藤瓶城編　明治一四〜一八刊(活版)　阿　二七一　九　二三

我自刊我書　甫喜山景雄編　明治一三〜一六刊(活版)　阿　六四　九　二四
第一・二册　川角太閤記五(西川原角左衞門)
第三・四册　武江年表四(巻九至一二)(齋藤幸成)
第五〜一五册　續日本史一〇〇(一色重熙)
第一六〜三三册　嬉遊笑覽一二附一(喜多村信節)
第三四〜五二册　嘉永明治年間錄一七(巻一・巻二上缺)(吉野眞保編)
第五三册　足利持氏滅亡記(鎌倉大草紙脱漏)

第五四冊　二老畧傳(大和延年編)
第五五～六〇冊　東照宮御實紀附錄二五
第六一冊　台德院殿御實紀附錄五
第六二冊　大猷院殿御實紀附錄六
第六三・六四冊　史料目錄三(甫喜山景雄編)

蓺苑叢書

第二期第三、三二至三四、四八冊缺
相見繁一・林縫之助編　大正八～刊(活版)　一〇三　九　二五

第一期
第一冊　扶桑名公畫譜(淺井節義)
第二冊　本朝畫人傳補遺(西村兼文)
第三冊　畫乘要略五(白井廣)
第四冊　雲烟所見略傳二(清宮秀堅)
第五冊　茶席墨寶祖傳考(藤井以正編)
第六～九冊　浪華人物誌四(岡本撫山)
第一〇冊　浮世繪年表(漆山又四郎編)
第一一冊　江戸當時諸家人名錄二(扇面亭編)
第一一・一二冊　江戸現在廣益諸家人名錄三(扇面亭編)
第一三冊　松陰快談四(長野確)
第一四冊　良山堂茶話二(阿部溫)
第一五～一七冊　寒檠璅綴六附一(淺野長祚)
第一八冊　今古雅俗石亭畫談初編二(竹本正興)
第一九～二二冊　後素談叢四(前田夏繁)
第二三冊　睡庵清祕錄(浦上紀)(石印)
第二四冊　十二刀法詳說二附一(二邨公忠)
第二五冊　學翼二(大江資衡)
第二六～二八冊　裝劍奇賞七(稻葉通龍)
第二九冊　口嗜小使二附一(西田春耕)
第三〇冊　長崎古今學藝書畫博覽(西道仙)
第三一冊　松花堂畫帖(木版)
第三二・三三冊　大雅堂畫譜(池勤)(木版)
第三四冊　寫山樓描法(谷文晁)(石版)
第三五冊　高久靄厓四君畫册(高久徵)(木版)
第三六冊　胸中山一(龜田長興)(木版)
第三七～三九冊　青在堂翎毛花菓譜三(清王槩等)(木版)
第四〇・四一冊　朝陽閣鑑賞金繡帖二(木版)
第四二冊　鑽工廿八氣象一(北尾紅翠齋畫)(木版)
第四三・四四冊　浪花擷芳譜二(大熊龜陰)(木版)
第四五冊　探幽印譜
第四六冊　松華堂印譜
第四七冊　古義堂印譜
第四八冊　應擧印譜
第四九冊　寫山樓印譜
第五〇冊　山陽印譜
第五一冊　星巖印譜
第五二・五三冊　菘翁印譜一補一
第五四冊　鐵石印譜
第五五・五六冊　對山印譜一補一
第五七冊　椿山印譜
第五八冊　艸雲印譜
第五九・六〇冊　咊亭印譜

第二期
第一～五(三缺)冊　異本日本繪類考五(三缺)(漆山又四郎)
第六～九冊　白鷺洲四(大貳採元談、島津久峯編)
第一〇冊　香亭雅談(中根淑)
第一一冊　文晁畫談(谷文晁)
第一二冊　日本製品圖說(高鋭一編)
第一三・一四冊　平安人物志(五種)(弄翰子編)
第一五冊　雲室隨筆(雲室上人)
第一六冊　金石記(屋代弘賢)　大和訪古志(松崎復)
第一七・一八冊　名人忌辰錄二(關根只誠編)
第一九冊　ゆめのたゝち
第二〇～二三冊　増補尙古年表(山本隱倫編入田整三補)
第二四冊　古梅園墨談略抄(松井元泰)
第二五・二六冊　蒔繪師塗師兩工傳二

第二八～三〇冊　儒林聶寶三（コロタイプ）
第三一冊　（崋山翁）刀寧遊記（渡邊登）（コロタイプ）
第三四・三五冊　東海道勝景二（コロタイプ）
第三六冊　崋山印譜
第三七冊　徂徠印譜
第三八冊　茶家印譜（蒞庵宗先嶋）
第三九冊　蒼良閣印譜
第四〇冊　竹田印譜
第四一冊　杏雨印譜
第四二冊　狩野常信印譜
第四三冊　狩野周信印譜　狩野典信印譜
第四四冊　平山子龍印譜
第四五冊　梅逸印譜
第四六冊　幽谷印譜
第四七冊　竹洞印譜

稀書複製會刊行書　存第一期至第四期（六冊缺）　山田清作編　大正七～一五刊（覆刻・凸版・コロタイプ）　一五四　五七　三

第一期
第一冊　犬百人一首
第二冊　神社佛閣江戸名所百人一首
第三冊　狂歌畫本大津みやげ
第四冊　萬歳躍
第五冊　たかたち五段
第六冊　乱曲揃
第七冊　仙人龍王威勢諍
第八冊　文七一周忌
第九冊　曾我扇八景
第一一・一二冊　古風今様舞曲扇林二
第一〇冊　風流謡年代記
第一三冊　剥野老
第一四冊　難波立聞昔語
第一五冊　惠方鎌足鎌鬼門入鹿弓傾城王昭君
第一六冊　けいせい筑波山
第一七冊　花相撲源氏張膾（ひいき）
第一八冊　親船太平記
第一九冊　菊慈童酒宴岩屈（いわや）
第二〇冊　日下開山名人そろへ
第二一冊　桃太郎
第二二冊　新板なぞつくし
第二三～二五冊　（文燒直鉢冠姫）稗史億説年代記全三
第二六冊　當世風俗通
第二七冊　後編女風俗通
第二八冊　人遠茶懸物
第二九冊　吉原大ざつしよ
第三〇冊　つくば山戀明書并名所
第三一冊　餘景作り庭の圖
第三二冊　陪鴬日記
第三三冊　游相日記
第三四冊　繫舛三舛繫
第三五冊　諸色買帳呑込多靈寶縁記三
第三六冊　腹之内戲作種本三
第三七冊　彦紫田舎源氏第八
第三八冊　里見八犬傳第八
第三九冊　歌舞伎十八番の圖
第四〇冊　武江扁額集
第四一冊　稀書複製會刊行稀書解説（活版）

第二期
第一～七冊　人倫訓蒙圖彙七
第八冊　菱川月次のあそび
第九冊　對相四言雜字
第一〇冊　鼠花見
第一一冊　いろはたんか
第一二・一三冊　新板風流鱗魚退治二
第一四冊　ふきあげ

第一五～一七册　やく者繪づくし四
第　一　八　册　元禄歌舞伎小唄番附盡
第一九～二一册　明月餘情三
第　二　二　册　吉原はやり小哥そうまくり
第二三～二五册　繪本江戸土產三
第二六～二八册　繪本續江戸土產三
第　二　九　册　追分繪
第　三　〇　册　新花つみ
第　三　一　册　たぬくひあはせ
第　三　二　册　こんてむつす・むんち
第　三　三　册　佛說摩訶酒佛妙樂經
第　三　四　册　(奈良繪本)お國かふき
第　三　五　册　戲子卅六歌撰櫓色紙
第　三　六　册　驪劫記由來三五十五丁胸算用噓店卸
第　三　七　册　竹齋老寶山吹色
第　三　八　册　參海雜志
第　三　九　册　惺々曉齋繪日記
第　四　〇　册　滑稽漫畫洗張浮世模様
第　四　一　册　稀書解說第二編(活版)

第三期

第　一　册　明曆開板新添江戸之圖
第　二　册　明曆開板新板大阪之圖
第　三・四　册　澤庵和尚鎌倉記二
第　五　册　野郎蟲
第　六　册　休息句合
第　七・八　册　新板獸太平記二
第　九　册　六方ことば
第　一　〇　册　初春のいわひ
第一一～一五册　長崎土產五
第　一　六　册　長歌こきんしう
第　一　七　册　繪入豊世見久佐
第　一　八　册　天和長久四季あそひ

第　一　九　册　としの花
第二〇～二二册　誹諧童子敎三
第　二　三　册　京大坂役者ともぐい評判
第二四・二五册　風流四方屛風
第　二　六　册　娼妓畫蝶
第　二　七　册　天滿神明氷の朔日
第二八・二九册　誹諧繪文匣
第　三　〇　册　江都二色
第　三　一　册　素人狂言藝古本茶番三階圖繪
第　三　二　册　名物拜見自由じざい
第　三　三　册　江戸じまん繪入新狂言
第　三　四　册　客衆肝照子
第　三　五　册　七十五日
第　三　六　册　江戸名所圖會畫稿
第　三　七　册　北國一覽寫
第　三　八　册　稀書複製會刊行稀書解說第三編(活版)

第四期

第　一　册　むしのうた合
第　二　册　うをのうた合
第　三～五　册　伊曾保物語三
第　六　册　誹諧胴ぼね(缺)
第　七　册　吉原戀の道引
第　八　册　新板天王寺彼岸中日
第　九　册　島原御影供紋日
第一〇～一二册　貞德狂歌集三
第　一　三　册　浮世續(繪盡)
第一四～一八册　正直はなし五
第　一　九　册　大伽藍宝物鏡
第　二　〇　册　どうけ百人一首
第　二　一　册　竹之丞
第　二　二　册　九百年忌九重西來繪盡
第　二　三　册　さるかに合戰

第二四册　諸鞾奥州黑二
第二五册　皐需曾我橘二
第二六册　抛入狂花園(缺)
第二七册　狂歌浪花丸
第二八册　娼妃地理記(缺)
第二九册　役者手かが見(缺)
第三〇册　繪草紙年代記(缺)
第三一册　滸都酒美選
第三二册　傾城鸞
第三三册　北里歌
第三四册　西遊日簿
第三五册　新編金瓶梅第七ノ七
第三六册　鐵砲洲燈篭略圖
第三七册　華山俳畫譜
第三八册　小倉百人一首畫稿
第三九册　ろしやいろは
第四〇册　稀書解説第四編(缺)

古典保存會刊行書　第三期 七條愷編　昭和三～六刊(玻璃版)　九　九　三六
第一册　古事記上　春瑜本
第二册　伊勢物語　傳良經筆(缺)
第三册　江談抄　高山寺舊藏本
第四册　古文孝經　三千院所藏本
第五册　祕府略卷八六四　成簣堂所藏本
第六册　御成敗式目　平林氏所藏本
第七册　〔寶物集〕　圖書寮尊藏本
第八册　連理祕抄　猪熊氏所藏本
第九册　〔白氏〕文集卷四　神田氏所藏本
第一〇册　世俗諺文　觀智院所藏本

崇文叢書　第一・二輯 小室多次郎等編　刊　一二四　九　三七

同　同(存論語會箋卷八—一二)　五　一〇　一

〔勝海舟手抄手澤雜著〕　寫　(第二五至二九册南葵文庫舊藏)　須　二九　五一八　一
第一册　山下〔幸內〕上書名臣評
第二～四册　新政談五〔藤森大雅〕
第五册　薩州宝島異國人乱防記　海防之一事
第六・七册　西洋雜記六(夢遊道人)
第八册　籌海私議(鹽谷世弘)　鏖賊建議
第九册　豈好辨(藤川憲)　獻芹微衷(大槻清崇)　海備芻言(山鹿素水)
海防衆説　海寇竊策(安倍龍平)　奉吉田宰相書(蒲生秀實)
上執政相公閣下書・上北闕書(平山潛)　禦戎策(安積重臣)
第一〇册　縣令江川氏之存寄書付(江川太郎左衞門)　(弘化二年巳八月)異國之儀御尋ニ付申上候書付(筒井政憲)　(嘉永二酉年五月)伊勢守殿御直書　海防守備打拂之事御改復之義御尋ニ付愚存申上候書付(筒井政憲)　嘉永二酉年十二月浦賀奉行見込申上候書付
第一一册　臼礮放發術考(鳥居正將撰、田原明器編)　弘化四年丁未十月廿八日於吉野原五十「ポントモルチール」打試目錄　弘化五年戊申二月十六日相州浦賀ニテ打扣
第一二册　高島德丸炮術試放(高島四郎太夫)
第一三册　傑勿人爾(ゲウヱール)銃畧説　粉砲考(吉雄常三)
第一四・一五册　魯西亞本紀畧艸稿二
第一六册　紅毛內風説和解
第一七册　正保遺事
第一八册　〔會爾尺度量衡考〕　〔無名化學書〕
第一九册　杉本斗機藏建白　獻芹微衷(松本胤親)
第二〇册　荒尾河尻書上　籌海因循錄　豫見錄(山田鋼三郎)
第二一册　怪妄論　亞津(アヅ)さものかたり　釣船物語　釣船物語後話
第二二册　礮臺造築提要三
第二三册　防戎群議　天保九戊戌年阿蘭陀船入津説書畧　愼機論(渡邊登)　戊戌夢物語(高野長英)　夢物語批評　夢々物語
〔渡邊登罪案〕刑書
第二四册　魯西亞人モウル獄中上書(莫宇兒呈票)
第二五册　喝蘭演戲記

第二六册 弘化三年午年七月異國船取計方言上(筒井政憲) 海防守備打拂之方と御改復之義御尋ニ付愚存申上候書付(同) 御臺場模様替之儀申上候書付(市川一學) 嘉永六丑年十二月十四日於崎陽西御役所オロシヤ人御呼出御料理被下候御獻立 漂海懇荒紀事(ロビンソン漂流記)小引 蛮学者身を隠くし候者の事 蠏行私言(勝義邦) 愚衷申上候書付(勝麟太郎)

第二七〜二九册 東北韃靼諸國圖誌野作雜記譯說六(馬場貞由)

(三) 全集

五事略　三卷 新井君美(白石) 寫　阿 三 一〇二

〔同〕　新井君美 寫　阿 三 一〇三

安齋隨筆叢書　伊勢貞丈 寫　阿 二九 一〇四

人見隨筆　人見節 寫 (人見求奉獻本)　足 四 五八 三

第一册 竹千代君御髮置記〔漢文〕 同上〔和文〕 大將軍右大臣源家綱公不豫大漸記 將軍宣下之記

第二册 添長日錄 〔日光參詣記〕 〔東叡山法會記〕 〔延寶八年〕紅葉山御書庫日錄

第三册 韓使手口錄

第四册 壬戌琉球拜朝記 〔天和三年僧靈長問朝鮮使記〕 〔太平館宴會問答之詞〕 使朝鮮錄

〔高橋泥舟遺書〕　高橋政晃(泥舟) 寫(高橋政晃)　須 一六 五八 三

第一〜三册 公雜事記(自筆)

第四册 〔明治元年〕御用留(自筆)

第五册 〔明治二年〕備忘記(自筆)

第六・七册 續武將感狀記拔書(手筆)

第八册 銃術問答(手筆)

第九册 荻野流鐵砲打覺書(阪本孫之進)(嘉永七寫、手筆)

第一〇册 中嶋流別傳抄錄(手筆)

第一一册 砲術見聞錄(嘉永七寫、手筆)

第一二册 高橋泥舟居士小傳(高野大太郎)

第一三册 練兵槍隊布策存一(卷二)(萬延元寫、手筆)

第一四册 貝目以上御筒武術流打方覺(手筆)

第一五册 (柘植流)砲術秘傳書(嘉永七寫、手筆)

第一六册 教部省事務取扱假規則

四 隨叢

(一) 雜筆

〔佐野紹益〕賑ひ艸　佐野紹益 寫　阿 四 一〇五

圓珠菴雜記　釋契沖撰 賀茂眞淵注 文化九刊　阿 一 一〇六

蘐園談餘　五卷 〔荻生雙松〕(物茂卿) 寫 (濱松藩克明館舊藏)　阿 二 一〇七

〔徂徠先生〕南留別志　五卷 荻生〔雙松〕撰 宇〔佐美〕惠(灊水)校 寶曆一二跋刊(文化二印)　阿 五 一〇八

〔塩 尻〕　天野信景 寫　阿 六〇 一〇九

鳩巢小說　三卷 室直清(鳩巢) 寫　阿 三 一一〇

駿臺雜話　五卷 室直清 寬延三刊　阿 五 一一一

雜話筆記　六卷 神田勝久(白龍子) 寫 (關根只誠舊藏)　阿 三 一一二

八十翁疇昔物語(おうむかし)　(題簽・八十翁昔かたり)(繪入) 前編二卷 新見正朝 天保八刊　阿 二 一一三

獨語　(題簽・春台獨語) 太宰純(春臺) 寫　二 一一四

近世江都著聞集　五卷(卷四、五缺) 寫　阿 三 一一五

閑散餘錄　二卷 南川維遷 天明二刊 (朝川善庵舊藏)　阿 二 一一六

撈海一得　二卷 〔鈴〕木煥卿 明和八刊　阿 二 一一七

常山樓筆餘	三卷　湯淺元禎〔常山〕寫	阿一〇六
文會雜記	四卷附一卷　湯淺元禎撰　湯淺明善校　寫	阿四一〇二九
玉賀都萬	〔玉勝間〕一四卷　本居宣長　文化九跋刊	阿四一〇一九
北窓瑣談	〔繪入〕四卷　〔宮川〕春暉〔橘南谿〕　文政八序刊	蓮四一〇二三
閑田耕筆	〔繪入〕四卷　伴資芳撰　伴資規校　享和元刊	阿四一〇一三
閑田次筆	〔繪入〕四卷　伴貲芳撰　伴貲規校　文化三刊	阿四一〇三一
筆此壽佐飛（すさび）	〔版心・芝屋隨筆〕全三卷　橘泰　文化三刊	蓮四一〇二四
同		阿五一〇二一
〔耳　囊〕		阿四一〇一七
續耳囊	〔三美婦久路〕　根岸守信　天保一五寫〔曉山寬〕	阿三五六三
夢之代	〔山片芳秀〕	阿四一〇一六
一話一言	二卷　六六卷〔以下缺〕　大田覃〔南畝〕　寫	阿二一〇二九
假名世說	〔繪入〕二卷　大田覃〔南畝〕　寫	阿二一〇三一
卯花園漫錄	八刊　大田元貞撰〔文寶堂散木〕補　文政	蓮四一〇三二
寄生木草紙	五卷　石上宣續　寫〔關根只誠舊藏〕	阿四一〇三二
〔茶山翁筆此まさひ〕	二卷　德永信之〔祐哉堂〕　寫〔關根只誠舊藏〕	阿二一〇三三
梧窓漫筆	〔文久二年達磨屋五一識語本〕二卷　大田覃〔南畝〕撰　木村雅壽校　安政四刊	阿四一〇二六
〔楓軒〕偶記	二卷後編二卷三編二卷　大田元貞撰　荒井銖行校　文政六跋〜天保一一刊	阿六一〇二一
晚進魯笔閑窻瑣談	六卷　〔小宮山昌秀〕〔楓軒〕　文化七寫	阿四一〇二四
擁書漫筆	〔繪入〕四卷　佐々木貞高〔狂訓堂主人〕　天保一二序刊	阿四一〇二一
	四卷　高田與清　文化一四刊	阿五一〇二六

燕石雜志	〔繪入〕五卷　瀧澤解〔簑笠軒、馬琴〕　文化八刊	阿六一〇二七
同	同〔卷三四缺〕	阿三一〇二六
世事百談	〔繪入〕四卷〔卷三四缺〕　山崎美成〔北條〕〔天保一四〕刊	阿四一〇二九
同		阿二一〇三三
提醒紀談	〔繪入〕五卷　山崎美成　嘉永三刊	蓮四一〇三三
奇談雜史	一〇卷次編二卷　宮負定雄　嘉永三刊	阿五一〇三二
宮川舍漫筆	〔宮川〕改運　文久二刊	阿四一〇三三
松亭漫筆	〔繪入〕四卷　中村〔定保〕〔松亭金水〕安政五刊	阿四一〇二四
積翠閑話	中村〔定保〕經年積翠　天保六刊	阿四一〇二八
渡邊幸庵對話記	二卷　杉本義隣填　文化一四寫〔寺島雀鳴〕	阿三一〇二七
本朝語園	一一卷　寶永三刊	阿三一〇二七
川岡氏筆記	川岡某　寫	阿二一〇三四
獨語	○〔以下漢文〕	
護園隨筆	五卷　〔荻生雙松〕〔物茂卿〕撰　吉田有隣校　正德四刊	阿三一〇四八
靜寄餘筆	四卷　松平乘完　大正一〇刊〔石印〕	阿二一〇五一
柱下餘談	二卷　尾藤孝肇〔二洲〕　昭和一〇刊〔活版〕	阿一一〇五二
怪異辯斷	八卷　西川忠英〔如見・求竹齋〕　正德五刊	阿二一〇四五

（三）雑　考

白石先生考	玉の考・謹對・進呈按・人名考・聖像考・准后准三宮之事・地名河川兩字通用考・國郡の名の字の事 新井君美(白石) 寫	阿	七	一〇	五四
秉燭譚	五卷 伊藤長胤(東涯) 寶曆一三刊	阿	五	一〇	五五
南嶺子	四卷 〔多田義俊〕(桂秋齋・南嶺子)撰 山中秀蕃・松尾守義校 寛延三刊	阿	四	一〇	五六
秋齋閒語	四卷 多田義俊撰 多羅尾守脩校 〔寶曆三〕刊(後印)	阿	四	一〇	五七
南嶺遺稿	四卷 多田義俊撰 細谷文卿校 寶曆七跋刊	阿	四	一〇	五八
日本國風	六卷 度會常彰 寫	阿	六	一〇	五九
川口靜齋隨筆	附近代和泉考・無名雜抄・一遍上人考 川口子深(靜齋) (無)柴野邦彥 (一)大草公明 寫	阿	三	一〇	六〇
過庭紀談	五卷 原瑜(雙桂・尚庵) 天保五刊	阿	五	一〇	六一
雜　圖	(圖入) 三卷(卷下缺) 澁井孝德圖 丸山蔚明編 小田切盛敞錄 天明六序刊		二	一〇	六二
好古小錄	(圖入) 二卷 藤貞幹 寛政七刊	蓮	二	一〇	六三
同	同	阿	二	一〇	六四
好古日錄	(圖入) 藤貞幹 寛政七刊	阿	二	一〇	六五
同	同(寛政九印)	蓮	二	一〇	六六
梅園䕺書	三卷 三浦晉(梅園) 〔安政二〕刊	阿	三	一〇	六七
牛馬問	四卷 新井祐登(白蛾) 寶曆五序刊	阿	四	一〇	六八
答問錄	(本居答問錄) 本居宣長答 寫	阿	一	一〇	六九
梅窓筆記	(繪入) 二卷 〔橋本經亮〕 文化三刊 (秋山恒太郎舊藏)	阿	二	一〇	七〇
桂林漫錄	(繪入) 二卷 桂川中良 寛政一二刊 (濱松藩克明館舊藏)	阿	二	一〇	七一
孝經樓漫筆	(繪入) 四卷 山本信有(北山) 嘉永三刊	阿	四	一〇	七二
近世奇跡考	存一卷(卷三) 〔岩瀨醒〕(山東京傳) 〔文化元〕刊	阿	一	一〇	七三
縣居雜錄	(題簽・縣居雜錄補抄) 長野美波留 文化九序刊 (水野忠邦舊藏)	阿	一	一〇	七四
南畝莠言	(繪入) 二卷 大田覃(南畝) 刊	阿	二	一〇	七五
同	同(明治印)	蓮	四	一〇	七六
東牖子	(題簽・橘菴漫筆)(繪入) 五卷二編五卷 田〔宮〕仲宣(橘菴) 〔享和〕刊	阿	八	一〇	七七
晤　語	(題簽・名嶋隨筆) 二卷 〔名島政方〕(桃源) 刊	阿	二	一〇	七八
年山紀聞	六卷 安藤爲章(年山) 享和三跋刊	阿	六	一〇	七九
茅窻漫錄	(繪入) 三卷 茅原定 寫	阿	三	一〇	八〇
用捨箱	(題簽・俳諧用捨箱)(繪入) 三卷 〔高屋知久〕(柳亭種彥) 天保一二刊	阿	三	一〇	八一
梅園日記	五卷 北愼言 弘化二刊	阿	五	一〇	八二
玄同放言	(繪入) 三卷(卷二缺) 瀧澤解(馬琴) 文政三刊	蓮	五	一〇	八三
同	同	阿	六	一〇	八四
烹雜(にまぜ)の記	(繪入) 前集三卷 瀧澤解(簑笠翁) 刊(後印)	阿	三	一〇	八五
善庵隨筆	二卷附一卷 朝川鼎(善庵) 嘉永三刊	阿	二	一〇	八六
瓦礫雜考	喜多村信節(筠庭) 〔文化一五〕刊	阿	二	一〇	八七
好古餘錄	〔文教溫故改題本〕 二卷 山崎美成(北峯) 〔文政一一〕刊(明治印)	阿	二	一〇	八八
三養雜記	山崎美成 刊	阿	四	一〇	八九
蒹葭堂雜錄	(繪入) 五卷 〔木村明啓〕(曉晴翁) 安政六刊	阿	五	一〇	九〇
柳葊隨筆	初編 〔栗原〕信充(柳葊) 文政三刊		一	一〇	九一
同	同	阿	一	一〇	九二
博物叢書	上代石器考・穴居考・天日槍歸化時代考・蘇那曷叱知來朝考 黑川眞頼 明治一二・一三刊	阿	三	一〇	九三

○ 以下時代未考

笈埃隨筆　一二卷　百井塘雨　寫　（關根只誠舊藏）　阿　六　一〇　九四

奇元合考　（繪入）五卷　寫　阿　五　五一八　四

舍山雜筆　（繪入）　寫　阿　四　五一八　四

○ 以下漢文

盍簪錄　四卷　伊藤長胤（東涯）　寫　阿　四　一〇　九五

湖亭涉筆　四卷　安積覺（澹泊）　享保一二刊　明　四　一〇　九六

同　同　阿　四　一〇　九七

盈進齋隨筆　〔學山錄改題本〕六卷（卷四缺）　〔中村〕明遠（蘭林）　刊（文政七修）　阿　五　一〇　九八

秇苑日涉　一二卷　村瀨之熙（栲亭）　文政刊（後印）　阿　三　一〇　九九

眠雲札記　二卷　朝川鼎（同齋）　嘉永六刊　阿　二　一〇　一〇〇

鐵研餘滴　甲集四卷　齋藤正謙（拙堂）　嘉永八刊　阿　四　一〇　一〇一

(三) 雜　抄

古寫抄錄　室町寫　足　一　五二〇　三

〔雜抄〕　江戸初寫　足　一　五二〇　三

涉獵集　〔漢籍拔抄〕題〔林信勝（羅山）〕編　寫　阿　四　五一八　四

雲煙過眼　（繪入）　寫　蓮　一　五一八　四

〔隨筆雜抄〕　寫　阿　一　一〇　一〇二

見聞記錄　寫　阿　二　一〇　一〇三

坦樓漫錄　五三卷（卷三八、四五、四六、四八缺）　文化一一～天保七寫　阿　三八　五一八　五

芭蕉隨錄　寫　阿　一四　一〇　一〇四

竹醉園小錄　筥根山畧緣起・相中大磯鴫立澤元由畧記（明和四刊）・天桂禪師船唄・別雷皇太神本地躰上觀音畧緣起・（嘉永五子歳六月十五日）山王御祭禮番附・嘉永五子の顔見世給金附（以上刊本）・信濃國善光寺近邊之圖（弘化四寫）挿入　中家某（竹醉）編　弘化～嘉永寫　阿　九　一〇　一〇五

茶村漫錄　三卷（卷中缺）　寫　阿　二　一〇　一〇六

(四) 雜　編

木乃葉籠　諸書抄錄・刊本緣起等綴合　刊（第二・六冊）・寫　阿　七　五一八　四

翁草　二〇〇卷附塵泥四二卷　神澤貞幹（杜口）編　文政一二寫　阿　一一九　一〇　一〇七

旅の流塵（ほこり）　〔諸書拔萃〕　寫　一五〇　一一　一

第一　冊　明良洪範〔抄〕
第二　冊　駿臺漫錄　蝦夷記聞〔抄〕　用捨箱〔抄〕
第三～八　冊　近史餘談全六
第九　冊　本邦續々史記〔抄〕　明君享保錄
第一〇　冊　武者物語之抄
第一一～一三冊　寐覺譚全三
第一四　冊　通俗五雜組〔抄〕
第一四～一六冊　東都事蹟合考全三
第一七　冊　遺老物語〔抄〕
第一八　冊　〔出羽國庄内田川〕兩郡哀訴錄
第一九　冊　岩淵夜話別集卷三―五
第二〇　冊　天子陵之事　日本長崎より異國江渡海之湊口迄船路積　寛延三年四月廿三日大變之書付
第二一～二五冊　校合雜記拔書全五
第二六　冊　鸚鵡のことば（松平定信）　關の秋風（松平定信）
第二七～三一冊　江戸官鑰祕鑑一〇
第三二～三四冊　鳩巣小說三
第三五～三八冊　笈埃隨筆八後集八（百井塘雨）

第三九〜四二冊　掃聚雜談一〇
第四三・四四冊　五月雨抄二
第四五〜四七冊　翁物語三(小早川能久)
第　四　八　冊　三省錄〔抄〕
第四九〜五四冊　武游隨筆金寶遺言三後編三
第五五・五六冊　明君白河夜話四(松平定信)
第五七・五八冊　栗山先生上書二(柴野邦彦)
第五九〜六一冊　魯西亞繫船日錄三
第六二・六三冊　魯西亞話二
第　六　二　冊　呂宋國漂流記
第　六　三　冊　志州鳥羽異國漂流談
第　六　四　冊　甲斐國御代官所百姓共徒黨一件
第六五〜六七冊　雜記
第　六　八　冊　小金中之牧御鹿狩之一件
第六九・七〇冊　塵塚談二
第　七　一　冊　雜記
第七二・七三冊　太平策二(荻生茂卿)
第七四・七五冊　古事記袋二
第七六・七七冊　秋齋閑語四〔多田義俊〕
第　七　八　冊　臺山隨筆三(廣瀬清風)
第七九・八〇冊　耳袋一〇(根岸守信)
第八一・八二冊　老人雜話四
第八三・八四冊　微妙公御夜話三(山本源左衛門)
第八五・八六冊　君則二
第八七・八八冊　雜兵物語二
第八九・九〇冊　翁草〔抄〕五(神澤貞幹)
第九一〜九三冊　鈐錄外書六〔荻生雙松〕
第　九　四　冊　昔語
第　九　五　冊　軍神問答(伊勢貞丈)　武備根元(伊勢貞丈)
　　　　　　　　平貞丈考說(伊勢貞丈)
第　九　六　冊　義家朝臣鎧着用次第三(伊勢貞丈)
第　九　七　冊　水戸孟侯(誤作侯)光國卿所示家臣之政教條令

第　九　八　冊　告志篇(德川齊昭)
第　九　九　冊　定西琉球物語(日下部景衡)
第一〇〇冊　八丈筆記(古河辰)
第一〇一〜一〇三冊　千賀屋草巻三―七(多田義俊)
第一〇四冊　西山公隨筆　上書稿
第一〇五冊　戊戌夢物語(高野長英)　刀劍畧說(大塚嘉樹)
第一〇六〜一一三冊　識草一三
第一一四冊　學者必讀妙々奇談〔龜屋文左衛門〕
第一一五冊　三養雜記四〔山崎美成〕
第一一六冊　寶永西紳書
第一一七・一一八冊　新著聞集四
第一一九〜一二二冊　窓のすきび追加四
第一二三〜一二五冊　天人相勝
第一二六冊　和歌三神考(伊勢貞丈)　菅原辨(伊勢貞丈)
第一二七冊　異國船渡來伺　武林隱見錄初編卷四
　　　　　　俳家哥人談下　常山記談〔抄〕
第一二八冊　朝鮮物語付柳川始末(林恕)　洗濯所より御申出之事
　　　　　　北越雪譜〔抄〕
第一二九冊　瀬田問答二(太田覃問、瀬名貞雄答)
第一三〇冊　雲萍雜志四(柳澤里恭)
第一三一冊　珎秘錄拔書三四―六
第一三二冊　嚴島〔考〕　正則家記拾　〔元和寛永年間記錄抄〕(瀧嘉平次編)
第一三三〜一四六冊　御當家新田德川松平中興發起大槩書之拔書一三追加一(西山昌兼)
第一四七冊　土刕宇佐浦鯨船
第一四七〜一四九冊　本朝泰平鏡三
第一五〇冊　除封錄(林韑)

二 神祇 附 國學

二 神道

(三) 諸家神道

(一) 兩部神道

神國決疑編 (江戸金地院藏本) 龍熙近 嘉永元寫　足 一 二 二

三 祭祀

(四) 祝詞・祓詞・祭文・願文

祝詞正訓 二卷 [平田篤胤撰] 平田鐵胤校 明治二序刊　輿 一 二 三

(七) 葬祭

祭文例 藤原宣隆(草鹿砥近江守) 明治二序刊　輿 一 二 四

葬儀畧 古川躬行 慶應元跋刊　一 二 五

四 神社

(三) 神宮

皇大神四年鎭座考 (與謝宮考) 吉岡德明・大原美能理 明治八刊(籠神社)　一 二 六

宮川日記 二卷 多田義俊 寫　阿 一 二 七

三 諸神社

北野藁草 圖書四卷 [天保]刊　蓮 四 二 八

三 佛教

一 總記

(一) 概論・通說・雜著

(三) 雜著

○ 睡庵雜記 二卷 釋玄光 延寶四刊　一 二 九

(二) 史傳

(一) 歷史

再刻 御嶽山肝要集 刊(明治二二印)　須 一帖 二 一〇

佛祖宗派綱要 一卷 慶長九刊(覆應永)　足 一 五一〇 三

(二) 傳記

○ 元亨釋書 三〇卷 釋師錬 寛永元跋刊　阿 一五 二 二

唐房行履錄 (島地大等手識本)(圓珍)三卷 (島田蕃根・加藤咄堂舊藏) 釋敬光編 文政一三寫(盈源) 須 一 二 一二

(東福開山)聖一國師年譜 (釋元倫手識本)(辯圓) 釋圓心編 釋方秀校 元和六跋刊 足 一 二 一三

日蓮大士眞實傳 五卷 小川孝榮(泰堂)撰 (長谷川)宗一(雪堤・巖松齋)畫 慶應三刊 阿 五 二 一四

(瑞岩山高源寺)遠溪和尙之行實 (祖雄)附幻住九世一華碩由大禪師行實 釋道演 (附)釋周良 享保一八寫 一 二 一五

(黄檗)隱元禪師年譜 (德龍) 釋性日 刊 一 二 一六

(五) 因明・悉曇

(二) 悉曇

悉曇愚鈔 全二卷 釋澄禪 寬文八刊 足 二 二 一七

二 經・律・論・疏

(大乘起信論註) 寫 足 一 二 一八

首楞嚴經義疏釋要鈔 六卷 釋懷遠編 南北朝刊 足 六 五〇 五

首楞嚴截流拔翠 寫 足 一 二 一九

般若心經祕鍵 釋空海 寬永一六刊 足 一 二 二〇

法華畧疏別記 釋東書 寶曆八寫 足 五 二 二一

法華經音義 刊(寬文九印) 足 一 二 二二

觀音經選註 三卷 釋亮汰 貞享二刊 足 三 二 二三

梵網撮要 六卷(首缺) 江戸初寫 足 一 五八 四

三 儀軌

引導作法 江戸初刊 一 二 二四

四 宗派

(三) 法相宗・俱舍宗

略述法相義略解 三卷(卷中・下缺)法相義圖三卷 元祿六寫 三 二 二五

百法問答抄 零本一卷(卷七) 刊 足 一 二 二六

(六) 天台宗

四教階級略名目 寫 足 一 二 二七

(天台圓宗四教五時)西谷名目 (書入本)二卷(卷下缺) (寬永)刊 足 一 二 二八

同 (頭書本)(西谷名目冠註) 二卷 釋觀應校 元祿一一刊 四 二 二九

弘決外典鈔 (金澤稱名寺所藏鎌倉時代鈔本) 三卷 具平親王 昭和二刊(影印、成簣堂) 三帖 二 三〇

同 (寶永刊本) 四卷 具平親王 昭和二刊(影印、成簣堂) 二 二 三一

枕雙紙 (明曆二年刊本) 釋源信 寫 足 一 二 三二

(七) 眞言宗

阿字觀鈔 二卷 寬文二刊 二 二 三三

諸尊眞影本誓集 附供養十二大威德天報恩經和訓・佛說護諸童子陀羅尼咒和訓 釋覺本 刊 相 一 二 三四

(八) 禪宗

寶翁規鈔口訣	二卷 釋一寥撰 瑞仙編 元祿三寫	足	四	五〇	五
普勸坐禪儀	釋道元 昭和一四刊(石版)		一帖	二	三五
○					
碧巖抄	殘本 寫	足	二	五八	六
(佛果圜悟禪師)碧巖錄鈔	一〇卷(卷一缺) 寬永一八刊		九	二	三六
比丘六物圖私抄	三卷 釋仙祐 刊	足	三	二	三七
禪林象器箋	存六卷(卷七至一二) 釋道忠編 寫		六	二	三八
諸尊宿佛叓	寫	足	一	二	三九
釋書往來	(康長九年寫本) 釋迦谷編 萬治二寫	足	一	二	四〇
○					
臨濟語錄〔鈔〕	零本 江戶初寫		一	五八	六
臨濟錄抄	存四卷(卷一、三、四、六) 寫		四	五八	六
(鎮州)臨濟慧照禪師語錄鈔	三卷 江戶初刊		三	二	四一
百花鈔	〔臨濟錄鈔〕 江戶初寫		一	五八	六
曹山錄抄	二卷 釋海見 寬文六刊		二	二	四三
五祖演禪師語錄糊塗	三卷附一卷 寫		一	五八	六
人天眼目抄	(外題人天眼目川僧抄) 三卷(卷上缺) 江戶初寫	足	二	五〇	五
〔大惠普覺註纂〕	江戶初寫	足	一	五八	六
〔蒲室集注〕	殘本 江戶初寫	足	二	五八	六
〔蒲室集抄〕	殘本 江戶初寫		一	五八	六
蘭溪和尚語錄	(比丘妙弘刊本) 釋道隆撰 釋智光編 江戶初寫		一	二	四三
○					
〔大休和尚語錄〕	殘本 釋正念(大休) 寫		一	二	四四
清拙和尚語錄	(大鑑錄)附清拙和尚禪居集 釋正澄 寬政二跋刊(鎌倉、禪居菴)	足	四	二	四五
(夢窓正覺心宗)普濟國師語錄	二卷年譜一卷 釋疎石撰 釋慧逸等編 (年)釋妙葩編 刊		三	二	四六
(祇陀開山)大智禪師偈頌	釋光嚴等編 刊		一	二	四七
疎山大師根脚語決	江戶初寫		一	五八	六
澤菴和尚夜話	(萬年山玄性院所藏本) 寶曆六寫	阿	三	二	四八
濟宗語錄	寫	足	一	二	四九
慈斤秉拂法語	寫	足	一	二	五〇
毛堂老師偈頌集	寫		一	二	五一
塵譚	寶永八辛卯載三月念二蓂貧始鄭禪惠通前板 寫		一	二	五二
〔首書〕四部錄	元祿一一刊		一	二	九一
○					
禪儀外文集	二卷 釋師鍊編 寬永一四刊	足	二	二	五三
同	同(書入本)		二	二	五四
同	同(書入本)		二	二	五五
同	同(後印、書入本)		二	二	五六
禪儀外文盲象鈔	一〇卷 寬文一〇刊		一〇	二	五七
○					

青鷹集　二巻(乾缺)江戸初寫　足　一　五八　六
禪門古抄　江戸初寫　足　一　二　五八
法語類　江戸初寫　一　五八　六
三細　寫　一　二　五九
妙明集　(雜抄本)寫　一　二　六〇
雜記　(文化・文政詩稿)寫　一　二　九二
浮木集　存九巻(巻一二至一八、二〇、二一)拾遺全三巻續浮木集一巻傳法續松傳一巻　釋玄能　享保一〇寫　二　二　六一

◯

麓草分　二巻〔鈴木正三〕刊　一　二　六二
闡提毒語集　寶曆一三寫(聴子龍)　足　一　二　六三

(九) 淨土宗

末法成佛決斷章　釋慧中　文化一五序刊　一　二　六四

五　寺院

(一) 寺誌

諸寺位次　寫　足　一　二　六五
〔三緣山護國殿九郎本尊〕無量壽佛來由驗證大概〕(外題・家康守本尊驗證梗概)刊　一　二　六六
秩父三十四所觀音靈驗圓通傳　五巻　釋圓宗編　釋靜觀校　刊(明和三印)　五　二　六七

(二) 行事

秉拂私記　(寛延二年)寫　足　一　二　六八

(三) 講式・法會文

當麻曼陁羅述奨記　四巻附一巻　釋義山　元祿一六刊　蓮　四　二　六九

四　言語

二　文字

(一) 漢字

倭楷正訛　太宰純　明和三刊　蓮　一　二　七〇
古籀篇　一〇〇巻古籀篇建首系譜一巻同補遺一〇巻同隷文索引二巻同篆文索引不分巻轉注假借説一巻學古發凡八巻同建首檢字一巻　高田忠周　(建)民國蔡廷幹編　大正一四・昭和二刊(石印)　六九　二　七一

(三) 假名遣

和字正濫鈔　五巻〔釋契沖〕(元祿)刊(元文四印)　足　五　二　七二
同　同　阿　五　二　七三
(新編)假名遣　落合直文　明治三一刊(活版)　一　二　七四

(五) 雜

同文通考　四巻　新井君美(白石)　寶曆一〇刊　阿　四　二　七五

三 音韻

(一) 字音

韻鏡開奩　六巻 釋宥朔　正保四刊　六 二 七六
韻鏡字子　三巻附韻鏡遮中鈔諺解追加・附綴〔足利學校記録〕刊（附綴）寫　足 一 五八 六
韻鏡易解　二巻（巻上末缺）釋盛典　元祿四刊　足 三 二 七七
韻鏡字子列位　釋盛典　元祿一二刊　一 二 七八
韻鏡易解改正　四巻附韻鏡字子列位 釋盛典　享保三刊　足 五 二 七九
同　同　阿 五 二 八〇
磨光韻鏡　二巻附正字韻鏡（一名韻鏡本圖）一巻 釋文雄　天明七刊（附）安永九刊　阿 三 二 八一
韻鏡指要録　一巻附翻切伐柯篇 釋文雄撰　釋文龍校　安永二刊　阿 二 二 八二

(二) 五十音

四十八音義譯　寫　阿 一 二 八三
古史本辭經　（五十音義訣）平田篤胤撰　平田鐵胤・平田延胤校　嘉永三序刊　阿 四 二 八四

四 語義

(一) 古語・語源　附 難語

日本釋名　三巻 貝原篤信　元祿一三刊（後印）　阿 三 二 八五
東雅　二〇巻首一巻 新井君美　寫　阿 二 二 八六

五 語法

(一) 文法

（松田本生舊藏）

玉あられ　本居宣長　天保一四刊　一 二 八七
詞八衢（やちまた）　二巻 本居春庭　文化五刊（後印）　二 二 八八
詞の本末　（詞のやちくさ）寛政一〇刊　一 二 八九
磋磨詞鏡　鶴峯戊申　寫（自筆カ）　求 一 五八 六

六 辭書

(一) 字典

（増續）大廣益會玉篇大全　一〇巻（巻六上缺）首一巻 毛利瑚珀（貞齋）編　天保五刊　二 二 九〇
同　一〇巻首一巻 毛利瑚珀編　明治八刊（活版、一三印）　月 三 三 一
（新刻訂正）新増正字玉篇大全　甘泉堂編　細河並輔校　明治九刊　相 一 三 二
（四書五經）増補文選字引　山崎美成編　明治八刊　相 一 三 三

○

聚分韻略　尾缺 釋師錬編〔明應二刊〕〔周防眞樂軒〕　足 一 五三 四
廣益略韻　不全附一巻 萬治二刊　九 三 四

(二) 辭典

（和漢音釋書言字考）節用集　（和漢合類大節用集）槇島昭武　萬延元刊　阿 三 三 五

常語藪 二卷 岡田挺之編 寛政七刊 阿 二 三 六
雜字類編 七卷 柴野貞穀編 明治九刊 阿 二 三 七
(新撰)日本節用 附十體千字文 内山正如編 大宮宗司校 明治二六刊(銅版) 一 三 八
倭訓栞 前編四五卷中編三〇卷(後編一八卷缺) 谷川士清 〔安永六〕〜文政一三刊(後印)・文久二刊 阿 六四 三 九
語彙 一三卷(卷六至一三缺)語彙別記二卷活語指掌一卷 岡本保孝等編 明治四刊(編輯寮) 七 三 一〇
雅言解 四卷 鈴木重嶺編 明治一二刊 四 三 一一

(三) 名彙

倭名類聚鈔 〔和名抄〕二〇卷 源順 寛文一一刊 足 五 三 一二
同 同(後印) 阿 五 三 一三
倭爾雅 八卷 貝原重春(好古) 元祿七刊 阿 三 三 一四

七 外國語

(二) 西洋

蠻語箋 附萬國地名箋 寛政一〇序刊 須 一 三 一五

五 文學

一 國文

(一) 總記 附 作文

國文世々農跡 三卷 伴資芳 安永六刊 阿 三 三 一六
江戸時代戲曲小説通志 (雙木園主人) 明治二七刊(活版) 四 三 一七

○

家庭繪本文庫 第一期 國書刊行會文藝部編 大正六・七刊(活版) 二四 三 一八
第一〜五冊 校訂邯鄲諸國物語(高屋知久撰、歌川國貞畫)
第六〜九冊 校訂稗史水滸傳二〇(磐瀬百樹撰、歌川國貞畫)
第一〇〜二一冊 繪本太閤記七編(岡田尚友撰、并畫)
第二二・二三冊 殺生石後日怪談五(瀧澤解撰、歌川國貞畫)
第二四冊 新編金瓶梅二(以下缺)(瀧澤解撰、歌川國安・歌川國貞畫)

(二) 小説

(一) 古物語 附 擬古物語

竹取物語抄 (竹取抄) 小山儀(伯鳳)撰 入江昌喜補 〔天明四〕刊(後印) 阿 二 三 一九
伊勢物語拾穗抄 五卷 北村季吟 延寶八刊 阿 二 三 二〇
大和物語 (享和三年刊本) 文政一〇寫(林穎貞) 蓮 一 三 二一
大和物語之抄 北村季吟 承應二刊 阿 六 三 二二
うつほ物語 (校正本)二〇卷 延寶五刊(文化三修) 阿 三〇 三 二三
空物語玉琴 二卷 細井貞雄 刊 阿 一 三 二四

れちくぼ物語　四巻　上田秋成校　寛政一一刊　阿　六　三　二五

〔源氏物語語句解〕（繪入）寫　蓮　四　三　二六

湖月鈔　附發端・源氏物語系圖・表白・雲隠説各一巻源氏物語諸巻年立二巻　北村季吟　延寶元跋刊　蓮　六〇　三　二七

同　同（後印）　阿　六〇　三　二八

源氏物語玉の小櫛　九巻　本居宣長　刊　阿　九　三　二九

源氏物語玉小櫛補遺　二巻　鈴木朖　文政三刊　阿　二　三　三〇

源氏けい圖　寫　一　三　三一

狭　衣　四巻年序・狭衣系圖各一巻狭衣下紐四巻（下）里村紹巴　刊　阿　一六　三　三二

○

松あけの日記　（いつま源氏）正親町　寫　阿　七　三　三三

(二)　說話物語

日本感靈錄〔抄〕　（龍門文庫藏高山寺舊藏久安三年鈔本）附解説并釋文一冊　昭和三三刊（影印、龍門文庫）　一　三　三四

古事談　六巻　寫　阿　三　三　三五

(三)　歴史物語

續世繼　（慶安三年刊本）一〇巻　天保一三刊（木活）　阿　一〇　三　三六

(四)　軍記物語

〔參考〕保元平治物語　（參考）保元物語三巻（參考）平治物語三巻　今井弘濟（魯齋）・內藤貞顯（著軒）撰　元祿六刊　阿　一五　三　三七

平家物語　（一方檢校本）一二巻（灌頂巻缺）　寛永三刊　阿　一〇　五一九　一

太平記　四〇巻（巻三一至三四缺）　寶永三刊　蓮　一八　三　三八

同　零本二巻（巻一五、一六）　刊　阿　一　三　三九

太平記評判秘傳理盡鈔　（題簽・太平記評判）四〇巻（巻一五、恩地左近太郎聞書一巻缺）　今川賴貞　〔寛文一〇〕刊　阿　四二　三　四〇

難太平記　二巻　今川良俊撰　力石忠一校　貞享三刊　阿　二　三　一

(六)　近世小說

㊀假名草子

伊曾保物語　三巻（巻下缺）　刊　蓮　三　三　二

尤之双紙　（慶安二年刊本）二巻　寛政八寫（寺尾師命）　阿　二　三　三

曾呂里狂哥咄　（繪入）五巻　刊　阿　三　三　四

同　同（文化一五修）　蓮　三　三　五

○

怪談錄　二巻　傳林信勝（道春）　寫　阿　二　五一八　六

○

新著聞集　全一八巻　寛延二刊（後印）　阿　八　三　六

㊁浮世草子

胸算用（むね）　（繪入）五巻　〔平山藤五〕（井原西鶴）　元祿五刊　（待買堂達磨屋五一舊藏）　阿　二　五一九　一

忠臣略太平記　（繪入）六巻　江島〔茂知〕（其磧）　〔正德〕刊（後印）　蓮　六　五一九　一

㊃讀　本

繪本豊臣勲功記　初編至五編各一〇巻（初編巻一、二編、三編巻一、二、一〇、四編巻一、五編巻一缺）（以下缺）　（八功舍德水）撰　一勇齋國芳等畫　安政六刊　三五　三　七

通俗大明女仙傳　（題簽・通俗大明女仙外史）一二巻（巻三缺）　（滄浪居主人）　寛政元刊　蓮　二　三　八

㊄滑稽本

田舎荘子　（繪入）三巻（附缺）　〔丹波十郎左衞門〕（佚齋樗山）　〔享保一二〕刊（後印）　蓮　三　三　九

異國針命之洗濯 〔市場寧一〕（市場通笑） 大正一五刊（覆刻、市場氏） 刊 一 三 一〇

㊈黑本・青本

(七) 近代小説

舞姫 （自筆草稿本）附解説 森林太郎（鷗外）（附）長谷川泉 昭和三五刊（影印） 刊 二 三 一一

(三) 隨筆

春曙抄 一二卷附（清少納言）枕草紙裝束撮要抄 北村季吟 享保一四刊 阿 三 三 一二

訂正増補枕草子春曙抄 一二卷附（清少納言）枕草紙裝束撮要抄 北村季吟撰 鈴木弘恭補 明治二六刊（活版） 小 三 三 一三

〔鐵槌〕 四卷 〔青山宗胡〕 明暦三刊 足 四 三 一四

徒然草文段抄 七卷 北村季吟 寛文七刊（後印） 阿 六 三 一五

〔花月草帋〕 六卷 松平定信 刊 （伴信友舊藏） 阿 六 三 一六

〔關ʼn秋風〕 松平定信 文化一〇寫（渥美正美） （三緣山慧照院舊藏） 阿 一 三 一七

(四) 日記・紀行

〔土左日記〕 （前田家藏藤原定家手寫本）附土佐日記地理辨・開校記念飜刻本解説 〔紀貫之〕 （地）〔鹿持雅澄〕 （解）白石勉 大正一四刊（活版、高知高等學校） 刊 三 三 一八

土佐日記考證 二卷 岸本由豆流 文政二序跋刊 阿 二 三 一九

土佐日記舟ʼn直路 橘守部 刊（明治印） 阿 二 三 二〇

土佐日記地理辨〔考〕 附地圖 早崎益 文久三刊 阿 一 三 二一

蜻蛉日記 三卷 寶暦六刊（文政元印） 阿 三 三 二二

紫式部日記釋 四卷 清水宣昭 天保五刊 阿 四 三 二三

校正首書紫式部日記 鈴木弘恭校 明治二七刊 小 一 三 二四

回國雜記〔標注〕 二卷 關岡野洲良 文政八序刊 阿 二 三 二五

蘆のわか葉 二卷 塚本里子撰 塚本源三郎編 昭和九刊（活版） 刊 二 三 二六

(五) 文集

扶桑拾葉集 三〇卷（卷四缺）同作者系圖一卷 德川光圀編 寫 （山科頼言舊藏） 阿 三〇 三 二七

同 零本二卷（卷一、四） 德川光圀編 寫 阿 二 三 二八

(六) 消息

白石手翰 （改訂本）六卷 新井君美（白石）撰 工藤鞏卿編 源元凱續 寫 阿 六 三 二九

新安手簡 （校合本）三卷 新井君美・安積覺撰 〔立原萬編〕 伊能千俣校 寫 阿 三 三 三〇

二 漢文

(一) 總記 附 漢學

漢文學史 重野安繹撰 小谷野周吉編 明治寫（編者） 小 一 三 三一

支那文學史 有馬祐政撰 小谷野周吉編 明治寫（編者） 小 一 三 三二

○

二程治教錄 二卷（卷下缺） 〔保科正之〕 天保一三刊（一四印） 興 一 三 三三

同 同（卷下缺） 興 一 三 三四

文會筆錄 二〇卷 山崎嘉（闇齋） 天和三刊 阿 一五 三 三五

山鹿語錄 四三卷 山鹿高祐（素行） 寫 阿 四四 三 三六

集義和書 一六卷 熊澤伯繼（蕃山） 刊（後印） 阿 五 三 三七

集義外書　一六卷　熊澤伯繼　寶永六刊　阿　五　三　三六
辨　道　（荻生雙松）（物茂卿）　享保二跋刊　一　三　三九
辨　名　二卷　荻生雙松　刊　二　三　四〇
徂徠先生答問書　三卷　荻生雙松撰　根本遜志編　享保一二刊　阿　三　三　四一
秋風錄　三卷　藤野氏春（木樵）撰　山内昆保・日形尚政校　明和四刊　相　三　三　四二
南郭先生燈下書　服部元喬（南郭）　享保一九刊　阿　一　三　四三
師善錄　三卷　太田保　天保九刊　刊　三　三　四四
弘道館記述義　二卷　藤田彪　刊　一　三　四五

○

二禮儀略　四卷　村上宗卓　寛政四跋刊　四　三　四六

(三) 詩文評・作詩作文

文章一隅　尾藤孝肇（二洲）　慶應三跋刊　一　三　四七
（拙堂）文話　八卷續文話八卷　齋藤謙　文政一三・天保六跋刊　阿　四　三　四八
（評林）文章指南　五卷（卷一至三、五缺）　川島浩　明治一九刊　一　三　四九
文談鈔　土屋弘（鳳洲）　（大正）刊（謄寫版）　小　一　三　五〇

○

文林良材　六卷首一卷　元祿一四刊　阿　五　三　五一
譯　筌　（釋實嚴手識本）（譯文筌蹄）　初編六卷首一卷　荻生雙松（徂徠）　寶曆三刊　足　六　三　五二
同　同（後編三卷寛政八刊、明治九修）　阿　五　三　五三
操觚字訣　一〇卷　伊藤長胤撰　伊藤善韶編　明治一一刊　阿　一〇　三　五四

○

訓蒙助語辭諺解大成　四卷　毛利瑚珀（貞齋）撰　毛利瑚珣校　寶永五刊　阿　四　三　五五
助辭鵠　五卷　河北景楨　天明六刊　阿　五　三　五六

○

習文錄　四編各二卷　增訂習文錄甲乙判二卷　皆川愿（淇園）　寛政一〇刊（明治九印）　阿　一〇　三　五七
（增補）文語粹金　鈴木政寧編　山崎久作補　刊　相　二　三　五八

○

九千句　存一卷（卷下）　釋周良編　寛永八刊　一　三　五九

○

（詩家必携新撰）以呂波韻大全　三田村敬德編　明治二五刊（銅版）　一帖　三　六〇

○

詩林良材　二卷（卷下缺）　貞享四序刊　阿　二　三　六一
同　三卷同後編七卷　（文化）刊（天保二印）　阿　七　三　六二
詩語碎錦　二卷　永（田）忠原（東皐）編　安永八刊　須　一　三　六三
詩工推鑿　一三卷　岡崎元軌編　文政元刊　相　一　三　六四
（掌中）詩韻貫珠　二卷韻字一卷　鎌田禎編　文化元刊　一　三　六五
熟語類聚詩學字引　（原名・詩學字海）一七卷　藤原良國編　安政五刊　五　三　六六
新語精選詩家絕妙　二卷附一卷　藤原良國編　嘉永三刊　相　三　三　六七
幼學詩韻　續編　林龔・大前彬編　安政四刊　相　一　三　六八
（掌中增補）詩礎階梯　二卷　三國某（鷹巢）編　山田某（翠雨）補　明治五刊（銅版）　二　三　六九

(作法資料)漢詩講座　五巻　小宮庫治(水心)　昭和五刊(活版)　五　一三　七〇

○

(新刊)錦繡段鈔　一〇巻　宇都宮由的　萬治四跋刊　足　一〇　一三　七一

同　同　相　一〇　一四　六〇七

古詩韻範　五巻首一巻　武元〔正〕質編　明治一三刊(銅版)　相　三　一三　七二

絶句類選　二一巻　津阪孝綽編　津阪達・平松正懿校　刊　相　一〇　一三　七三

○

文章達德綱領　六巻　藤原肅(惺窩)　刊　足　一〇　一三　七四

(三) 總集

懷風藻　刊(寛政五修)　阿　一　一三　七五

今世名家文鈔　八巻(巻五、六缺)　釋月性編　嘉永二序刊(明治印)　三　一三　七六

文章奇觀　三巻同續編三巻　大谷元知・依田喜信編　明治一〇刊(後印)　六　一三　七七

(新撰)名家詩文　三巻(巻下缺)　渡邉助次郎編　明治刊　須　二　一三　七八

皆夢文詩　三島毅(中洲)・川田剛(甕江)撰　高木弘平編　明治一三刊　刊　一　一三　七九

大正詩文　第一至六集　雅文會編　大正四・五刊(活版)　小　六　一三　八〇

築地觀月(集)　(大正十五・昭和二年大倉聽松催行)　松本英(漱雲)編　昭和刊(石版)　刊　一　一三　八一

(四) 別集

菅家文草　(朱訂本)　一二巻(序缺)　菅原道眞　寛文七跋刊　人　六　五一九　一

同　同(後印)　阿　六　一三　八三

○

惺窩先生文集　一二巻首一巻惺窩先生倭謌集五巻　藤原肅(惺窩)撰　冷泉爲經編　德川光圀校　享保二序刊　阿　一〇　五一九　二

羅山林先生集　文集七五巻詩集七五巻目二巻附五巻　林信勝(羅山)撰　林恕編　寛文刊　阿　三五　一三　八四

(新編)覆醤集　一六巻(新編)覆醤續集附錄三巻　石川凹撰　石〔川〕克編　延寶四刊　阿　五　一三　八五

常山文集　二〇巻附一巻　德川光圀撰　德川綱條校　享保九跋刊(後印)　七　一三　八六

徂徠集　三〇巻　〔荻生雙松〕(物徂徠)　寛政三刊　阿　二〇　一四　一

鳩巣文集　一三巻後編二〇巻補遺一一巻　室直清(鳩巣)撰　大地昌言編　(後・補)伊東貞編　寶暦一三・一四刊　阿　三一　五一九　二

(春臺先生)紫芝園稿　前稿五巻後稿一五巻附一巻　太宰純(春臺)撰　稲垣長章・堤有節校　寶暦三刊　阿　一三　一四　二

東洞先生遺稿　三巻　〔吉村〕爲則(東洞)　寛政一二刊　阿　三　一四　三

梅岡詩集　(稿本)　一〇巻　松〔村〕延年(梅岡)　寫(自筆)　足　四　五一九　三

松風館集　三巻附一巻　川〔村〕榮壽(華陽)撰　川〔村〕友篤編　寛政九序刊　足　四　一四　四

自寛齋遺艸　二巻附一巻　井　良瑛　天明五序刊　足　二　五一九　三

市隱草堂集　前編一〇巻　安〔達〕脩撰　樋〔口〕文綽編　天明四刊　足　五　一四　五

(平洲先生)嚶鳴館遺稿　一〇巻附一巻　〔細井〕德民(平洲)　文化四跋刊　足　一〇　一四　六

小蓮殘香集　二巻　鈴木恭撰　岡崎光矩・藤江計文編　享和三刊　足　二　一四　七

栗山文集　六巻(巻五、六缺)　柴野邦彦(栗山)撰　柴野允升・柴野允常校　天保一三刊　阿　四　一四　八

春水遺稿　一一巻附下巻別錄三巻　頼惟完(春水)撰　頼襄校　文政一〇序刊　阿　八　一四　九

精里初集抄　零本一巻(巻二)　古賀樸(精里)　〔文化〕刊　一　一四　一〇

山陽遺稿　文一〇巻詩七巻拾遺一巻　頼襄(山陽)　天保一二刊(後印)　阿　六　一四　一一

山陽文稿	二卷 賴襄 明治三刊		二	一四	一二
詩聖堂詩集	一〇卷 大窪行(詩佛)撰 佐羽芳卿(淡齋)校 〔文化七〕刊 (天保五印)	相	三	一四	一三
同	三編一〇卷 大窪行撰 木村弘校 天保九刊	相	三	一四	一四
棕隱軒集	初集至四集各二卷 中島規(棕隱)撰 澁谷光悰編 (二・三)中島元丈編 (四)釋祖琳編 文政一三刊	阿	八	一四	一五
東湖遺稿	六卷 藤田彪(東湖)撰 藤田健等校 明治一一刊	阿	六	一四	一六
如不及齋文鈔	三卷 藤森大雅(天山) 明治三刊	求	三	一四	一七
宕陰存稿	一三卷補一卷 鹽谷世弘(宕陰) 明治三刊	阿	六	一四	一八
節齋遺稿	二卷 森田益(節齋) 明治一五刊		二	一四	一九

〇

松菊遺稿	木戸孝允(松菊) 明治二八刊		一	一四	二〇
知非子影	渡邊硯也 明治三八刊		二	一四	二一
犀陽遺文	野口之布撰 永山近彰編 明治三四刊	刊	一	一四	二二
松浦詩鈔	二卷 吉川久勁 昭和八刊(活版)	刊	二	一四	二三
松浦文鈔	吉川久勁 昭和一〇刊(活版)	刊	二	一四	二四
黃雨詩鈔	二卷 藏野守介撰 山口善編 大正三刊	刊	一	一四	二五
松籟餘韻	建部族松(雪峰)撰 建部遯吾編 明治三八刊(活版)		一	一四	二六
有眞樓文集	川口嘉(東州)撰 新井順等編 明治四〇刊(活版)		一	一四	二七
東嶽文抄	四卷 石幡貞(東嶽)撰 熊坂六郎兵衞・高城龜三郎編 明治四三刊(活版)		四	一四	二八
成齋先生遺稿	一五卷 重野安繹(成齋)撰 館森鴻編 大正一五刊(活版)		八	一四	二九
怨軒文鈔	二卷補一卷 信夫粲(恕軒) 明治一五刊	相	二	一四	三〇
香山遺稿	石崎迅男(香山)撰 石橋直夫編 昭和四刊(活版)	刊	一	一四	三一
午睡詩鈔	山口善(午睡)撰 長澤忠讓編 大正七刊		一	一四	三二
鳴溪先生詩集	西山龍太(鳴溪) 大正七刊		一	一四	三三
介壽錄	二卷 邨岡良弼撰 福井繇評 明治四〇刊(活版)	刊	一	一四	三四
同	同		一	一四	三五
弄雪遺稿	戸田忠行 大正八刊(活版)		一	一四	三六
學圃逸民集	三〇卷 福井繇(學圃)撰 芹澤閑編 昭和七刊(活版)		七	一四	三七
靑萍集	一二卷附一卷 末松謙澄撰 末松春彥・佐藤實校 大正一一刊(活版)		二	一四	三八
月山遺稿	二卷 高橋利康(月山)撰 中山(中村)久四郎編 大正一一刊(活版)		一	一四	三九
南洲先生詩文鈔	三卷 近藤元粹(南州) 昭和六刊(活版)	刊	三	一四	四〇
唐陽山人詩鈔	六卷 横川德郎 大正一二刊(活版)		二	一四	四一
小峴詩存	二卷 金枝道三(小峴) 昭和六刊(活版)	刊	一	一四	四二
草堂詩集	鈴木謙吉 昭和二刊(活版)	刊	一	一四	四三
木堂韻語	(題簽・木堂先生韵語) 犬養毅 昭和九刊(寫眞石版)		一	一四	四四
仙坡遺稿	四卷 勝島翰(勝之助、仙坡) 昭和九刊(活版)	刊	四	一四	四五
望洋吟草	二卷 石川賢治(望洋) 昭和一一刊(活版)	刊	二	一四	四六
蕉雪吟館詩草	二卷 山本悌二郎(二峯) 昭和八刊(活版)		二	一四	四七
柹屋詩存	二卷 塚本源三郎(柹屋) 昭和一〇刊(活版)	刊	二	一四	四八
南涯遺集	三卷 古川郁(南涯) 昭和一四刊(活版)	刊	三	一四	四九

〇

濟北集　二〇卷(序缺)　釋師錬　慶安三刊　足　二　一四五一
岷峨集　(元祿七年刊本)(書入本)二卷　釋友梅　寶曆一一寫　一　一四五二
半陶藁　釋彥龍　江戶初寫　六　五二〇　三
同　存一卷(卷六)　釋彥龍　明曆二刊　一　一四五三
補菴京華集　釋景三　江戶初寫　一　五〇六　一
補菴京華別集　釋景三　江戶初寫　一　五〇六　一
補菴絕句　一卷東遊集絕句一卷　釋景三　寫　一　五〇六　一
聯芳集抄　存五卷(卷二、三上、四、七、九)　室町末寫　六　五〇八　四
寒松稿　殘本　釋龍派　江戶初寫　一　五一〇　三
阪川文稿　小野方良行撰　小林正盛校　昭和三刊(活版)　一　一四五四
弊帚集　中里日勝　明治四三刊(活版)　一　一四五五

(五) 日記・遊記

紫海紀行　松(村)延年　安永七刊　足　一　一四五六
讀書餘適　二卷附睡餘漫稿　安井衡　明治三三刊(活版)　小　一　一四五七
蹈雲遊記　(著者自署本)一卷三日二山遊記一卷附一卷　外崎覺(拙居)　明治三三刊(活版)　刊　一　一四五八
小圖南錄　三島毅(中洲)撰　大塚尚編　明治一六刊(活版)　一　一四五九
北總詩史　二卷　邨岡良弼　明治二三刊(活版)　二　一四六〇
豆山臥遊詩　二卷　邨岡良弼　明治二三刊(活版)　一　一四六一
同　同　刊　一　一四六二
降魔日史　三卷附一卷　釋宗演　明治三七刊(活版)　小　一　一四六三

(六) 尺牘

金龍尺牘集　二卷附一卷　釋無隱　寶曆四刊　足　二　一四六四
同　(書入本)二卷附一卷　釋無隱　寫　一　一四六五

三 和歌

(二) 歌論・作法

袋草紙　四卷　藤原清輔　貞享二刊　阿　四　一四六六
八雲抄　六卷(卷二缺)　〔順德天皇〕　寬永一二刊　六　一四六七
藻鹽草　二〇卷　〔釋宗碩〕　刊(古活)　一〇　五一〇　四
河社　五卷　釋契沖　寬政九刊　蓮　五　一四六八
鴈の行かひ　稻掛大平・村田春海　寫　相　一　一四六九

〇

貞左那草(まさな)　二卷(卷下缺)　河瀨菅雄　〔元祿三〕刊　相　一　一四七〇

(三) 撰集

(一) 勅撰集

和歌作者部類五言分　五卷　清水濱臣編　寫　(飯田城主堀直格舊藏)　阿　一〇　一四七一
三集類韻　(古今・後撰・拾遺)五卷　稻掛棟隆編　寫　阿　五　一四七二
摘題和哥集　全六卷　寫　阿　二　一四七三

○

古今和歌集〔餘材抄〕 二〇巻序一巻 釋契冲 寫 阿 二〇 一四 七四

古今和歌集打聴 二〇巻序一巻 賀茂眞淵 寛政元刊 阿 二〇 一四 七五

古今集遠鏡 六巻(巻五缺) 本居宣長 文化一三刊 蓮 五 一四 七六

同 同(後印) 阿 六 一四 七七

(二) 私撰集

萬葉集 二〇巻 〔橋本〕經亮・山田以文校 文化二刊 蓮 二〇 一四 七八

萬葉集抄 〔萬葉代匠記〕二〇巻惣釋・まくらこと葉各一巻 釋契冲 文化九寫 阿 二二 一四 七九

萬葉集〔略解〕 二〇巻 加藤千蔭 寛政八刊(安政三修) 阿 三三 一四 八〇

○

百人一首抄 三巻 刊(寛文三印) 三 一四 八一

百人一首嵯峨の山ふみ 三巻 〔齋藤〕彦麻呂 文化一三序刊 阿 三 一四 八二

百人一首一夕話(ひとよがたり) (繪入)九巻 尾崎雅嘉撰 大石眞虎畫 天保四刊 阿 九 一四 八三

(掌中)怜野集 清原雄風編 刊 相 一 一四 八四

はたの刈草 旗野蓑織編 明治二九刊(活版) 一 一四 八五

(四) 家集

水月堂百首 松平乘全 昭和二刊(石版) 一 一四 八六

氷壺集 附二巻 和泉久澄撰 和泉巖吉編 明治四三刊(活版) 一 一四 八七

墨水餘滴 二集 黑川眞頼 明治四一刊(活版) 一 一四 八八

つたのは葉 高橋與三郎(幸村) 昭和九刊(活版) 一 一四 八九

蟲聲集 全二巻 塚本源三郎 昭和一一刊(活版) 二 一四 九〇

四 連歌

(五) 聯句

城西聯句 釋周良編 江戸初寫 八 五〇八 三

聯句集 并題詠 江戸初寫 一 五〇八 三

五 俳諧

(一) 總記

俳家奇人談 (繪入)三巻附一巻 竹内玄玄一 文化一三刊 阿 三 一四 九一

續俳家奇人談 (繪入)三巻 竹内玄玄一 天保三刊 阿 三 一四 九二

(八) 俳文

本朝文鑑 九巻首一巻 〔各務支考〕(蓮二房)編 享保三刊(後印) 阿 五 一四 九三

七 狂歌

(一) 總記

狂歌現在奇人譚 (繪入)二巻 八島定岡 文政七刊 阿 二 一四 九四

同　(繪入)後編二巻三編存一巻(巻下)　八島定岡　文政刊　阿　三　一四　九五

八　古代歌謡

(二)　神樂歌・催馬樂

梁塵愚案鈔　(榻取魚彥書入本)存一巻(巻下)　[一條兼良]　元祿二刊　阿　一　一四　九六

六　音樂・演劇

一　總　記

聲曲類纂　(繪入)五巻　齋藤幸成(月岑)撰　長谷川宗一(雪堤)畫　弘化五刊　阿　六　一四　九七

歌舞音樂略史　二巻　小中村淸矩　明治二九刊(活版、三六修)　小　二　一四　九八

二　音　樂

(三)　絃　樂

琴學大意抄　[荻生雙松]　寫　阿　一　一四　九九

八雲琴譜　(異本)附出雲琴古曲六組　明治五寫　相　一　一四　一〇〇

西秦樂譜　山下松琴編　明治一二刊(木活)　相　一帖　一四　一〇一

四　能　樂

(一)　總　記

謠曲通解　存一巻(巻一)首一巻　大和田建樹　明治二五刊(活版)　一　一四　一〇二

(三)　謠　本

羽　衣　安永五刊　一　一四　一〇三

六　歌舞伎

戲子(やくしゃ)名所圖會　(繪入)三巻補一巻　(瀧澤解)(曲亭馬琴)　刊　阿　三　一四　一〇四

劇場漫錄　二巻　(默々漁隱)　文政一二序刊　阿　二　一四　一〇五

七　歷　史

一　總　記

(重撰)倭漢皇統編年合運圖　釋圓智編　慶長一六刊　二　五一九　五

(指掌)倭漢皇統編年合運圖　(訂補和漢合運圖)四卷(卷二缺)　(吉)田光由編　萬治三刊　五　一五　一
和漢年契　(高安昶)(蘆屋山人)編　荒井公廉補　安政二刊　小　一　一五　二
新撰繪入和漢洋年代記　德山純編　明治一三刊(銅版)　相　一帖　一五　三
新撰東西年表　井上頼圀・大槻如電編　昭和二刊(平版)　一　一五　四
正朔要覽　宮本和一編　昭和五刊(活版)　刊　一　一五　五

二　日本史

(一)　總記

(鼇頭挿書挍正)王代一覽　七卷後篇　林恕編　高田義甫注　西野古海校　(後)高田義甫・西野古海編　大關克校　明治六・九刊　阿　一四　一五　六
泰平年表　天文十一年至天保八年　(大野廣城)(忍屋隱士)編　寫　阿　四　一五　七
續々泰平年表　嘉永六年至安政元年　寫　阿　五　一五　八
新續泰平年表　安政二・三年　寫　阿　四　一五　九
安政年表　(新續泰平年表)安政二・三年　寫　阿　四　一五　一〇
同　安政五至七年　寫　阿　三　一五　一一
安政萬延年表　安政五年至萬延二年　寫　阿　七　一五　一二
文久壬戌年表　文久二年　寫　阿　四　一五　一三
(文久癸亥年表)　文久三年　寫　阿　四　一五　一四
武江年表　八卷　齋藤幸成(月岑)編　嘉永三刊　阿　八　一五　一五

(二)　通史

標記本朝通鑑　八一卷前編二卷附三卷　林恕(鵞峯)等撰　林昇校　大槻誠之・渡邊約郎刪　明治三〇刊　八四　一五　一六
續本朝通鑑　二三〇卷(有缺)　林恕等　寫　人　四〇　五一四　五
大日本史　二四三卷(卷二二一、二二二缺)首一卷目三卷　德川光圀等　寫　足　一二五　一五　一七
同　二四三卷　德川光圀等　嘉永四跋刊　求　一〇〇　一五　一八
同　同(後印)　阿　一〇〇　一五　一九
同　兵志六卷刑法志二卷　德川光圀等　(明治)刊　阿　三　一五　二〇
本朝通紀　前編二五卷後編三〇卷　長井定宗　元祿一一刊　阿　三〇　一六　一
皇朝史略　一二卷續五卷　青山延于(拙齋)撰　青山延光校　明治八刊　相　一〇　一五　二二
同　一二卷續五卷　青山延于撰　青山延光校　明治一〇刊(後印)　月　八　一五　二三
國史略　(題簽・訂正國史略)五卷　岩垣松苗撰　大屬杉苗校　明治六刊　五　一六　二
野史　二九一卷(二六二至二七〇、二七四、二七五缺)目三卷　飯田忠彥撰　飯田文彥點　竹中邦香校　明治一五刊(活版)　阿　九五　一六　三
日本外史　(川越版)二二卷　頼襄撰　保岡元吉校　明治一三刊　三　一六　四
同　二二卷　頼襄撰　頼又次郎補　明治一三刊(活版)　三　一六　五
日本政記　(拙修齋叢書本)一六卷　頼襄　刊(木活、拙修齋)　求　一〇　一六　六
同　一六卷　頼襄撰　頼又次郎補　明治一九刊(活版)　八　一六　七
國史攬要　一六卷(卷一至四缺)　棚谷元善　明治刊　月　六　一六　八
日本略史　(題簽・小學科本日本略史)三卷　石村貞一　明治一五刊　足　三　一六　九

(三)　時代史

古事記　(題簽・新刻古事記正文)三卷　太安萬侶奉勅編　刊　三　一六　一〇

同	(題簽・訂正古訓古事記) 三卷 太安萬侶奉勅撰 長瀬眞幸校 明治三刊(覆享和)	求	三	一六一一
同	(題簽・校定古事記) 太安萬侶奉勅撰 本居豐頴等注 明治四四刊(活版)	小	三	一六一二
古事記傳	四四卷(卷首缺)附三大考 本居宣長 (附)服部中庸 文政五刊	阿	四五	一六一三
古語拾遺	齋部廣成撰 渡邊重石丸點 明治三序刊	阿	一	一六一四
日本書紀通證	三五卷 谷川士清 寶曆一二刊	興	一三	一六一五
國史綜覽稿	一〇卷(以下未刊) 重野安繹等 明治三九刊(活版)	刊	一〇	一六一六
史料	(宇多天皇事記)二〇卷(卷一四至二〇缺) 塙保己一等編 (明治一七)刊(活版)	阿	四	一六一七
保曆間記	三卷 寛文一一刊	阿	三	一六一八
南山史	三〇卷 成島(良)讓撰 塚本明毅校 明治一四刊(活版)	阿	三	一六一九
近世日本外史	八卷 關機 明治九刊	月	六	一六二〇

(四) 雜史

(一) 一般

盛長私記	五一卷 寫	阿	五二	一六二一
謙信春日山日記	二五卷(卷一四至二五缺) (洛東隱士雲菴) 寫	求	三	一六二二
朝鮮征伐記	八卷 大河内秀元 天保九寫(穂積有定)	阿	二	一六二三
家忠日記增補	(享和元年校本)二五卷 松平忠冬 寫	阿	二五	一六二四
武德大成記	(寛政中大田南畝奥書本) 林戇(鳳岡)等 寫	阿	二〇	一六二五
烈祖成績	二〇卷 安積覺(澹泊)撰 服部敏等校 明治一一刊	阿	二〇	一六二六
東遷基業	三〇卷 佐久間健 寫	阿	一五	一六二七
武德編年集成	(拙修齋叢書本)九三卷 木村高敦 刊(木活、拙修齋)	阿	二五	一七一
大三川志	一〇〇卷附八卷 松平頼寛撰 松平頼亮校 寫	阿	五四	一七二
逸史	一二卷首一卷 中井積善(甃陰逸史) 嘉永元刊(懷德堂)	阿	三	一七三
(御撰)大坂記	一九卷 〔德川吉宗〕 寫	阿	五	一七四
慶元通鑑	(慶長三年至元和三年) 寫	阿	四	一七五
元寛日記	(元和元年至寛永二〇年) 寫	阿	一〇	一七六
寛永小說	(林信篤寫本) 寫	阿	二	一七七
憲廟實錄	(近藤守重奥書本) 柳澤吉保(松平保山) 寫	阿	七	一七八
天草軍記大全	二一卷 寫	阿	一〇	一七九
義士大觀	湯本誠(日南) 大正一〇序刊(活版)		一	一七一〇
後見草(あとみぐさ)	(明曆懲毖錄)三卷 龜岡宗山 寫	阿	五	一七一一
天明大政錄	全二卷 寫	阿	二	一七一二
大塩平八郎一件	寫		一	一七一三
筑波山	三卷 寫	阿	三	一七一四
風說萩之枝折	五卷 寫	阿	五	一七一五

○

古今珍談	一〇卷 寫	求	一〇	一七一六

(二) 地方

東都事蹟合考	(文久元年達摩屋五一奥書本)五卷 柏崎永以 寫	阿	五	一七一七
(增補)仙臺萩	二四卷 寫	求	三	一七一八
大友興廢記	二二卷 杉田宗重 寫	阿	三	一七一九

(三) 人物

古老軍物語 (題簽・古老物語) 六卷 萬治四刊 阿 六 一七 二〇

(近代正説)碎玉話 (武將感狀記) 一〇卷 熊澤〔正興〕(淡庵子) 〔正德六〕刊(後印) 阿 一〇 一七 二一

(中古正説)碎玉話 (題簽・續武將感狀記) 一〇卷 栗原信充 天保一五刊 阿 一〇 一七 二二

武隱叢話 七卷 寫 阿 七 一七 二三

常山紀談 二五卷拾遺四卷雨夜燈一卷 湯淺元禎(常山) 刊 阿 二〇 一七 二四

武林名譽錄 三卷 栗原信充(柳葊) 弘化三刊 阿 五 一七 二五

(四) 變災・事件

天貲(さい)米穀物價貨幣其外 小川晴城 明治二三寫(自筆) (足利藩小川晴城舊藏) 一 五一九 六

(五) 史論

(評註校訂)神皇正統記 六卷 北畠親房撰 河〔喜多〕眞彦校 慶應元刊(明治印) 阿 六 一七 二六

讀史餘論 一二卷 新井君美撰 萩原裕校 萬延元刊(菁莪塾) 阿 三 一七 二七

同 一二卷 新井君美撰 萩原裕校 明治二六刊(活版) 小 六 一七 二八

古史通 四卷同讀法凡例一卷 新井君美 寫 阿 五 一七 二九

保建大記打聞 三卷 谷重遠〔秦山〕 享保五刊 阿 三 一七 三〇

(六) 傳記

(一) 各傳

西山遺事 (德川光圀) 三卷 〔安積覺等〕撰 三木之幹等編 寫 阿 一 一七 三一

對山遺事 (德川賴宣) 二卷 寫 二 一七 三二

烈公遺事 二卷 寫 二 一七 三三

土津(はにつ)靈神言行錄 (保科正之) 二卷 横田俊益 寫 阿 一 一七 三四

悠久遺芳 (牧野忠精) 二卷 丸田龜太郎等編 昭和六刊(活版) 二 一七 三五

同 同 二 一七 三六

吉備烈公遺事 湯淺元禎 寫 阿 一 一七 三七

○

折たく柴の記 三卷 新井君美 寫 蓮 三 一七 三八

同 三卷 新井君美 寫 阿 三 一七 三九

白石先生年譜 (新井君美) 三田葆光 明治一四刊(活版) 阿 一 一七 四〇

○

高山仲繩逸事 内田周平 大正二刊(活版) 一 一七 四一

渡邊崋山忠孝血涙譚 渡邊知編 明治二五刊(活版) 相 一 一七 四二

蓼水五十年忌辰舊懷稿 〔書名題簽ニヨル〕(松田和孝) 松田直人編 明治四一刊(活版) 須 一 一七 四三

○

鍾情集 (邨岡美廉) 二卷 邨岡良弼編 明治三七刊(活版) 二 一七 四四

加藤弘之自叙傳 附加藤先生年譜・金婚式記事概略・追遠碑建設始末 同先生八十歳祝賀會編 大正四刊(活版) 一 一七 四五

近衛直麿追悼錄 〔書名版心ニヨル〕 室淳編 昭和八刊(活版) 刊 一 一七 四六

常磐の松 (石島德長) 石島德長編 昭和一二刊(活版) 刊 一 一七 四七

(二) 叢傳

君臣言行錄 八卷(卷五至八缺) 人見節等 明治三寫(湯澤政辰) 四 一七 四八

同 (雲龍寺所藏本) 八卷(卷一至四缺) 人見節等 文化六寫(畠田大年) 四 一七 四九

明徵錄　一〇卷　青山延于編　刊　阿　七　一七五〇

近世叢語　八卷　角田簡（九華）　文政一一刊（後印）　阿　四　一七五一

續近世叢語　八卷　角田簡　弘化二刊　阿　四　一七五二

前賢故實　（繪入）一〇卷　菊池武保（容齋）〔天保～慶應〕刊（明治印）　阿　二〇　一七五三

前賢故實私訓　一卷（以下未刊カ）　阪部孝禮撰　中里德基校　嘉永五序刊　阿　一　一七五四

名家畧傳　四卷　山崎美成撰　千賀春城訂　天保一三刊　阿　四　一七五五

責而者艸（せめてはぐさ）　三編各一〇卷第四編一二卷　澁井德章撰　近藤忠質校　刊（木活）　阿　四四　一七五六

有眞樓家乘　川口陳常・梨本璋編　明治四一刊（活版）　一　一七五七

○

先民傳　二卷　盧驥　文政二刊　阿　二　一七五八

皇朝儒臣傳　四卷　岡白駒　文化四刊　阿　四　一七五九

先哲叢談　八卷後編八卷年表一卷　原善〔胤〕（後・年）東條〔信〕耕　文化一三・文政一三刊　阿　九　一七六〇

○

先哲像傳　初輯四卷　原義胤（德齋）　弘化五刊　阿　四　一七六一

○

本朝遯史　二卷　林靖（讀耕子）　寬文四刊　阿　二　一七六二

扶桑隱逸傳　（繪入）三卷　釋元政　寬文四刊　（伏見誓願寺舊藏）　阿　三　一七六三

畸人傳　（題簽・近世畸人傳）（繪入）一五卷續近世畸人傳五卷　伴資芳（蒿蹊）　寬政二・一〇刊　阿　一〇　一七六四

○

諸家人物志　（古今人物志）　靑木宇千編　明和六序刊　一　一七六五

上野下野武藏下總當時諸家人名錄　（卷頭諸家人名錄）（隣柳齋山樂）編　文政八刊　相　一　一七六六

(四) 陵墓・墓所

山陵志　二卷　蒲生秀實　刊　蓮　一　一七六七

○

埋木花　（文久元年活東子達摩屋五一手校本）寫　阿　一〇　五九　三

(七) 系　譜

(一) 皇　統

歷代帝王世統譜略　全五卷（卷二缺）　伊藤長胤　寫　蓮　四　一七六八

纂輯御系圖　橫山由清・黑川眞賴編　明治一〇刊（元老院）　阿　二　一七六九

皇位繼承篇　（題簽・舊典類纂皇位繼承編）一〇卷附三種神器篇　橫山由清・黑川眞賴編　明治一一刊（元老院）　阿　六　一七七〇

(二) 諸　家

新撰姓氏錄　（訂正本）三卷　〔萬多親王等〕編　橋本稻彥校　文化四刊（後印）　阿　四　一七七一

○

尊卑分脈索引　吉川弘文館編　大正一三刊（活版）　一　一七七二

○

本朝武家評林大系圖　五卷　刊　阿　五　一七七三

新田足利源氏系圖　附幕下系譜　寫　一　一七七四

○

柳營譜略補解　寫　蓮　三　一七七五

柳營婦女傳系　一七卷　〔菊池彌門〕　寫　阿　一五　一七七六

(三) 家傳

藩翰譜　一二卷　新井君美　寫（朝川善庵・靑柳館文庫舊藏）　阿　一七　一七　七七

藩翰譜續編　一二卷　〔瀨名貞雄等〕　寫　阿　一三　一七　七八

續藩翰譜系　寫　阿　一三　一七　七九

○

南木誌　五卷　中山利質　刊　阿　五　一七　八〇

蒲生記　六卷　寫　阿　六　一七　八一

加賀藩史稿　一六卷　永山近彰撰　戸埼謙・戸水信義校　明治三二刊（活版）　刊　八　一七　八二

紅屋三翁二媼　紅屋三翁・紅屋二媼各一卷　塚本源三郎　昭和一〇刊（活版）　刊　二　一七　八三

(八) 史料

(二) 古文書

史徵墨寶第二編考證　帝國大學編年史編纂掛編　明治二二刊（活版）　三　一七　八四

同　同　三　一七　八五

(三) 記録

(一) 日記

槐記　山科道安　寫　阿　一四　一七　八六

(七) 外國關係

善隣國寶記　三卷　釋周鳳　刊　阿　三　一七　八七

異稱日本傳　三卷　松下見林編　元祿六刊（達摩屋五一舊藏）　阿　一〇　一七　八八

隣交徵書　三篇各二卷（存初編卷二第二篇卷一）　伊藤松（威山）編　伊藤鶴校　天保刊　興　二　一七　八九

駁戎慨言　二卷　本居宣長　刊（寛政八印）　阿　四　一七　九〇

○

遭厄日本紀事　一二卷　露・〔ゴロウニン〕（冗老尹）撰　馬場貞由譯　高橋景保校　寫　阿　九　一七　九一

辛酉高輪一條　附書翰類　寫　阿　四　一七　九二

三　外國史

(一) 東洋史

續十八史畧讀本　五卷（卷二缺）　宮脇通赫編　明治九刊　四　一七　九三

○

建州女直ノ始末　〔荻生〕觀　寫　阿　一　一七　九四

○

歷代荃宰錄　一〇卷（卷一、六、九缺）　〔林恕〕（鵞峯・法眼春齋）　寛文七刊　七　一七　九五

(二) 西洋史

泰西史鑑　三編各一〇卷（第三編卷九、一〇缺）　獨・物的爾撰　蘭・珀爾佪・西村鼎（茂樹）譯　明治二一一四刊（求諸己齋）　月　二八　一七　九六

八 地理

二 日本地誌

(一) 古風土記

常陸國風土記　西野宣明校　天保一〇刊(水戸藩)　一　一七　九七

(二) 通誌

人國記　寫　一　一七　九八

○

山水奇觀　全四巻後篇全四巻　淵上禎(旭江)畫　寛政一二刊　蓮　八　一七　九九

日本名山圖會　谷文晁畫　文化元序刊(後印)　阿　三　一七　一〇〇

○

郡名異同一覽　服部元彰・恩田啓吾編　明治一四序刊　一　一七　一〇一

同　同　一　一七　一〇二

○

諸國里人談　(繪入)五巻　菊岡沾涼　寛政一二刊　蓮　五　一七　一〇三

(三) 地方誌

(一) 畿内

山州名跡志　二二巻　釋白慧〔坂內直頼〕　正德元刊　阿　二〇　一七　一〇四

山城四季物語　(繪入)六巻　〔釋白慧〕(〔坂內〕直頼(山雲子))　延寶二刊　六　五九　四

京童　(繪入)六巻　中川喜雲　明暦四刊　阿　六　五九　四

都名所圖會　六巻拾遺四巻　秋里舜福(籬島)撰　竹原信繁(春朝齋)畫　安永九・天明七刊　阿　二　一七　一〇五

舊都巡遊記稿　全五巻　秋元興朝　大正七刊(活版)　五　一七　一〇六

河內名所圖會　六巻　秋里舜福撰　丹羽元國(桃溪)畫　享和元刊(後印)　阿　六　一七　一〇七

和泉名所圖會　四巻　秋里舜福撰　竹原信繁畫　寛政八刊　阿　四　一七　一〇八

攝津名所圖會　九巻　秋里舜福撰　竹原信繁畫　寛政八・一〇刊　阿　三　三三　五九

攝陽見聞筆拍子　六巻　はますうた國　寫　阿　三　五九　五

住吉名勝圖會　五巻　秋里舜福撰　岡田尚友(玉山)畫　寛政六刊　阿　五　一七　一〇九

(二) 東海道

東海道名所圖會　六巻　秋里舜福撰　岡田尚友畫　寛政九刊　阿　六　一七　一一〇

勢陽雜記　六巻　〔山中某〕　寫　阿　五　一七　一一一

伊勢參宮名所圖會　五巻附一巻　蔀德基(關月)　文化一三刊　阿　六　一七　一一三

三河國二葉松　五巻　佐野知堯等　寫　阿　五　一八　一

甲斐舊記　(甲斐名所圖會)前輯五巻　大森欽(快庵)撰　松井濤(渙齋)編　秋山復校　嘉永四刊　阿　五　一八　二

小笠原嶋記　附豆州大嶋之記　寫　阿　二　一八　三

七湯葉　(繪入)一〇巻(巻三至八缺)　(文聰主人)撰(弄花山人)畫　寫　阿　四　一八　四

江戸名所圖會　(東都名所圖會)七巻　齋藤幸雄(長秋)撰　齋藤縣麻呂・齋藤幸成校　長谷川宗秀(雪旦)畫　天保五・七刊　阿　二〇　一八　五

紫のひともと　(朱筆書入本)三巻　〔戸田恭光〕(茂睡)　寫　阿　三　一八　六

利根川圖志　六巻總圖一巻　赤松義知(宗旦)　安政二序刊　阿　六　一八　七

常陸國郡鄉考　(常陸誌料本)一二巻　宮本元球　萬延元刊　阿　三　一八　八

(三) 東山道

木曾路名所圖會 六卷 秋里舜福撰 西村中和畫 文化二序刊(後印) 阿七 一八 九
信濃地名考 (版心・科野名與勢)三卷 吉澤好謙 安永二刊 阿三 一八 一〇
標註科野佐々禮石(さざれ) 一四卷補一卷 立花(橘)鎭兄撰 渡邉敏注 大正二刊(活版) 三 一八 一一
善光寺名所圖會 五卷 豐田利忠撰 小田切忠近(春江)校 嘉永二刊 阿五 一八 一二
陸奥郡郷考 二卷 關元龍 天保五刊 阿二 一八 一三
鹽松勝概 二卷 岡千仭撰 岡濯編 明治二五刊(活版) 須二 一八 一四

(四) 北陸道

北越雪譜 (繪入)初編三卷二編四卷 鈴木牧之撰 岩瀬百樹(京山)編 岩瀬白鶴(京水)畫 天保一三刊 阿七 一八 一五
佐渡研究 第一至三號 青柳秀雄編 昭和八・九刊(活版) 三 一八 一六

(六) 山陽道

嚴島圖會 五卷嚴島寶物圖會五卷 岡田清撰 田中芳樹等校 天保一三刊 阿一〇 一八 一七
安藝備後兩國の風俗及び傳説 (藝備二州叢書第一編) 手島益雄 昭和五刊(活版) 一 一八 一八

(七) 南海道

紀伊國名所圖會 六卷後編六卷三編六卷 高市志友撰 武内華亭訂 西村中和畫 (後)加納諸平・神野易興撰 小野廣隆(琴泉)畫 (三)加納諸平撰 西村中和等畫 文化九・天保九・嘉永四刊 阿三 一八 一九

(九) 北海道 附 蝦夷

北海隨筆 寫 阿一 一八 二〇

(四) 遊覽・遊歴

(一) 遊覽

㊀ 案内記

常磐公園攬勝圖誌 二卷 松平俊雄 明治一八刊(後印) 相二 一八 二二
松嶋圖誌 櫻田周輔 文政四刊(明治二一印) 相一 一八 二三

(二) 遊歴

○全國

豐後日田紀行 石川忠總(敦高總輔) 寫 阿一 五一九 五
筑紫紀行圖志 (繪入)(天明六年) 五卷 (素言) 寫 阿五 五一九 四
羇旅日記 (天保三年) 平岡喜郷 天保三寫(自筆) (松本幸彦舊藏) 阿三 五一九 四

○東海道

東海道紀行 (享保十七年) (百里庵長洲) 享保一七寫(自筆) 阿一 五一九 五
(著作堂)羇旅漫錄 (繪入)六卷 瀧澤解(曲亭・馬琴・蓑笠・雨隱) 寫 阿七 一八 三三
伊豆日記 (寛政八年)(繪入) 三河口[多仲] 文化九序刊 阿三 二三 六五
同 (文化九年) (富秋園海若子) 文政四跋刊 蓮二 一八 二四
七湯夢巡日記 (慶應二年)(繪入) 六甲佐綱 寫(自筆) 阿三 五一九 五
須加村如來堂紀行 (嘉永元年) 釋悟海 嘉永刊 一 一八 二五

○中仙道

木曾の麻衣 (享保十五年)(繪入) 七卷 [立羽不角] 享保刊 阿七 五一九 五
甲信紀程 二卷 邨岡良弼 明治四三刊(活版) 二 一八 二六

○北海道

くぬかちの記 (陸路廼記)二卷 近藤芳樹 明治一三刊(宮内省) 相二 一八 二七

〇奥州・蝦夷

東遊雑記 (繪入)二六巻(巻二〇、二一缺) 古河辰 寫 阿 一八 一八 二八

奥羽蝦夷松前記 (繪入) 文政一二寫(中島孝周) 阿 二 五一九 六

蝦夷紀行 (繪入) 寫 阿 一 一八 二九

三 邊防・漂著

(一) 邊防

北島志 五巻 豐田亮 明治三刊(彰考館) 阿 四 一八 三〇

四 外國地誌

(一) 總記

三國通覽圖說 (天明八年刊本)(繪入)(巻頭說誤作記) 林子平 寫 阿 一 一八 三一

紅毛雑話 五巻(巻一、三缺) 森島中良 天明七刊 三 一八 三二

(三) 支那誌

唐土名勝圖會 六巻 岡田尚友(玉山)等撰并畫 (文化二刊(後印) 蓮 六 一八 三三

同 同(後印) 阿 六 一八 三四

(四) 世界誌

采覽異言 五巻附華夷變態抄 新井君美 寫 阿 一 一八 三五

(五) 漂流記

船長日記 (繪入)三巻附一巻 池田寛親(藍水) 寫 阿 四 一八 三六

(六) 見聞記

(一) 日誌

入唐記 (龍門文庫所藏高山寺舊藏平安末期寫本)一巻附解說・釋文 刊 二 一八 三七

(二) 見聞錄

釋心覺 (附)川瀬一馬 昭和三五刊(影印、活版)

清俗紀聞 一三巻 中川忠英 寛政一一刊 蓮 六 一八 三八

〇

環海異聞 (繪入)一五巻 大槻茂質(磐水) 弘化二寫(北爪尚卿・長谷川宗一) 九 五一九 五

同 (異本)(繪入)(文化元年)一〇巻 寫 阿 五 三一 一七

五 地圖

(三) 地方圖

甲斐國全圖 鶴峯彦一郎編 橋本貞秀(玉蘭)圖 慶應四刊 蓮 一鋪 一八 三九

伊豆國輿地全圖 鶴峯彦一郎編 嘉永二刊 蓮 一鋪 一八 四〇

相模國輿地全圖 鶴峯彦一郎編 刊 蓮 一鋪 一八 四一

武藏國全圖 菊池脩藏編 橋本貞秀圖 安政三刊 蓮 一鋪 一八 四二

安房國全圖 鶴峯彦一郎編 嘉永二刊 蓮 一鋪 一八 四三

上總國輿地全圖 鶴峯彦一郎編 塚田爲德圖 刊 蓮 一鋪 一八 四四

下總國輿地全圖　鶴峯彦一郎編　塚田爲德圖　嘉永二刊　蓮　一舗　一八　四五

常陸國常州十一郡全圖　刊　蓮　一舗　一八　四六

(四) 世界圖・外國圖

萬國暗射圖指南譜　羽山庸納編　明治一〇刊　須　一帖　一八　四七

九 政治・法制 附故實

一 總記

制度通　一三卷　伊藤長胤(東涯)　寛政八刊　阿　一三　一八　四八

二 政治

(一) 總記

(二) 政治論

政談評論　六卷　石崎某　寫(源賴篤)　阿　三　一八　四九

栗山上書　(勝海舟手校手跋本)　柴野邦彦(栗山)　寫　須　一　五一九　五

經濟問答秘錄　三〇卷　正司考祺　刊(木活、積溪堂)　阿　一〇　一八　五〇

三 詔令・宣命

(一) 詔勅

曆(ママ)朝詔勅錄　二卷　明治三六刊(活版)　二　一八　五一

四 法令

(一) 總記

(二) 公家

憲法志料　四卷第二篇六卷附索引　木村正辞編　明治一〇・一一刊(司法省)　阿　一〇　一八　五二

(二) 令

令義解　一〇卷(卷一、七缺)　清原夏野等奉勅編　塙保己一校　寛政一二跋刊　八　一八　五三

(三) 武家

(一) 中世法

御成敗式目　江戸初寫　足　一　五〇五　六

(二) 近世法

禁中并公家中諸法度　寫　足　一　一八　五四

裁許之式　寫　一　一八　五五

御規式書　(明和二年より)　寫　一　一八　五六

御觸書　(寛政元年)　寫　一　一八　五七

德川禁令考　九卷(以下缺)首一卷　菊池駿助等　明治一一・一三刊(司法省)　阿　一〇　一八　五六

○

(五) 外國

聽訟彙案　三卷　津阪孝綽(東陽)編　津阪達校　天保二刊　阿　三　一八　五九

五　官職

(二) 公家

(職原抄)　(正平・寛正・文明識語本)存一卷(卷下、首一葉缺)　北畠親房　室町末寫　足　一　五〇六　一

(同)　二卷　北畠親房撰　船橋秀賢校　正保二刊　二　一八　六〇

(職原抄注)　二卷(尾缺)　江戶初寫　足　一　五〇六　一

職原私抄　二卷(首葉缺)　寛永四刊(古活)　二　五〇六　一

職原抄私記　二卷(卷上本缺)　正保五刊　三　一八　六一

職原抄引事大全　存一卷(卷六)　植木悅　(萬治二)刊　一　一八　六二

有職問答　存一卷(卷三)　多々羅義隆問　三條西實隆答　(萬治二)刊　一　一八　六三

本朝官職備考　(題簽・官職備考)七卷　三宅帶刀　元祿八刊　阿　八　一八　六四

職官志　七卷　蒲生秀實　(天保六)刊(後印)　阿　六　一八　六五

職原擘要　(題簽・見返・掌中職原擘要)　速水房常編　弘化四刊　相　一　一八　六六

(五) 外國

唐官鈔　三卷　伊藤長胤(東涯)　寶曆三序刊　阿　三　一八　六七

六　補任

(三) 武家　附武鑑

城壘錄　寫　阿　二四　一八　六八

○

(袖玉武鑑)　文久二刊　一　一八　六九

(四) 明治

袖珍藩銘錄　荒木某編　明治二刊　相　一　一八　七〇

七　典例・儀式

(一) 總記

江家次第　二一卷(卷二原缺、一六缺)　大江匡房　承應二刊(後印)　阿　一九　一八　七一

禁祕抄釋義　二卷　關根正直　明治三四刊(活版)　小　二　一八　七二

名目鈔　刊　一　一八　七三

名目鈔(詳解)　傳・壺井(義知)(鶴翁)　寫　阿　四　一八　七四

黃門白石問答　二卷　新井君美(白石)問　野宮定基答　寫　(朽木文庫舊藏)　阿　五　一八　七五

光臺一覽　五卷　延享二寫(伊達賀生)　阿　五　一八　七六

(二) 皇室

(八) 大喪・服忌・觸穢・陵墓造營

國喪自言　新井君美　嘉永四寫(安原寛)　阿一　一八七七

(四) 諸禮 附書禮

四季草　(繪入)全四卷　〔伊勢貞丈〕　弘化三寫(女鹿宗城)　阿三　一八七八

(五) 年中行事・風習

公事根源〔集釋〕　三卷　松下見林　元祿七刊　阿三　一八七九
日次紀事　黑川〔玄逸〕(道祐)　寫　阿六　一八八〇
草偃和言　會澤安　嘉永五跋刊　一　一八八一

(六) 建築・調度

槖囊輻湊　(繪入)二卷附一卷　享和元寫　阿二　一八八二

(七) 装束・服飾

餝抄　(文明十八年・天正十七年奥書本)　土御門通方　寫　阿二　一八八三
野々宮公答荒井(ママ)筑後守問車服制度手記　新井君美(白石)問　野々宮定基答　元文三寫(小川某)　阿一　一八八四
(男官)装束要領鈔　二卷　壺井義知著　德田良方注　正德六跋刊　蓮二　一八八五
歷世女装考　(繪入)四卷　岩瀬百樹　安政二刊　阿四　一八八六
增補装束甲冑圖解　二卷附弓劍馬具圖解　關根正直　明治三五刊(活版)　小二　一八八七

一〇 經濟

一 總記

朱子社會法　山崎嘉(闇齋)　刊　求一　一八八八
經濟纂要　前集一二卷後集五卷續集三卷　靑木敦書(昆陽)　寫　(東條琴臺舊藏)　阿九　一八八九
經濟隨筆　仁橋本集　寫　阿一　一八九〇
報德記　八卷　富田高慶　明治一八刊(活版、農商務省、明治二三印、大日本農會)　八　一八九一

○

大日本租稅志　七〇卷(卷一至五〇缺)　野中準等編　明治一五～一八刊(活版、大藏省)　八　一八九二

二 度量衡

度量衡說統　六卷　最上德內　文化元刊　三　一八九三

三 貨幣

金銀圖錄　(繪入)(文化十年著者奉納本)　六卷附一卷　近藤守重(正齋)　文化七刊　足七　五一九　六
大日本貨幣史　(繪入)二〇卷三貨部附錄一三卷(紙幣部附錄缺)　吉田賢輔　明治九～一六刊(大藏省)　阿三三　一八九四

五 地方

(校正)地方落穗集 一四卷 東條〔信〕耕校 大月忠興增 明治三刊 阿 七 一八 九五

地方凡例錄 (校正本) 一一卷 大石久敬 慶應二刊(木活) 阿 二 一八 九六

舊典類纂田制篇 一〇卷附一卷 横山由清編 佐藤誠實校 明治一〇刊(元老院) 阿 二 一八 九七

二 教育

二 教訓

大和俗訓 八卷 貝原篤信(益軒) 刊(文化一二印) 阿 五 一八 九八

刪訂家道訓 二卷 貝原篤信撰 川島楳坪訂 明治一三刊(埼玉縣) 月 二 一八 九九

夜會記 (夜會乢記)四卷(卷四後半缺)〔正德五〕刊 阿 七 一八 一〇〇

羽陽叢書 八卷(卷八缺) 新貝卓次編 明治一五刊 阿 七 一八 一〇一

○

繪本忠經 高井伴覺(蘭山)撰 中島爲一(葛飾北齋)畫 天保五刊 一 一八 一〇二

六諭衍義大意 室直清(鳩巢) 天保一五刊 一 一八 一〇三

(增補廣類)願體俚諺鈔 九卷後編五卷 毛利瑚珀(貞齋) 享保一〇刊 阿 七 一八 一〇四

新語園 一〇卷 釋了意 天和二刊 阿 一〇 一八 一〇五

假名列女傳 (繪入) 八卷 〔北村〕季吟 刊(後印) 阿 八 一八 一〇六

女學範 二卷 江川翺負(大江賚衡) 明和五刊 阿 二 一八 一〇七

○

本佐錄 本多正信(ママ) 寫 一 一八 一〇八

○

爲人鈔 一〇卷(卷一鈔補) 寬文二刊 阿 一〇 一八 一〇九

○

赤澤常道著述魂の入替 (繪入) 赤澤常道 明治七序刊 阿 一 一八 一一〇

三省錄 三卷附言二卷後編三卷附二卷 志賀忍 天保一四・文久三刊 相 一〇 一八 一一一

四 教科書

(一) 往來物

日本蒙求 二卷 堤正勝 明治一四刊 月 二 一八 一一二

(三) 教科書

小學教育新編 五卷 西村貞譯編 明治一四刊 月 五 一八 一一三

小學日本文典 三卷 田中義廉 明治八刊 月 二 一八 一一四

同 同 月 二 一八 一一五

日本畧史 四卷 笠間益三 明治九刊 月 四 一八 一一六

支那史略 三卷附一卷 笠間益三 明治一二刊 月 四 一八 一一七

兵要日本地理小誌　三巻　陸軍兵學寮編　明治六刊　月　三　一八　一二八
小學道德論　松田正久譯　明治一三刊　月　二　一八　一二九
日本品行論　二巻　荒野文雄　明治一二刊　月　二　一八　一三〇
女子修身訓　阿部弘國　明治一〇刊（明治一四印）　月　二　一八　一三一
博物小學　三巻　永峰秀樹　明治一五刊　月　三　一八　一三二
幾何學教授書　九巻首一巻　六刊　米・エドワルド・ブルーク撰　中條澄清譯　明治一一　月　一〇　一八　一三三
小學化學書　三巻　ロスコウ著　市川盛二郎譯　明治一四刊　月　三　一八　一三四

三　理　學

一　總　記

博物新編譯解　四巻　大森秀三　（明治）刊　月　五　一八　一三五
（大森惟中）博物新編譯解　（增訂再刻本）　大森秀三　明治七刊　月　五　一八　一三六

二　天文曆算

天文圖解　（圖入）五巻　井口常範撰　梅華堂義雪圖　元祿二刊　五　一八　一二七

○

古曆便覽　（天正四至寛文九）　吉田光由編　刊　一　一八　一二八
（新撰）古曆便覽　（慶長元至寛保二）　釋元圭編　刊　一　一八　一二九
（增續）古曆便覽　（貞享元至寛政五）　中西敬房（如環）編　寛政元跋刊　足　一　一八　一三〇

○

大全塵劫記　一巻附一巻　山本安之進編　（附）小野友五郎編　嘉永七刊　一　一八　一三一
筆算題叢　二巻　靜岡算學社　明治六刊　月　二　一八　一三二

四　地　學　附鑛物

地文學初步　四巻　米・日刻氏撰　片山平三郎譯　明治一五刊　四　一八　一三三

五　物　理

物理階梯　（繪入）三巻　片山淳吉　明治五刊（文部省）　月　三　一八　一三四
改正增補士氏物理小學　三巻　英・ステワルト撰　小林六郎譯　明治一三刊　月　三　一八　一三五

六　化　學

（增訂）化學訓蒙　三巻　石黑忠悳編　（明治）刊　月　三　一八　一三六

七 博物

(一) 總記

改正博物階梯　三巻　須川賢久編　小澤圭二郎校　明治一五刊　月 三 一八 一三七

(三) 植物

草木圖說　前編二〇巻(巻六至二〇缺)　飯沼長順(慾齋)　安政三刊(筆彩)　蓮 五 一八 一三八

同　同(田中芳男・小野職愨補、明治八修、筆彩)　阿 二〇 一八 一三九

菩多尼訶經　附解說一册　宇田川榕(榕庵)編　昭和一〇刊(覆文政五)　一 一八 一四〇

三 醫學

一 總記 附史傳

皇國名醫傳　前編三巻　淺田惟常(宗伯)　刊(明治六印)　三 一八 一四一

先哲醫話　二巻　淺田惟常撰　松山挺校　明治一三刊　二 一八 一四二

二 漢方

(一) 總記

鍼灸備要　二巻　青山道醇　明治二〇刊(活版)　相 二 一八 一四三

同　同　二 一八 一四四

○

診家要訣　三巻　竹田公豐編　寛政五序刊　三 一八 一四五

○

丹水子　二巻　名古屋玄醫　貞享五刊　阿 一 一八 一四六

(四) 本草

(一) 總說

本草綱目啓蒙　(稿本)　小野職博(蘭山)撰　岡村春益編　寫　蓮 一九 五一九 六

大倭本草　(題簽・大和本草)　一六巻附二巻大和本草諸品圖一巻　貝原篤信　寶永六・正德五刊　阿 一〇 一八 一四七

物類品隲　六巻　平賀國倫撰　田村善之等校　寶曆一三刊　蓮 六 一八 一四八

同　同(後印)　阿 六 一八 一四九

(二) 藥性 附食治

庖廚備用倭名本草　一三巻　向井元升(觀水子)　貞享元刊　(濱松藩克明館舊藏)　阿 一三 一八 一五〇

諸菜譜　三巻首一巻　貝原篤信(益軒)　正德四刊(享保一九修、文化一二印)　阿 三 一八 一五一

(六) 雜

桃洞遺筆　(繪入)六巻附全三巻　小原良直　天保四・嘉永三刊　阿 六 一八 一五二

三 蘭方

健全學　三編　英ロベルト・ゼエムス・メン撰　杉田擴(玄瑞)譯　慶應三刊　月　六　一八　一五三

六　近代醫學

(三)　豫防醫學

養生論　(題簽・西洋養生論)二卷(卷上缺)附一卷　米コーミング撰　阿部弘國・横瀬文彦譯　明治六刊　須　一　一八　一五四

一四　産業

二　農業

農具古持籠　(題簽・農家必用田畑重寶記)二卷　飯塚生清　延享五刊　○　阿　二　一八　一五五

紅茶製法纂要　二卷　多田元吉　明治一一刊(勸農局)　須　二　一八　一五六

紅茶説　四卷　英哥羅尼爾摩尼撰　多田元吉譯注　明治一一刊(勸農局)　○　須　四　一八　一五七

花譜　三卷(卷上、卷下前半缺)　貝原篤信(益軒)　元祿一一刊　蓮　三　一八　一五八

同　同(天保一五修)　阿　五　一八　一五九

一〇　物産

日本山海名物圖繪　(山海名物圖會)五卷　平瀬某(徹齋)撰　長谷川光信畫　寶暦四刊　蓮　五　一八　一六〇

日本山海名産圖會　五卷　蔀德基(關月)畫　寛政一一刊　蓮　五　一八　一六一

日本産物志　(繪入)(前編)山城・武藏・近江・信濃各二卷美濃三卷　伊藤圭介　明治六～一〇刊(文部省)　二　一八　一六二

日本製品圖説　存淺草海苔一卷　高鋭一編　明治一〇刊(文部省)　相　一　一八　一六三

一五　藝術

一　總記

鑑定暗の明り　宮内孫八(素玄)撰　川瀬一馬校　昭和一三刊(活版)　一　一八　一六四

好古堂一家言　附好古菴夜話　中村作次郎　大正八刊(活版、昭和二印)　一　一八　一六五

二　書畫

(一)　總記

近世名家書畫談　二卷二編四卷三編二卷附明清名家眞蹟落款式　安西於菟　(三・附)安西虎　天保・嘉永刊(明治印)　阿　八　一八　一六六

新撰和漢書畫一覽　天明六刊　相　一　二五　一

同　天保六刊　相　一　二五二

本朝古今書畫便覽　河津山白編　二木鑒英補　文化一五刊　須　一　二五三

○

元明清書畫人名錄　二卷　彭〔城〕貞淵編　高孟彪(芙蓉)等補　安永六刊　蓮　二　二五四

清人藝林姓名捷覽　八集附一卷　玉置清之進(環齋)編　須原旻三校　明治一〇刊　蓮　二　二五五

○

古梅園墨談略抄　(口繪入)　松井元泰編　大正一五刊(活版)　一　二五六

(二) 繪畫

本朝畫史　五卷附本朝畫印　狩野永納　元祿六刊　蓮　六　二五七

皇朝名畫拾彙　五卷　檜山義愼　文政二刊　蓮　五　二五八

同　同(卷一、三缺)　相　三　二五九

畫乘要略　五卷　白井〔景〕廣　天保三刊　蓮　二　二五一〇

○

雪舟畫長卷　〔小田等楊〕(雪舟)畫　昭和五刊(玻璃版)　一　二五一一

探芳挹翠　金井時敏(烏洲)畫　明治二三刊(石版)　蓮　一　二五一二

曉齋畫譜　(題簽・曉齋樂畫)　河鍋洞郁(曉齋)畫　明治一四刊　相　二帖　二五一三

春山画譜　直江德太郎編　明治一三刊　相　一　二五一四

袖珍必携諸職畫譜　瀧澤清畫　明治一四刊　相　一　二五一五

花鳥畫譜　富田由二郎(雲峨)畫　明治一五刊　相　一　二五一六

素空公墨蘭畫存　山縣有朋畫　昭和四刊(玻璃版)　一帖　二五一七

○

圖繪名殿記　(繪本)　五卷　刊　阿　五帖　二五一八

名數畫譜　二卷(卷上缺)附一卷　原民聲(東野)編　刊　阿　二　二五一九

○

詩仙堂志　(繪入)　四卷　三橋成烈編　寛政九刊　阿　四　二五二〇

扁額軌範　(繪入)　第二編三卷附一卷　速水恆章(春曉齋)編　北川春成畫　文政四刊　阿　五　二五二一

○

畫本和歌浦　三卷(卷中缺)　〔高木貞武〕編　〔享保一九刊(寶曆五印)〕　相　二　二五二二

繪本高麗嶽　楠彥太郎(南仙笑楚滿人)撰　北尾重政畫　文政八刊(後印)　相　三　二五二三

在五中將傳記　(繪本)　三卷　刊　相　一　二五二四

(三) 書蹟

墨談　(題簽・米菴墨談)　三卷　市河三亥(米菴)　文化九刊(後印)　阿　三　二五二五

墨談續編　三卷　市河三亥撰　市河三千編　文政一〇刊　阿　三　二五二六

行書類纂　一二卷　關克明・關思亮編　天保四刊　阿　三　二五二七

○

〔大師正傳〕震旦書道　眞屋卯吉編　昭和三刊(凸版)　小　一　二五二八

○

〔楷行草書〕廣千字文　(題簽・見返・三體廣千字文)　市河三亥(米菴)書　文政元刊　相　一　二五二九

大久保公神道碑奉勅書　重野安繹(成齋)撰　日下部東作書　大正三刊(石印、昭和二印)　四　二五三〇

○

名家手簡　二集各二卷　山(內)晉(香雪)編　天保刊　蓮 四 二五 三一

(增續)書翰初學抄　四卷　延寶七刊　蓮 一 二五 三二

對照書札　(題簽・和漢對照書札)二編　星池泰編　文政四刊　蓮 一 二五 三三

○

武家用文章　刊　一 二五 三四

童蒙必携開化文章　四卷　(澂堂)撰　(波山)書　(明治)刊　月 二 二五 三五

書牘確證帝國文證大全　二卷　原田道義撰　伊藤(桂洲)書　明治一一刊　月 二 二五 三六

(五) 印譜

君臺官(印譜)　承應元刊　一 二五 三七

木堂先生印譜　橋本實朗編　昭和九刊(石印)　一 二五 三八

三 金石

(一) 金石學

陸奥古碑集　中村良之進編　昭和二刊(謄寫版)　刊 一 二五 三九

一六 諸藝

二 茶道

古今名物類聚　不全　尾形(惟允)(乾山)　刊　蓮 六 二五 四〇

四 華道

瓶史國字解　二卷　桐谷烏習　文化六刊　蓮 二 二五 四一

六 占卜・相法

重離疊变訣　(跋末一葉缺)　釋謙宗　室町末寫　足 一 五〇四 三

同　釋謙宗　江戸初寫　足 一 五〇四 三

重離疊變(訣)鈔　原存前半　江戸初寫　足 一 五一九 六

龍年筮林　寛永五寫　足 一 五〇六 二

○

(三國相傳陰陽輨轄簠簋內傳)金烏(キウ)玉兎集　五卷　安部晴明　(寛永)刊　足 三 二五 四二

簠簋抄　三卷　正保四刊　足 二 二五 四三

輔將策全書　寛文七刊　足 一 三三 七五

輔策日迻談　三卷 釋萬寧 寛文八刊　足 三 三三 七六

五位傳義　二卷 釋見拙 寛文六刊　足 二 三三 七

○

(白蛾先生鼇頭增補定本)易學小筌　新井祐登(白蛾) 明治九刊(大正九印)　小 一 二五 四四

同　同　小 一 二五 四五

占卜和鈔　八卷(意林庵) 元祿四刊　足 四 五二〇 三

初學擲錢抄　存六卷(卷三至八) 馬場信武 刊　足 六 二五 四六

○

家相秘傳集　(繪入)二卷 松浦琴鶴 明治二一刊　二 二五 四七

手相卽坐考　一卷續一卷 蘆塚齋撰 森靑吾校 刊(後印)　小 二 二五 四八

九 遊技

(一) 狩獵

小金ヶ原御狩記　(寛政七年)寫(正賢)　阿 一 二五 四九

一七 武學・武術

一 總記

止戈類纂　四三卷附圖錄 豐藤熟之 寫　阿 四五 二五 五四

三 武具

(一) 總記

愚得隨筆　(繪入)一〇卷附考三卷 日下部景衡 (附)伊勢貞丈 寫　阿 四 二五 五五

座右書　(繪入)七卷 伊勢貞丈 寫　阿 七 二五 五六

(三) 刀劍

古今鍛冶備考見出　天保六刊　相 一 二五 五〇

刀劍番附　清水澄編 大正九刊(活版、昭和一二印)　一 二五 五一

(九) 雜

六韜軍器圖　寫　一 二五 五二

九 火術

海岸砲術備要　(題簽・海岸備要)四卷附一卷 本木正榮譯編 布川通璞校 嘉永五刊　五 二五 五三

二 近代軍事

(三) 陸軍

明治三十七八年戰役感狀寫 四卷 寺内正毅編 明治三九刊(活版、陸軍省) 四 二五 二七

一八 準漢籍

一 經部

一 易類

周易〔抄〕 江戸寫 足 三 五〇九 一

周易集註鈔 二四卷首一卷 寛文元刊 一七 二四 一

筆記周易本義 一六卷筆記周易圖説一卷筆記讀易要領四卷 (中村之欽(惕齋)撰 增田謙之校 享保一六刊 求 八 二四 二

周易欄外書 一〇卷附一卷 佐藤坦(一齋)寫 一〇 二四 四

周易私斷 六卷首一卷 大橋正順撰 並木正韶補 大正七刊(活版) 六 二四 五

周易原論 渡邊千春 大正一〇刊(活版) 一 二四 六

歸藏 〔卜筮元龜ヲ注ノ中ニ加フ〕 文政一二寫 足 一 二四 三

卜筮元龜抄 存一卷(卷三) 刊 一 二四 七

二 書類

筆記書集傳 一二卷 中村之欽(惕齋)撰 增田謙之校 明和三刊 求 七 二四 八

同 一二卷 中村之欽 寫 七 二四 九

三 詩類

毛詩抄 二〇卷(卷一、二、四至一〇、一八缺) 清原宣賢 江戸初寫 足 六 五〇四 六

毛詩補義 一二卷(卷三缺)附一卷 岡白駒 延享三刊 小 九 二四 一一

〔陸氏〕草木鳥獸蟲魚疏圖解 四卷附一卷 淵在寛 安永八刊 阿 五 二四 一〇

五 春秋類

左傳賈服注攟逸 一二卷附一卷 重澤俊郎編 昭和一一刊(活版) 二 二四 一三

春秋經傳抄 存一八卷(卷一至一八前半) 釋元佶 江戸初寫(自筆) 足 一八 五一〇 六

春秋左氏傳標註 三〇卷(卷一七・一八缺) 大槻誠之 明治二六刊 小 一四 二四 一三

六 孝經類

孝經抄 釋希璞 江戸初寫 一 五〇四 三

孝經直解 (古文孝經)存一卷(卷一) 室町寫 足 一 五〇二 三

同 (古文孝經)存一卷(卷二) 昭和六刊(影室町寫) 一 一九 二

古文孝經抄 江戸初寫 一 五〇四 二

古文孝經孔傳纂疏 三卷 山中祐之 寛政七刊 足 三 二四 一四

孝經刋誤集解 (中村之欽)(仲欽)撰 增〔田〕謙〔之〕編 元祿一七刊 (寛政元印) 相 一 二四 一五

孝經述義 高橋宇之助(天民) 大正二刊(活版) 一 二四 一六

七 羣經・總義類

七經孟子考文〔補遺〕 周易一〇卷尚書二〇卷古文考一卷毛詩二〇卷左傳六〇卷禮記六三卷論語一〇卷古文孝經一卷孟子一四卷 山井鼎(崑崙)編 (荻生觀)(物觀)校 享保一六刊 三 五三〇 一

八 四書類

(一) 大學

大學鈔 外題 林信勝(羅山) 江戸初寫 一 五〇四 二

大學抄 (文政十一年庠主太嶺手識稿本) 寫 三 五三〇 三

(二) 中庸

中庸章句倭語鈔 八卷 小出立庭(永安) 延寶八跋刊 四 二四 一七

(三) 論語

論語〔鈔〕 (成簣堂叢書第十篇)一〇卷附論語抄解題 大正六刊(影印)(附)活版 六 二四 一八

かながきろんご 原存七卷(卷三至九) 川瀬一馬校 昭和一〇刊(活版、東、安田文庫) 一 二四 一九

論語集說 六卷 安井衡 明治五刊 小 六 二四 二〇

論語祕本影譜 斯文會〔長澤規矩也〕編 昭和一〇刊(玻璃版、東、斯文會) 一 二四 二一

(四) 孟子

孟子古義 七卷 伊藤維楨 享保五刊 三 二四 二二

孟子浩然章 人見活編 寫(自筆) (鄉土資料所屬) 一 二四 二三

講孟劄記 四卷 吉田〔矩方〕(松蔭)撰 角田貫次校 昭和八刊(謄寫版) 三 二四 二四

孟子辯正 存一卷 石井光致 天保一一序刊 (鄉土資料所屬) 一 二四 二七

(七) 四書

四書訓蒙輯疏 (題簽・四書輯疏)二九卷 安〔部井〕褧 嘉永元刊(會津藩) 阿 三〇 二四 二五

四書章句集註抄 大學章句抄(缺)中庸章句抄(缺)論語集註抄二〇卷孟子集註抄一四卷 承應二刊 二四 二四 二六

四書序考 全四卷 寬文七刊 四 二四 二八

二 史部

一 正史類

史記抄 (桃源抄・幻雲抄亂綴) 釋桃源・壽桂 江戸初寫 足 一六 五二一 三

四 別史類

〔立齋先生標註〕十八史略讀本 七卷 元曾先之編 明陳殷音釋 王逢校 大賀富二補 今井匡之校 明治一五刊 小 七 二四 二九

三 子部

一 儒家類

孔子家語〔增注〕 一〇卷 太宰純 文化一一刊 蓮 五 二四 三〇

荀子斷 四卷 冢田虎 寬政七刊 阿 四 二四 三一

〔劉向〕新序〔纂註〕 一〇卷附考一卷 武井驥撰 山口基等校 文政五序刊 阿 四 二四 三二

〔劉向〕說苑纂註 二〇卷 關嘉 寬政六刊(興讓館) 阿 一〇 二四 三三

說苑考 二卷 桃〔井〕源藏 寬政一〇序刊 蓮 一 二四 三四

揚子法言〔增註〕 一〇卷 桃〔井〕源藏 寬政八刊(後印) 阿 四 二四 三五

近思錄講習日記　一四卷(卷三缺)　伴部實崇・八重垣某編　寶曆八寫(川嶋長與)　五　二四　三六
小學句讀集疏　一〇卷　竹田定直撰　松岡玄達編　明治一六刊(二一印)　小　五　二四　三七
大學衍義考證　八卷　〔中村〕明遠　寫　明　八　五三〇　四
傳習錄(欄外書)　三卷　佐藤坦(一齋)撰　南部保城編　明治三〇刊(活版、三六修)　小　三　二四　三八

二　兵家類

孫子折衷　一三卷附一卷　平山潛撰　平山隆富校　明治一七刊　小　八　二四　三九

三　法家類

韓子解詁　二〇卷末全二卷　津田鳳卿　(文化一四)刊(後印)　求　一〇　二四　四〇
同　同(嘉永七印)　阿　一〇　二四　四一
棠陰比事加鈔　三卷　刊(寬永二印)　阿　八　五三〇　四

五　醫家類

(新刊素問入式)運氣論奧(口義)　(運氣抄)二卷　(可敬叟玄琰)　寬永一二跋刊　二　二四　四二

七　術數類

(五)　相書・命書

三世相抄　一二卷　釋　冉　寬文七刊　三　二四　四三

八　藝術類

(一)　書畫

內閣秘傳字府純粹鈔　卷一首誤作格　七卷(卷五缺)　釋亮正　延寶七刊　六　二四　四四

一〇　雜家類

(五)　雜纂

(標題徐狀元補注)蒙求(箋注)　三卷　岡白駒　安政五刊　小　三　二四　四五
(標題徐狀元補注)蒙求抄　一〇卷(卷二缺)　寬永一五刊　足　九　二四　四六
蒙求詳說　一六卷　宇都宮由的　天保二刊　七　二四　四七
故事俚諺繪鈔　一四卷　毛利虛白　元祿三刊　相　六　二四　四八
蒙求官職考　三卷　林(信勝)(羅山)　明曆三刊　阿　二　二四　四九

一四　道家類

老子鬳齋口義(諺解)　二卷(上之二至三、五缺)　山本洞雲　延寶九刊　七　二四　五〇
(音釋文段批評)莊子鬳齋口義大成俚諺鈔　五卷(以下缺)　毛利(虛白)(貞齋)撰　毛利瑚珀校　刊　五　二四　五一
老子(集說)　渡正興　明治四五刊(活版)　一　二四　五二
莊子抄　室町末寫　足　六　五〇四　五
和語陰隲錄　文政元刊　蓮　一　二四　五三

四　集部

二　別集類

〔杜律集解私考〕　江戸初寫　足　一　五三〇　四
杜詩抄　(殘本)　釋永瑾　江戸初寫　足　一一　五〇七　二
山谷詩集注抄　二〇卷　〔釋智翃〕　寬文三刊　足　二〇　二四　五四
帳中香　二〇卷(卷一、一〇缺)　釋萬里　室町末寫　足　九　五〇七　六

〔山谷略抄〕 零本 江戸初寫 足 一 五二〇 四

蒲室集抄 釋壽桂 天文寫 足 四 五三 四

三 總集類

唐賢絶句三體詩法抄 末一葉缺 江戸初寫 一 五二〇 五

三體詩鈔 零本(存序、卷上秋思至鄴宮) 江戸初寫 二 五二〇 三

同 (三體詩素隱抄・增註唐賢絶句三體詩法) 一三卷 (存卷二之三・四) 釋素隱 刊 二 二四 五五

鼇頭増注文章軌範 七卷首一卷續文章軌範七卷首一卷 元謝枋得編 (續)明鄒守益編 明李廷機注 森立之増 大槻修二・久保吉人訂 明治一二刊 小 六 二四 五六

文章軌範講解 七卷(卷二、七缺) 森立之 明治一一刊 相 四 二四 五七

典故詳解文章軌範釋語明辨 二卷 淺井量藏 明治二〇序刊(銅板) 二 二四 五八

〔江湖風月集注〕 存一卷(卷上・末缺) 江戸初寫 足 一 五二〇 三

〔新編〕江湖風月集略註 二卷(卷上缺) (天秀道人) 寛永七刊 一 二四 五九

同 同(後印)(書入本) 二 二四 六二

同 二卷(有缺葉) (天秀道人) 寛永九刊 足 四 二四 六四

同 同(卷下缺) 一 二四 六五

同 (鼇頭本) 四卷 (天秀道人) 刊 四 二四 六一

同 同 四 二四 六〇

同 同(卷一、三缺) 二 二四 六三

江湖風月集〔抄〕 零本(存原集卷上前半) 江戸初寫 一 五二〇 四

〔魁本大字諸儒箋解〕古文眞寶抄 (版心・古文抄) 一〇卷 寛永七刊 足 五 五二〇 四

明七才子詩集國字解 二卷(卷一缺) 木蟠子虬 明和五刊 一 二四 六六

四 尺牘類

滄溟先生尺牘考 三卷 高克明 明和五刊 三 二四 六九

五 詩文評類

文家金丹 二卷 清魏禧撰 土屋弘編 明治一三刊(後印) 小 一 二四 六八

後記

長澤規矩也

一　蔵書の源流

足利学校の蔵書中最古のものは、唐本にあっては南宋初覆北宋刊本新唐書、和本にあっては応安五年写本の周易傳である。しかるに、周易傳は文明九年（一四七七）釈大奇の寄進にかかるので、永享（一四二九—一四四一）から大永五年（一五二五）にかけての関東管領上杉憲實・憲忠（原名龍忠）父子および、憲忠の早死後、これを継いだ弟房顕の跡を継いだ、房顕の妹の夫房定の子顕定の養嗣となった憲房（憲實の長子周清の子）三代の寄進が学校蔵書最古のものというべく、この点からも、足利学校の起源を上杉氏のときまでに求めることもできる。しかし強いていえば、上杉氏のときまでに、学校古伝の蔵書が全部散亡してしまっていたため、上杉氏がこれを嘆いて、古書を寄進して、学校を再興した、という仮説も考えられぬことはない。上杉氏三代の寄進本は次の九部で、新唐書の発見によって外にもあったと想像される。

上杉憲實寄進本

尚書正義　八本　宋刊八行本元修本
毛詩註疏　三〇本　宋建安劉叔剛刊十行本初印本
禮記正義　三五本　宋刊八行本後修本
春秋左傳註疏　二五本　宋建安劉叔剛刊十行後修本
新唐書　二二本　南宋初年覆宋嘉祐刊本

上杉憲忠寄進本

周易注疏　一三本　宋刊八行本

上杉憲房寄進本

後漢書　二〇本　明正統刊本
孔子家語句解　二本　古写本

上杉憲房遺命寄進本

十八史略　二本（後改装一本）　明初刊本

蔵書の第二類は、室町時代における僧俗の寄進本であり、この中には、南宋刊本周禮・応安五年写本周易傳・長享二年写本孟子註疏解經・元天暦元年刊本禮記集説・古写本周易のように現存するものもあれば、元刊本禮部韻略・古写本書經集傳音釋・元刊本小學書解のように、伝を失ったものもある。

第三類は、歴代庠(しょう)主（学校長の意）の手写遺愛の書で、現存の古書中にも少なくなく、中には確証がないもののもあるはずである。たとえば、論語集解五冊・七書講義一〇冊のごときは前者で、九華が北條氏政から賜わった南宋明州刊後修本文選をはじめ、旧刊本の莊子鬳斎(けんさい)口義(くぎ)・蒲室集や、古写本の古文尚書・毛詩鄭箋・帳中香などが後者で、現存の旧刊本東坡先生詩・古写本古文孝經直解・同周易・同南華眞經注疏解經二部などもこの類に属するであろう。またこの類に属するもので、今日伝存しないものには次の各書等がある。

宋嘉定六年三衢江公亮刊本　春秋經傳集解　一〇本
元至元二年翠巖精舍刊本　周易會通　八本
明天順中游明刊本　史記　一五本
旧刊本　春秋經傳集解　一五本

存否両様の書を通じて、この第三類のものは非常に多く、江戸期まで入れると相当の部数に上る。

第四類は、徳川家康が賜わったもので、元佶手沢本ともいえる。

明嘉靖刊本　律呂解註　二本　存
明正徳九年愼獨齋刊本　史記索隱　一五本（存一本）
明嘉靖刊本　唐詩正聲　四本　存
朝鮮明嘉靖刊本　韓文正宗　二本　亡
慶長五年刊古活字印本　黄石公三略　一本　存
同　六韜　二本　存前半
慶長十年刊古活字印本　東鑑　五二本　亡
古活字印本　孔子家語　四本　存
同　貞觀政要　八本　存

等である。

第五類は、近郊出身の儒者人見家累代の寄付本で、現存の写本續本朝通鑑・菅家文草等がこれに属し、本朝通鑑七〇冊、竹洞集七冊、雪江集一〇冊、桃源集六冊等は散亡した。

第六類は學山録等の著者である中村蘭林（藤原明遠）の遺言によって、子藤二郎が宝暦十一年（一七六一）に学校に寄進したもので、宝暦十三年、庠主千溪は、藤二郎あて請取書を出し、学校印を押して秘蔵し、子孫の返却要求にも応じないといっている。この一件に関しては、寄贈書目も納入に関する記録も伝存している。目録には四十九部となっていて、名山藏詳節や大學衍義考證のような自著、漢魏叢書四十六冊・玉海一百冊・杜氏通典四十冊・明文翼運三十二冊事纂三十冊のような大部の書冊もはいっているが、老學庵筆記・創業起居註・書疑・考工記解・禹貢論の五部は「未納」と朱書してあり、またこの寄進本中にも、明治初年に栃木県から書籍館へ寄贈されたため、国会図書館に現存するなど、本館に伝わっていないものがある。

第七類は江戸時代における僧俗の寄進寄置本であり、油小路隆定の孝經大全・性理大全等、土井遠江守の國朝獻徴録、尾州侯の群書治要などの公卿大名をはじめ、安達修の市隱草堂集・南風草・東海游嚢、松村延年の梅岡詩集・柴海紀行・幼公遺稿のごとく、儒者詩人が自著家刻書を寄進したりしたものもあるが、隣接の都会地桐生の商人長澤仁右衛門郷純のごとく、写本大日本史一一五本・刊本鎌倉誌一二本その他を特に寄進したものもある。

第八類は旧足利藩学求道館の旧蔵書で、これは、維新の際に、藩主戸田忠行が学校管理を委任されたため、この藩学の書を寄進し、そのまま学校に残されたもの、この中には藩学の常として一般書が多い。この中に、藩主個人の蔵書もごく少し含まれている。

第九類は亙理の郷学日就館の蔵書で、これは藩が併合されることになったため、蔵書中の大部冊のものを明治二年に学校へ寄進したのであった。

第十類は阿由葉勝作の寄贈書約五百部で、これはその子鍋造が買い集めた古書、その遺言によって父が子の一周忌に寄贈したものである。この中には今では容易には入手しがたいものが多い。

第十一類は、当地の画家田崎草雲の白石山房の遺書で、明治三十七年、その画屋保存の会蓮岱会から画幅などとともに寄贈された。

第十二類は、明治初年以来の本学の遺跡保存の功労者であった相場朋厚の遺書で、明治四十四年にその遺族から寄付されたもの。

第十三類は、昭和二十三年須藤宗次郎寄付の古書で、勝海舟手抄手澤雑著とか、大田南畝手写の大學章句合釋文とかが含まれる。

第十四類は、本館書記であった興津壽男、嘱託であった須永弘の随時の寄贈書。

第十五類は、明治以来、本学の名を慕って、著者または刊行者が本館に寄贈したものである。

詳しくは雑誌「書誌學」（新一・三・五号）参照。

二　蔵書の内容

本館の蔵書の中で学術上特に貴重なものの一は五経の注疏である。五経とは儒学の最もたいせつな五部の聖典で、周易（易經）・尚書（書經）・毛詩（詩經）・禮記・春秋をいい、漢代に五経として取り上げられたが、もとは必ずしも儒学の書物ではなかった古書である。漢末になって、言語の変遷のために、これらの古書の表現が学徒にわかりにくくなったので、語句の解釈の書物が作られたが、これが注である。その後伝写の結果、各経の字句に異同を生じまたさらに注の表現もわかりにくくなったゝめ、注の注釈すなわち疏ができた。唐初に天下が一統されて、経書を官吏登用試験の資料として使うようになって、字句の解釈の異同が、試験官・受験生の両方にとって不便となったから、太宗は顔師古に命じて字句の校訂をさせ、ついで孔穎達に命じて、世上伝来の注解釈の一を選んで、これを説明する疏を作らせた。このときにできた疏は、政府が認めた標準の解義であるというので、完成したときに「正義」と名づけられた。ところで、この正義は、北宋のころまで、経注と別行されていたが、南宋初年に、読者の便をはかるために、経注本の該当部分に疏の文を配した注疏本ができた。これが本館に伝わる周易注疏・尚書正義（実は注疏本）・禮記正義（同上）で。その以前の疏だけのテキストを単疏本とよぶ。単疏本の写本はわが国に多く伝わっているが、この最初の注疏本はわが国には他所に伝存せず、ことに周易は、この注疏本の中で最初に出版されたもの、しかも初印本（第一次印本）に近く、宋人の自筆奥書もある。乾道・淳熙間の刊本か。序目が欠けたのは惜しい。鐵琴銅劍樓に後印本があった。禮記には紹熙二年（一一九一）、三山の黄唐の跋があり、尚書・禮記には補刻があるが、禮記も共和国伝存本よりは早印である。

注疏本ができて、学者はこれを便としたが、坊間では、唐初陸徳明が作った經典釋文（けいでんしゃくもん）をさらに分合し、こゝに付釈音本ができた。世に伝わる明正徳十行本はこの系統で、正徳十行本は宋刊本の元明修本と誤認され。清の阮元の十三經注疏挍勘記にも使われたが、実は本館に伝わっている毛詩がこの祖本で、正徳十行本は元覆宋刊明修本である。同版本の存在は世界に知られず、しかもこれは初印本である。周易注疏とともに、本館所蔵本中最も貴重視すべきものである。なお付釈音本にはこのほか、民国に尚書（惇字欠筆）九州に巾箱本尚書が伝わっていて、この三種のうちどの注疏が最初に釈文を入れたものであるかははっきりしていない。本館所蔵の春秋左傳註疏もこの系統であるが、これには宋末の補刻がある。

新唐書は百衲本の底本となった、静嘉堂文庫所蔵本と同種本で、欠本ながら、その欠を補うことができる。

次に、本館には、清国の学界を驚かした論語義疏および古文孝經孔傳というものがある。論語は寛延三年（一七五〇）根本遜志の校本、孝經は享保十七年（一七三二）太宰純（春臺）の校本が出版され、清国に伝わって有名になつたものであるが、いずれも原本の真を伝えてはいない。論語は刊写の伝本皆宋の邢昺の疏を含み、孝經は足利本によってはいない。孝經は林秀一博士によれば、邦人が隋の劉炫の孝經述義を基礎に、邢昺の正義を加えて、巻一直解、巻二正義、巻三経伝に分けて作った三巻本の直解の、巻二の大部分を失った欠本だということである。

第三は前二種にも増して価値がある、本館のみの佚存書、つまり隣邦に伝を失い。本邦にのみ伝わつた漢籍で、宋の李中正の周易傳六巻の南北朝写本、巻末に嘉定十三年（一二二〇）の董洪の跋があり。南宋刊小字本をそのまま写したもの。応安五年（一三七二）および文明九年（一四七七）の奥書がある。第四はこのほかの宋刊本で、周禮十二巻は南宋巾箱重言重意本、すなわち官吏登用試験の受験生用に、同文および同意の文の他経に見えるものを注した本。文安六年（一四四九、宝徳元年）砭愚の墨書、巻末に文化十三年（一八一六）狩谷棭齋・近藤正齋の手跋がある。文選は明州刊本で、版本としては他にも伝本はあるが、金澤文庫旧蔵本北條氏政が九華を引き留めるために取寄せて与えたというもの。北條の虎印と九華晩年の奥書とがある。

第五種ともいうべき、その他の古刊唐本の中の貴重なものには、わが国に広く行なわれた十八史略の明初刊本がある。二巻本で、本文が通行本と異なっている。また、元の天暦元年(一三二八)、鄭明徳刊の禮記集説の初刻本がある。禮記の新注で、元の陳澔の撰、延徳二年(一四九〇)および天文二十二年(一五五三)の奥書(一牛および九華)がある。これは他にも伝本はある。

第六種の古写本の中では、南華眞經注疏、これも佚存書、文化十三年、市野迷庵および近藤正齋の手跋がある。室町末期、易学で知られた足利学校だけに、本館には易の古注は二部、そのほか、古文尚書・毛詩鄭箋(二部)・禮記・孟子・老子などがある。

第七種として室町末期から江戸初期の国字解が多い。刊本のほか、写本に、周易抄・毛詩抄・春秋經傳抄・孝經抄・古文孝經抄・史記桃源抄・史記抄・莊子抄・杜詩抄・帳中香・山谷略抄・蒲室集抄・三體詩鈔・江湖風月集抄がある。

このほか、朝鮮および江戸初期の活字本がかなりある。

また、明治以降入蔵の書物の中には、西鶴の胸算用の原刻本、自笑・其磧の争いの一資料となる正徳二年以前刊行の浮世草子の忠臣略太平記、自筆稿本の羇旅日記・東海道紀行・七湯夢巡日記・磋磨詞鏡などがある。

三　学校の略史

足利学校の創設については、古く(1)小野篁の草創にかかるという説をはじめ、(2)国学の遺制であるという論、(3)足利義兼の創建という説、(4)上杉憲實の建設という説などがあるが、定論とはなっていない。

しかし、小野篁については、早く篠崎維章(東海)が東海談に、文徳天皇實錄によって、かれが陸奥守には任ぜられたが、下野守に任ぜられたことがないとした。要は、古く足利の人たちが、歴史を古くしようとして付会したものであるし、国学の遺制という説も、確証がなく、前者と同じような考えに発したものらしい。義兼説は東海談に始まり、明治以降の史家によっても主張されているが、義兼が足利の文化を振興したことは事実であるとはいえ、この説も所拠の日本洞上聯燈錄などが後世のものであるので、にわかには信ぜられず、足利庄での写本というものがあっても、それをただちに足利学校と結びつけるわけにもいかない。憲實説については、憲實が学校に宋版を寄贈したことは事実であるが、創立に結びつけることにも異説が出る。ただ早くて義兼、おそくて憲實という仮説は考えられる。

憲實のとき、鎌倉から僧快元が招かれて初代庠主となり、室町時代には漢唐の儒学、特に易について学校に学んだ僧は多く、第七世庠主九華に至って文運ますます振るい、天海も来学した。第九世三要は、豊臣秀次・徳川家康の信任厚く、家康の命によって伏見版を出版した。この後、学校は徳川家の信任をえて、寒松・睦子あとを継ぎ、御朱印を賜い、寛文七年(一六六七)に、幕府の力で今の聖廟ができ、その後も修築の経費を賜わった。宝暦四年(一七五四)の雷火で方丈庫裡焼失、旧記を失い、古い歴史が不明となった。安永・寛政・享和・文化・文政とたびたびの修理を経たが、防災のため、享和元年(一八〇一)に文庫を旧位置から南へ十間移したので、天保二年(一八三一)・文久二年(一八六二)の火事にも聖廟文庫は類焼を免れた。庠主は将軍の運勢を占って幕府に献じ、民間人の求学求占にも応じて、来学の僧俗も多かった。

維新の際に、藩士相場朋厚、京都にあって足利学校の復興を朝廷に願い出て、藩主戸田忠行管理にあたり、藩学求道館を併合して、士民を教育したが、廃藩によって明治五年、学校は蔵書とともに栃木県に引き継がれ、校舎は小学校となった。これが今の東小の前身である。九年、校舎改築、足利町民の切願によって蔵書が県から返却され、ついで有志の力で遺跡保存の議が熟し、十四年、学校保護委員が置かれ、孔子祭典(釋奠(せきてん))復興、三十年遺蹟保存会設立、三十六年に遺蹟図書館が開設され、今日の基となったのである。

最後に

本目録の編修については館員諸氏その他、出版については足利銀行の頭取藤松正憲氏をはじめ各位、足利駐在の下野新聞の三浦氏、読売新聞の栗垣氏、NHKの猪瀬氏、その他諸氏の多大のご尽力をえたことをしるして、謝意を表する。

○

新発見の新唐書については「書誌學」新六号参照。

史跡足利学校新収古書分類目録

凡　例

一、この目録には、平成二十年十二月末日現在に本校が所蔵する和漢の古書を収録する。ただし、昭和四十一年に刊行された『足利學校遺蹟圖書館古書分類目錄』（旧目録）に収録されたもの及び文書資料や藝術作品と見做される法帖・絵図等は除き、後者は、平成十一年三月に刊行された『史跡足利学校関係資料調査報告書』に収録されている。

二、古書とは、東洋古来の装訂及び方法によって誕生したもので、原則として、用紙の片面に書写或いは木版又は活字で印刷され、それを外表に折って、表紙を加えて、切り口の方を糸で綴じたものである。

三、目録本文の記述は、旧目録と同様、内閣文庫（国立公文書館）のそれに準じ、旧目録の凡例に示すとおりであるが、以下のように、変更を加えた部分もある。

・分類では、国書・近世小説の末に「實錄」の項を加えた。

・配列では、日本人による漢籍の注釈書である「準漢籍」を国書に附載せず、底本となった漢籍の分類に従い、中国人の著述に続き記述した。

・出版事項では、出版地・出版者及び出版年月の判明するものは、それを附記した。

また明治期の刊行物で、版権免許の期日しか記載されず、実際の刊行期日が記載されていないものは、「(版権免許の期日) 以後刊」とした。

なお、目録本文中に単に「刊」又は「寫」とのみ記述したのは、江戸時代の我が国の刊本又は写本であることを示している。

四、目録本文に使用する文字は、原則として旧字体を使用したが、実際の資料の表記が旧字体とは限らない。また、万葉仮名は、平仮名に改めた。

五、分類表は、本目録に該当する図書のないものも含め、全体を掲げた。

六、目録下段の数字は、冊数及び請求番号である。なお、冊子以外の形態（帖・軸・枚・鋪）の資料については、その旨附記した。

七、所載書が蔵書印を持つ場合は、本目録末の「蔵書印番号表」で、其の印影は「蔵書印印影一覧」で示した。それ故、目録本文の旧蔵者欄には、主として蔵書印がなく、書き入れ等で知られる場合のみ注記した。

八、※以下は、編者の注記である。

九、巻末の書名索引は、旧目録の編纂基準に従い、新・旧両目録に所載される全ての書名を対象とした。

史跡足利學校新收古書分類目錄

漢　籍　含準漢籍

一　經　部

一　易　類

書名	内容	冊數	請求番號
周易正文	二卷周易略例一卷（佐藤又太郎舊藏） 葛山壽［葵岡］・萩原萬世［大麓］點 長井昌純等校 寛政四、五刊（後印、江、玉巖堂和泉屋金右衛門等）	二	1
周　易	（周易古註）九卷周易略例一卷合一〇卷 魏王弼・晉韓康伯注（略）魏王弼撰 唐邢璹注 井上通熙（蘭臺）校 寶曆八、一一刊（江、前川大左衛門・須原屋茂兵衛）	五	2
易　經	（片假名附訓本）二卷 慶應三刊（江、一貫堂）	二	3
周易卜子夏傳	一一卷 小林珠淵校 天明三序刊（江、西村源大、須原屋茂兵衛）	六	4
周易經傳	（書入本）二四卷（存卷八―一一） 宋程頤撰 朱熹本義 釋玄昌點 慶安元刊（覆寛永四、京、八尾助左衛門）	一	5
同	同（存卷二二―二四・首一卷）	二	6
周易［傳義］	（再刻頭書易經集註）（元治補刻）二四卷首一卷 宋程頤撰 朱熹本義 ［松永］昌易首書 元治元刊（明治印、大、岡島眞七等）	三	7
周易［本義附錄纂註］	（通志堂經解本）二卷又一三卷（版心合作一五卷） 元胡一桂撰 清納蘭成德校 文化一一刊（官版）	四	8
周易本義通釋	（通志堂經解本）二卷又一〇卷輯錄雲峰文集易義一卷 元胡炳文撰 清納蘭成德校（輯）清胡珙編 亨和二刊（覆清、官版）	七	9
易學啓蒙	（首書評註本）二卷（版心作四卷）（南總齋藤岩次郎舊藏） 宋朱熹 寛文九刊（延寶二、八印、京、村上平樂寺）	二	10
易學啓蒙通釋	（通志堂經解本）二卷附圖一卷 宋胡方平撰 清納蘭成德校 亨和二刊（覆清、官版、後印、江、出雲寺金吾）	二	11
易　原	（武英殿聚珍版本）八卷 宋程大昌撰 清劉鳳誥等校 清乾隆三九序刊	四	12
啓蒙傳疑	（易學啓蒙傳疑）全四卷 朝鮮李滉（退溪） 刊（寛文九、正印、武村三郎兵衛）	二	13
易學啓蒙筆記	四卷續・續々各一卷河洛五行叢說・（淺見先生）著卦考誤考說 三宅重固（尙齋）（附）淺見安正（絅齋） 明治三〇、三寫（熊本、內田周平）	二	14
周會魁校正易經大全	（書入本・五經大全零本）二四卷（卷二〇末至二四缺）首（周易傳義・朱子圖說）一卷 明胡廣等奉敕編 明陳仁錫校 明刊	二	15
御纂周易折中	二二卷首一卷 清李光地等奉敕 刊（加賀國學、薄葉刷）	九	16
同	二二卷首一卷 清李光地等奉敕 清同治六刊（浙江、巡撫馬新貽）	一〇	17
周易古義	七卷 民國楊樹達 中華民國一八、九刊（活版、上海、中華書局）	二	18
易緯乾坤鑿度	（整版本武英殿聚珍版叢書零本）二卷附易緯通卦驗二卷易緯辨終備・易緯乾文序制記・易緯坤靈圖・易緯是類謀各一卷 漢鄭玄注（附）漢鄭康正注 清刊	二	19
卜筮元龜抄	（ゾ式）四卷 寛文六、三刊（京、田原仁左衛門）	四	20
白蛾先生鼇頭增補定本易學小筌	（古易天眼通・古易中興易學小筌） 新井祐登（白蛾）撰 ［北］山熙校 天保一五、三序刊（三省堂）	一	21

二　書　類

書經［集傳］　（再刻頭書）六卷附書序［辨説］　宋蔡沈撰　松永昌易首書　慶應二刊（明治九、五印、大、汲書房梅原龜七）　六　22

三　詩　類

毛　詩　（正文）刊（致道館）　二　273

同　（毛詩鄭箋）二〇卷附詩譜一卷　漢毛［亨］傳　鄭［玄］箋（附）漢鄭［玄］　寛延二、春刊（京、風月莊左衞門等）　五　274

同　（毛詩傳箋）二〇卷附詩譜一卷音義三卷（經典釋文卷五至七）　漢毛亨傳　鄭玄箋（譜）漢鄭玄（音）唐陸德明　［清］刊（金陵、江南書局）　六　275

詩經［集傳］　（音訓頭書詩經集註）八卷　宋朱熹撰　松永昌易首書　慶應元刊（後印）　八　23

詩經示蒙句解　十八卷（存卷一・二）首一卷　中村之欽（惕齋）　享保五刊　一　24

毛詩品物圖攷　七卷　岡元鳳撰　挹芳齋國雄畫　天明五刊（後印、大、松邨九兵衞等）　三　25

四　禮　類

（一）周　禮

考工記圖解　四卷（周禮圖解考工記之部）　川合衡　寛政八、八刊（京、北村四郎兵衞等）　（犬養木堂舊藏）　四　26

（三）儀　禮

儀禮鄭氏注　（士禮居黄氏叢書零本）一七卷附嚴本儀禮鄭氏注・校錄・續校各一卷　漢鄭玄注（附）清黄丕烈　清嘉慶一九刊　二　27

儀禮圖　（寛政十一年昌平坂學問所覆通志堂經解刊本）一七卷儀禮傍通圖一卷　宋楊復撰　清［納蘭］成德校　寫　四　276

儀禮釋宮圖解　川合衡　文化一二、五刊（江、好文軒鴨伊兵衞等）　一　28

（三）禮　記

禮記正文　五卷（卷一―三缺）　葛山壽・萩原萬世點　石川嶽・蜂屋維德校　寛政一〇刊（後印、江、玉巖堂和泉屋金右衞門等）　（興津壽男舊藏）　二　29

禮記集説　（首書禮記集註）三〇卷　元陳澔撰　［松永］昌易首書　寛文四刊（享保九印、京、今村八兵衞、後印）　一五　30

（六）雜　禮

家　禮　（文公家禮儀節）五卷圖一卷　宋朱熹撰　淺見安正校　寛政八、五刊（大、河内屋喜兵衞）　三　31

家禮［儀節］　八卷　明丘濬　慶安元刊（萬治二、五印、大和田九左衞門）　八　32

五　春　秋　類

（一）左氏傳

春秋經傳［集解］　（宋本春秋左氏傳）三〇卷（存卷一五・一六）　晉杜預撰　那波師曾（魯堂）點　寶曆五刊（京、中江久四郎）　一　33

春秋左傳［集解］　（春秋左氏傳）三〇卷　晉杜預撰　那波師曾點　安永六刊（再刻、天明七序修、大、秋田屋太右衞門等）　一五　34

春秋左氏傳校本　（加標註本）三〇卷（存卷一七・一八）附釋文　晉杜預注　唐陸德明釋文　秦鼎編　秦壽・村瀨誨輔校　明治一四刊（後印、博文館）　一　35

鼇頭春秋左氏傳校本　（加標註本）三〇卷　晉杜預注　唐陸德明音義　秦鼎校　宮脇通赫注　明治一三、六刊（東、山中　市兵衞）　一五　36

（三）穀梁傳

春秋穀梁傳注疏　（明嘉靖刊十三經注疏零本）（九行本）二〇卷　晉范寧集解　唐楊士勛疏　明嘉靖刊（李元陽）　五　37

(四) 春秋・諸傳・合傳

新刊公穀白文　公羊傳一二卷穀梁傳一二卷(缺)　明王道焜校　林信勝(道春)點　寛文八刊(後修、京、植村藤右衞門)　七　38

春秋四傳　三八卷　明吉澄校　明刊　一〇　39

六 孝經類

孝　經　(大字古文孝經正文)　慶應二、五刊(再版、江、嵩山房小林新兵衞)　一　40

同　(古文孝經)　大宰純(春臺)點　明治五、一〇刊(再刻、京、花説堂遠藤平左衞門)　一　41

孝經[孔傳]　(重刻古文孝經)(朱書入本)　漢孔安國傳　大宰純點　享保一六刊(紫芝園、後印)(新町深見龜太郎舊藏)　一　42

孝經孔傳　(標註古文孝經)　漢孔安國傳　太宰純點　片山璠(兼山)標註　安政七、正刊(明治九、二以後印、東、嵩山房小林新兵衞)　一　43

古文孝經孔傳纂疏　三卷　山中祐之撰　葛山壽・萩原萬世校　寛政元刊(江、嵩山房小林新兵衞)　三　44

古文孝經孔序參疏　(校定本)三卷　山中祐之編　葛山壽・萩原萬世校　寫　一　45

孝經鄭註　舊題漢鄭玄撰　岡田挺之(新川)校　寛政五序刊(明治印、大、青木嵩山堂)　一　46

孝經司馬溫公指解　宋司馬光撰　神埜世猷(松篁軒)點　文化一三、八序刊(明治印、大、青木嵩山堂)　一　47

(呉文正公較定)今文孝經　元貞[澄]撰　明江元祚校　寛文八、八刊(後修)　一　277
※第一序題「朱子刊誤原氏」ヲ「呉文正公較定今文孝經考」ニ改メル。

孝經集註　一卷弟子職集註一卷　清任兆麟　昭和二、一〇刊(活版、東、松雲堂)　一　48

孝經直解　(足利學校所藏室町時代抄本)存一卷(卷一)　昭和六刊(影印、足利、足利學校遺蹟圖書館)　一　49

古文孝經標註　高木熊三郎　明治一六刊(後印、大、青木嵩山堂)　一　51

同　土生柳平　明治一七、一一刊(同二一、九印、目黒十郎)　一　52

孝經纂註　(鼇頭古文孝經纂註)　五十川左武郎　明治一六、一一刊(大、欽英堂此村庄助)　一　53

七 群經總義類

(一) 群經

改正音訓五經　(林家正本再刻)(書入本)周易・尙書・詩經各二卷春秋一卷禮記四卷　後藤世鈞點　後藤師周・後藤師邵校　文久三、八刊(大、炭屋五郎兵衞等)　二　54
※「領主／牛次郎」ノ黒書ガアル。

校定音訓改點五經　易經・書經・詩經各二卷春秋一卷禮記四卷　佐藤坦(一齋)校　天保一二、正刊(再刻、大、山内五郎兵衞等)　二　55

校定音訓五經　(林家讀本再栞)周易・尙書・詩經各二卷禮記四卷春秋一卷　佐藤坦點　明治三刊(三刻、大、山内氏)　二　56

明治新刻五經　(頭書音註本)周易・尙書・詩經各二卷禮記四卷春秋一卷　後藤嘉幸點　明治一四、五刊(東、山中市兵衞)　二　57

[五經集註]　周易本義一二卷首尾各一卷詩經集傳八卷書經集傳六卷首尾二卷禮記集説一〇卷春秋胡傳三〇卷首尾各一卷　宋朱熹(書)宋蔡沈(禮)元陳澔(春)宋胡安國　清光緒二〇刊(金陵書局)　三四　58

同　(再刻頭書本)存周易傳義二四卷　宋朱熹等撰　松永昌易頭書　慶應三、正刊(大、河内屋茂兵衞等)　三　59

古文考　(七經孟子考文補遺載)　寫　一　278

十三經注疏影譜　六〇葉附十三經注疏版本略説　長澤規矩也編著　昭和九、一二刊(玻璃版・活版、東、日本書誌學會)　葉六〇 冊一　60

(三) 石經

泰山石刻大全　古文四冊解説一冊　泰安市文物局編　一九九三、五刊(影印・活版、齊魯書社)　五　61

八　四書類

(一)　大學

大學家説　藤澤恆（南岳）　大正一四、四刊（活版、泊園書院藤澤章次郎）　一　62

(二)　中庸

中庸家説　藤澤章次郎　昭和一八、一〇刊（活版、泊園書院）　一　63

(三)　論語

論語　（集解本）（南宗寺本）一〇卷　天文二刊（堺、阿佐井野氏）　一　279

同　同（附南宗寺論語考異・天文板論語考（南）仙石政和編（天））（細川潤一郎、大正五、八印（附）活版、堺、南宗寺）　三　280

論語　（澁澤榮一手書本）一〇卷　澁澤榮一書　大正一五刊（影印、晩香書屋）（第一銀行足利支店寄贈）　二　64

※第參百號。

同　同　二　65

論語鄭注　（唐景龍四年卜天壽鈔本）一卷附解説　漢鄭玄撰　中國文物出版局編　昭和四七、九刊（影印・活版、東、平凡社）　軸一 冊一　66

論語集解義疏　一〇卷（卷七・八缺）　魏何晏集解　梁皇侃義疏　根本遜志校　寛政五刊（元治元修、明治印、大、忠雅堂赤志忠七）　四　281

論語集註　一〇卷　宋朱熹　一九九七、八刊（活版）　二　282

論語或問　（正保四年刊本）二〇卷孟子或問一四卷　宋朱熹　刊（覆刻、京、風月莊左衞門）　八　68

※帙ノ印刷題簽ノ下部ニ「孔德成」（孔子第七十七世）ノ自署ガアル。

論語　（冢註論語）一〇卷　冢田虎（大峰）　天明四、三刊（江、小林新兵衞）　五　67

朱子論語集註訓詁攷　二卷　清潘衍桐編　清光緒一七刊（浙江書局）　一　69

論語足徵記　二卷　民國崔適　民國一〇、一一刊（活版、北京、國立北京大學出版部）　一　70

かながきろんご　（安田文庫叢刊　第一篇）原存七卷（卷三至九）附開題　川瀨一馬校（附）川瀨一馬　昭和一〇、九刊（活版、東、安田文庫）　一　283

※第百十四號。

論語古訓　（校定本）一〇卷（存卷一—五）　大宰純（春臺）　元文二刊（江、嵩山房）　一　71

論語徵集覽　二〇卷附一卷　松平賴寛　寶曆一〇、九刊（江、前川六左衞門等）　二〇　72

論語訓詁解　二〇卷　江間元恭（蘭齋）　文政九、春跋刊　一〇　73

論語鈔　（徂徠先生論語鈔）存卷一　寫　一　74

論語講義　（中等教育和漢文講義）　花輪時之輔撰　深井鑑一郎編　明治二五・六刊（活版、同三九、一〇印、第一七版、東、誠之堂）　二　75

(四)　孟子

孟子　（片假名附訓本）存卷上（梁惠王—滕文公）　堀勇之助點　［明治］刊（銅版）　一　76

孟子講義　（中等教育和漢文講義）二卷（存卷下）　深井鑑一郎　明治二八・一一刊（活版、同三五、八印、第八版、東、誠之堂）　一　77

挿註孟子類編　全一卷　岩垂實德編　昭和七、五刊（活版、東、冨山房）　一　78

(七)　四書

［四書］　（嘉永新刻）（片假名傍訓本）大學・中庸各一卷論語・孟子各二卷　後藤［世鈞］點　嘉永元、四刊（後印、山城屋新兵衞等）　四　79

同　（集註本）（片假名傍訓本）存大學・中庸各一卷　某點　刊　一　296

※每半葉、大學九行一九字、中庸七行十五字、書風モ異ナル。

［四書章句集註］　（明刊朱墨套印本）大學・中庸各一卷論語一〇卷孟子七卷　宋朱熹　一九八九刊（影印、齊魯書社）　六　80

同　大學・中庸各一卷論語一〇卷孟子七卷全一九卷　宋朱熹　清光緒二〇刊（金陵書局）　六　81

同　（常憲院本）大學中庸各一卷論語一〇卷孟子一四卷　宋朱熹　林信勝（羅山）點　［元祿三］刊（官版）　二六　284

※中庸章句遊ビ紙ニ「元祿七年甲戌二月十／五日／大樹君自講第二之章／而令臣等聽之／藤原綱村謹識」、外箱ノ上蓋ニ「吉上樣御書入御本外函／箱銘御自筆／四書集註／貳拾六冊」トノ墨書ガアル。大樹君トハ常憲院殿卽チ五代將軍德川綱吉、藤原綱村トハ仙臺藩主伊達綱村ノコトデアル。

82 同 (安永校正道春點)大學章句・中庸章句各一卷論語集註一〇卷孟子集註一四卷(卷一・二缺) 宋朱熹撰 林信勝(道春)點 安永二刊(後印、大、吉文字屋市兵衛) 九

83 同 存大學章句一卷 宋朱熹撰 清吳志忠校 佐藤坦(一齋)點 安政二刊(江、千鐘房 須原屋茂兵衛) 一

84 同 (新版改正)(林家正本新刻)(改正四書集注)存大學章句一卷 宋朱熹撰 後藤世鈞(芝山)點 後藤師周校 刊 一

85 同 (林家正本再刻)(改正四書集註)存大學章句・中庸章句各一卷孟子集註一四卷 宋朱熹撰 後藤正鈞點 後藤師周校 安政五、正刊(六刻、大、炭屋五郎兵衛等) 六

297 同 (林家正本再刻)(再版改正)(芝山後藤先生定本)大學章句・中庸章句各一卷論語集註一〇卷(卷三―五缺)孟子集註一四卷 宋朱熹撰 後藤世鈞點 後藤師周校 明治七、正刊(三刻、大、山内氏靜觀書屋) 九

86 同 (道春點)存論語集註一〇卷(卷二末・三・四缺)孟子集註七卷(存卷一―三) 宋朱熹撰 林信勝點 刊 三

87 同 (新刻改正)(再刻後藤點)存中庸章句一卷論語集註一〇卷孟子集註一四卷 (野口竹次郎寄贈) 宋朱熹撰 後藤世鈞點 後藤師周校 明治四、二刊(八刻、大、山内松敬堂) 九

298 同 (新刻改正)(後藤點)(佐土原學習館版)大學章句・中庸章句各一卷論語集註一〇卷孟子集註一四卷 宋朱熹撰 後藤世鈞點 明治二四、正刊(津、豐住謹次郎) 一〇

88 同 存大學章句・中庸章句各一卷 宋朱熹撰 某點 刊(千鐘房) 二

89 同 存論語集註一〇卷 宋朱熹撰 某點 刊(東、井冽堂和泉屋山中孝之助) 四

90 同 (新板改正四書集註零本)存孟子集註一四卷(版心作四卷) 宋朱熹撰 某點 明治二、六刊(四刻、東、玉山堂山城屋佐兵衛等) 四

91 同 存論語集註卷一・二 宋朱熹撰 某點 刊 一

92 同 (明治新刻)(後藤點)大學章句・中庸章句各一卷論語集註一〇卷孟子集註一四卷 宋朱熹撰 後藤嘉幸點 明治一三、一〇刊(東、山中喜太郎等) 一〇

93 同 存論語集註卷八―一〇 宋朱熹撰 某點 刊 一

94 同 存大學章句一卷 宋朱熹撰 某點 寬政四、正刊(再刻、僊鶴堂鶴屋喜右衛門) 一

95 同 (首書本)(鼇頭四書集註)大學章句・中庸章句各一卷論語集註一〇卷孟子集註七卷 宋朱熹撰 某點 天明三刊(元治元修、大、河内屋德兵衛) 一〇

96 四書訓蒙輯疏 二九卷(卷二缺) 安[部井]褧(冠山) 嘉永元刊(後印、會津若松、齊藤八四郎等) 二八

97 同 二九卷 安[部井]褧 明治四刊(京、佐々木惣四郎等) 三〇

(八) 附錄

98 書入譯解大全四書字引 青木輔清編 明治一四正刊(銅版、編者) 一

99 經學歷史 (中華民國十二年十二月涵芬樓刊本)(加朱本) 民國皮錫瑞(善化) 中華民國二二、四刊(影印、上海、商務印書館) 一

100 經解入門 八卷 弘文堂編輯部編 昭和五、七刊(活版、東、弘文堂書房) 二

一〇 小學類

(一) 訓詁

101 虛字啓蒙 (天保六年序山城屋佐兵衛等刊本)一卷詩用虛字一卷 清王潤洲(詩) 山本信有(北山)撰 大畠行(九皐)・山口潛(子龍)點 寫(電子複寫) 一

(二) 字書

102 說文解字 一五卷 漢許愼撰 宋徐鉉等奉敕校 文政九刊(官版) 一〇

285 干祿字書 唐顏玄孫 文化一四刊(官版) 一
※黄色表紙。

103 同 二卷(存卷上) 唐顏玄孫 明治一三刊(東、柳心堂山中喜太郎) (須永弘舊藏) 一

104 鼇頭音釋康熙字典 四〇卷 清淩紹雯等奉敕編 石川[英輔](鴻齋)音釋 明治一六刊(銅版、同二五印、東、博文館) 六

299 千字文 (畫引十體) 明孫不顯編 王基校 寶永元、六刊(後印、水玉堂天王寺屋市郎兵衛) 一

千字文註	一卷附清書千字文一卷　清孫呂吉(謙益)撰　汪嘯尹編　蔡汪琮校(附)清尤珍書　[元祿一一刊](正德五、正印、大、大野木市兵衞・江、須原屋茂兵衞)	二	294
千字文講釋	(平假名附訓附註)　嘉永元刊	一	105

(三) 韻　書

古今韻會擧要	三〇卷　元熊忠　明宣德九刊(卷二一・二三江戸初刊木活字印本補配)(森立之舊藏)	一〇	106
初學檢韻袖珍	二卷　清姚文登編　姚炳章校　貫名苞(海屋)校　弘化三、夏刊(後印、京、聖華房山田茂助)	二	107
詩韻含英	(二階本)(朱書本)一八卷附詩韻異同辨(上層)　清劉文蔚編(異)清任似治・蔡應襄編　明治一一、七刊(覆清、銅版、京、勝村治右衞門等)	四	108

二　史　部

一　正史類

史記評林	(新刻校正)一三〇卷補史記一卷首一冊　明凌稚隆編　李光縉補　天明六刊(覆寬文一二)	二五	109
校訂史記評林	一三〇卷(卷四缺)首二卷　明凌稚隆編　李光縉補　藤澤恆(南嶽)校　明治一四、五刊(大、岡島幸治郎等)	四九	110
史記評林	(增補評點本)一三〇卷補史記一卷首一冊　明凌稚隆編　李光縉補　明歸有光評　清方苞增評　石川英輔(鴻齋)等校　明治一六、九刊(鳳文館前田圓)	二五	111
標註史記讀本	一三〇卷(存卷七―九・三八―四〇・六一―六七)(根岸太吉舊藏)　廣部鳥道注　明治一四、一二刊(福井、廣濟堂平澤潤助)	三	112
漢書評林	一〇〇卷首一冊　明凌稚隆編　釋玄朴點　明曆四跋刊(松栢堂林和泉掾)	五〇	113

二　編年類

資治通鑑	二九四卷序跋一冊　宋司馬光等奉敕撰　元胡三省注　石川之褧等校　天保七刊(覆明天啓、津藩有造館、明治印、東、山中市兵衞)	一四八	114
尺木堂明鑑易知錄	一五卷　清吳乘權等編　篠崎槩校　嘉永二刊(明治印、大、前川源七郎)	七	115
清三朝易知錄	(清三朝實錄採要改題本)(清鑑易知錄)清太祖高皇帝易知錄二卷清太宗文皇帝易知錄八卷清世祖章皇帝易知錄六卷　郁山緯(芝塢)・永根鉉(氷齋)編　文化四刊(嘉永五修、明治印、大、墨香居北尾禹三郎)	八	116

※版心下部「伍石軒」。清世祖章皇帝易知錄ノ卷一首・卷三首尾・卷六首二八「實」ガ、卷六尾二八、原書名「採要」ガ削去サレズニ殘ッテイル。

四　別史類

立齋先生標題解註音釋十八史略	(明正統六年書林餘氏刊本)七卷　元曾先之編　明陳殷音釋　王逢點校　慶安元刊(萬治二印、後印、京、三木親信)(岩下善七郎舊藏)	七	117
標註十八史略	七卷(卷一・四―七缺)　元曾先之撰　明陳殷音釋　王逢點校　笠間益三注　明治一八刊(東、東涯堂富田彥次郎)(興津壽男舊藏)	二	118
立齋先生標註十八史略讀本	七卷　元曾先之撰　明陳殷音釋　王逢點校　大賀富二補訂　明治九、四跋刊(補訂者)	七	119
同	七卷　元曾先之撰　明陳殷音釋　王逢點校　大賀富二補訂　明治一一、二刊(東、山中市兵衞)	七	120
點註十八史略校本	七卷　元曾先之撰　明陳殷音釋　王逢點校　石川英[輔](鴻齋)點注　明治一六、六刊(東、山中市兵衞)	七	121
十八史略講義	(首書本)七卷　太田百祥(華陰散史)　明治二五、一二刊(同二九、一一・二八、三印、東、同盟書屋)	二	122
標註刪訂十八史略副詮	七卷附歷代沿革圖(缺)　大鄕穆編　明治一七、三刊(再板、東、金港堂原亮三郎)	七	123
十八史略字引	本木貞雄編　明治七、一二刊(編者)	一	124

125 十八史略字類 三卷 高橋易直編 明治一一、一一以後刊(東、山中市兵衛) 三

八 傳記類

(一) 聖賢

126 聖蹟全圖 全一卷 清初刊 四
※金鑲玉裝。

127 孔孟編年 孔子編年・孟子編年各四卷 清狄子奇編 清光緒一三刊(浙江書局) 二

128 至聖先師孔子刋定世家 七卷 明馮烶編 明萬曆三九序刊 (姫路藩校・山本北山舊藏) 七

129 孔氏祖庭廣記 (常熟瞿氏鐵琴堂劍樓藏蒙古刊本)(四部叢刊續編零本) 一二卷 金孔元措 中華民國二三刊(影印、上海、商務印書館) 三

130 孔子行狀圖解 (標箋孔子家語附錄)一卷附歷代帝王贊詠・先聖曆聘紀年 千葉玄之(藝閣) 寛政元刊(同九印、江、嵩山房小林新兵衛) 一
※「日光山御醫師/山中療病院」

131 聖門人物志 一二卷 明郭子章編 魏濬校 明萬曆四一序刊 (河本立軒舊藏) 一〇

132 重修仲里志 六卷 清顧彩 清康熙四九序刊 六

(二) 名人

133 朱子年譜 (大師徽國文公年譜)三卷外記二卷 明葉公回(外)元段々撰 明載銑編 寛文六、正刊(後印、大、河内屋茂兵衛等) 三

134 同 四卷考異四卷附錄・校勘記各二卷 清王懋竑 清刊(武昌書局) 四

135 朱子實紀 (明正德八年內府刊・有不爲齋舊藏本) 明載銑 寫(電子複寫) 三

136 朱子行狀[輯注] (書入本) 朝鮮李滉(退溪) 朝鮮[英祖中]刊(後印) 一

137 同 朝鮮李滉 刊(後印、京、出雲寺松栢堂) 一

138 退溪集年譜 三卷附世系之圖 朝鮮[仁祖中]刊(後修) 一

139 退溪先生言行錄 朝鮮權斗經編 李忠鎬校 朝鮮高宗四二刊(陶山書院、大正一一、一二印、安東郡、李忠鎬) 三
※表紙裏張リニ刊本「退溪先生文集」等ノ零葉アリ。

(三) 總錄

140 列女傳 (知不足齋叢書本)(圖本叢刊零本) 一六卷 明王道昆撰 仇英畫 大正一五、七刊(摸刻、東、圖本叢刊會) 一六

141 晩笑堂竹莊畫傳 一卷附明太祖功臣圖 清上官周畫 文政七、一二刊(京、五車樓菱屋孫兵衛・天王寺屋市郎兵衛、大山魯牛筆彩) (大山魯牛舊藏) 三
※帙裏ニ「披見珍重魯牛記[魯牛]」トアリ。

(九) 雜錄

142 東儒學案 三卷 朝鮮河永箕(謙鎭)編 大韓民國五二、七刊(活版、一鵬精舍) 三

143 [青陽金氏家狀墓文鈔] [明治末大正間]寫 一

九 史評類

144 帝鑑圖說 六卷 明張居正・呂調陽奉敕 安政五刊(官版) 六

145 文史通義 八卷 清章學誠(實齋) 中華民國一三、七刊(活版、上海、廣益書局) 四

一〇 外國史類

146 懲毖錄 四卷 朝鮮柳成龍 元祿八、正刊(大和屋伊兵衛) 一

147 隱峯野史別錄 朝鮮安邦俊 嘉永二、一一刊(有孚爾齋) 一

148 喀喇沁右旗扎薩克親王貢桑諾爾佈之略史 滿州邢致祥 滿州康德五序刊 一

一三 時令類

玉燭寶典 (前田家本)一二卷(卷九缺)附解題 隋杜臺(附)吉川幸次郎 昭和一八刊(影印・活版、尊經閣文庫) 軸一二 冊一 149

一三 詔令奏議類

(一) 詔令

聖諭像解 二〇卷 清梁延年 清光緒一八刊 一〇 151

一四 職官類

(一) 官制

大唐六典 (享保九年近衛家刊本)三〇卷 唐玄宗撰 李林甫等奉勅注 近衛家熙校 昭和一〇刊(影印、京都帝國大學) 一二 286

(二) 官箴

三事忠告 牧民忠告二卷風憲忠告・廟堂忠告各一卷 元張養浩 嘉永四刊(官版、嘉永五印、江、出雲寺萬次郎) 一 150

一六 目錄類

(一) 書目

北京圖書館善本書目 八卷 北京圖書館善本部編 一九五九、九刊(活版、北京、新華書店) 八 152

三 子部

一 儒家類

孔子集語 三卷 宋薛據編 奥村脊猷(茶山)校 享和元刊(江、大和田安兵衛・西村源六)(瀧川龜太郎舊藏) 二 153

劉向新序[纂註] 一〇卷 武井驥(樗齋) 文化五序刊(江、尚古堂岡田屋嘉七) 四 154

中説 (文中子中説)(江安傅氏藏宋刊本)(續古逸叢書零本) 隋王通撰 宋阮逸注 中華民國一二刊(影印) 一 155

周子書 宋周敦熙撰 山崎嘉(闇齋)編 刊 一 156

西銘考證講義 朝鮮李滉(退溪) 元祿六、八刊(京、林九兵衛) 一 157

西銘詳義 室直清(鳩巣) 天明四序刊(江、崇文堂) 一 158

延平李先生師弟子答問 一卷後錄・補錄各一卷 宋朱熹編(後・補)明周木編 正保四、五刊 二 159

近思錄道體篇師説 (假名抄・ゾ式)附定性書筆記 淺見安正(絅齋) 寫 一 160

白鹿洞書院掲示 (白鹿洞學規集註) 宋朱熹撰 山崎嘉注 淺見安正點 天明七、一一刊(大、泉本八兵衛等) 一 161

小學 (林家正本)(校訂音訓小學)四卷 宋朱熹撰 佐藤坦(一齋)點 天保一一、四序刊(後印、河内屋和助等) 四 162

同 (合璧摘要小學本註)全一卷 宋朱熹撰 山崎嘉點 鷲尾雄左衛門(裕齋)標注 天保一四、一一刊(後印、京、山城屋佐兵衛) 二 163

小學[句讀] (新刻改正飜刻小學)(林家正本)六卷首一卷 宋朱熹撰 明陳選注 後藤世鈞(芝山)點 明治一四、六刊(大、日新館鹽治芳兵衛) 四 164

標題註疏小學集成 (朝鮮正統刊古活字印本)一〇卷首一卷 朝鮮金汶校 萬治元、八刊(風月庄左衛門) 五 165

同 同 四 166

番號	書名	內容	冊數
167	朱子書節要	二〇巻 朝鮮李滉編 明暦二、一一刊（荒木利兵衛尉）	一〇
168	朱子靜座說	柳川剛義 正德四、九刊（大正四、九修、京、聖華房山田茂助） ※「靜座集說序」ヲ木活デ補ウ。	一
169	朱王問答	佐藤某・三輪某 寫（阿波、岡本孚）	一
170	心經附註	四巻 明程敏政 正保四刊（慶安二、二印、村上平樂寺）	一
171	北溪先生性理字義	（北溪字義）二巻 宋陳淳 寬永九、三刊（後印、中野小左衞門）	二
172	同	（首書本）二巻 宋陳淳撰 熊谷立閑（荔齋）首書 寬文一〇、三刊（中野宗佐衞門）	一
173	性理字義諺解	（性理字義抄）八巻 林信勝（道春） 萬治二、八刊（京、荒川四郎左衞門）	六
174	天地萬物造化論	宋王栢撰 明周顒注 刊（文政一一、多印、大、加賀屋善藏）	一
175	許魯齋先生心法	（魯齋心法）元許衡撰 明韓士奇校 元祿四、八刊（京、林九兵衞）	一
176	同	（佚存叢書零本）（魯齋心法）元許衡撰 明韓士奇校 林衡（述齋）編 江戶刊（木活）	一
177	童子習	明朱逢吉撰 淺見文次郎點 享保一〇、四刊（京、風月堂莊左衞門）	一
178	讀書錄	一一巻續錄一二巻薛文淸公策目一巻 明薛瑄 天明八、一〇刊（天保四修、大、柳原喜兵衞等）	六
179	困知記	二巻續二巻附錄一巻（版心通作五巻） 明羅欽順 寬文七、二刊（山形屋佐兵衞）	五
180	吉齋漫錄	（明萬曆十五年刊本） 明吳廷翰（蘇原）撰 吳國寶編 刊	二
181	學蔀通辯	前編・後編・續編・終編各三巻 明陳建撰 安東守正（省菴）點 寬文三刊（京、婦屋林傳左衞門尉）	四
182	蕺山先生人譜	（淸刊本）一巻人譜類記二巻 明劉宗周（蕺山）撰 淸洪正治編 谷操（繹齋）點 天保一二刊（覆刻、後印、河內屋喜兵衞等）	四
183	漢學商兌	三巻 淸方東樹（桐城） 淸光緒一五、三刊（浙江書局）	四
	○		
184	入學圖說	二巻附三峯先生心氣理三篇注解 朝鮮權近（陽村） 寬永一二、八刊（書舍道伴）	一
185	南秋江鬼神論	朝鮮南孝溫 寬永二〇、八刊（京、風月宗知）（富岡鐵齋舊藏）	一
186	同	同（大仙寺舊藏）	一
187	天命圖說	一巻四端七情分理氣辯一巻 朝鮮鄭之雲（秋巒） 慶安四、正刊（中野小左衞門）	一
188	聖學十圖	一巻附封事 朝鮮李滉編撰 刊 ※末ニ「一本有下記刊記／承應四年三月上旬／西村五郎兵衞開板」トノ墨書アリ。	一
189	聖學圖講義	淺見安正 寶永六、一〇跋刊	一
190	退溪先生自省錄	（附訓本）朝鮮李滉撰 鵜飼信之（石齋）點 寬文五、三刊（京、村上平樂寺）	二
191	擊蒙要訣	二巻 朝鮮李珥 萬治元、九刊（京、田中淸左衞門）	一
192	同	（萬治元年九月刊本）二巻 朝鮮李珥 寫（電子複寫）	一
193	同	二巻 朝鮮李珥 昭和三、六刊（影印、朝鮮江陵郡、權五成）	一
194	朝鮮儒教淵源	（大正十一年十二月張在軾活字印本）三巻 朝鮮張志淵編 寫（電子複寫）	一

二 兵家類

番號	書名	內容	冊數
195	孫子詳解	一三巻 伊藤馨（鳳山）撰 有泉純等校 文久二、二刊（江、山城屋佐兵衞等）	一三
196	七書	（無點本）（伏見版）孫子三巻吳子二巻司馬法三巻尉繚子五巻（黃石公）三略三巻六韜六巻唐太宗李衞公問對三巻 釋元佶校 寬永刊（覆古活）（忍城南文庫舊藏） ※各冊末ニ「大石田村／淨源寺／重俊（花押）」トアル。	七
197	武經直解	一二巻 明劉寅撰 張居正補 翁鴻業校 寬永二〇、正刊（後印、京、風月莊左衞門）	一四
198	同	同（元治元修、京、丁字屋庄兵衞）	七

五　醫家類

(六)　方論

醫方考　六卷　明吳崑　明萬曆一四序刊　六　199

(八)　本草

本草綱目　存一卷(卷四三)　明李時珍　寛文一二刊　一　200

六　天文算法類

(一)　天文

周髀筭經圖解　二卷　川邊信一(南辰)　天明六、七刊(名、片野東四郎等)　(大西寛舊藏)　五　201

七　術數類

(三)　占候

三才發祕　天部二卷地部三卷人部四卷全九卷　清陳雯　清康熙三六序刊　(諸口悦久舊藏)　八　202

(四)　占卜

焦氏易林　(津逮祕書零本)四卷　漢焦贛　明刊(汲古閣)　三　203

同　(朱校本)四卷　漢焦贛　清光緒元、夏刊(崇文書局)　四　204

八　藝術類

(一)　書畫

凌烟閣功臣圖　清劉源畫　文化元、四刊(溫古堂、大山魯牛筆彩)　(大山魯牛舊藏)　一　205

(三)　法帖

千字文　(楷書)二卷(存卷一)　唐歐陽純書　元祿一〇、一二刊(京、村井新兵衛)　一　287

九　譜錄類

(一)　器用

端溪硯志　(端溪研史)三卷首一卷　清吳繩年(蘭修)　清乾隆二三序刊　二　206

(三)　食譜

茶經　三卷附茶具圖贊・茶經傳・茶經水辨・茶經外集・茶譜・茶譜外集各一卷　唐陸羽撰　明鄭熜校(具)[明茅一相](譜)明顧元慶(外)明孫大綬編　寶曆八刊(天保一五、九修、京、佐々木物四郎・辻本仁兵衛)　二　207

茶集　(文化元年序跋刊本)三卷　明喻政撰　林靖校　昭和一二、正寫(大山魯牛)　三　208

一〇　雜家類

(三)　雜考

丹鉛餘錄　一七卷　明楊愼撰　丘文擧編　寫　一〇　209

(三) 雑説

吳氏二記 (檀記・甕記) 明吳延翰撰 源良恭(松臺)校 寶曆一二、一〇刊 (崇高堂 河内屋茂八等) 一 210

(五) 雑纂

纂評箋註蒙求校本 三巻 唐李瀚撰 宋徐子光注 石川英輔(鴻齋)評注 明治一二、一〇刊 (東、山中市兵衛) 三 211

標題徐狀元補注蒙求[箋註] (新増箋註蒙求)三巻 岡白駒撰 平田豐愛増箋 嘉永二、春刊(江、一貫堂、後印) (大山魯牛舊藏) 三 212

※山口中卿(辰五郎)十八歳ノ加注本。

(六) 雑編

蒙求詳說 一六巻首一冊 宇都宮由的(遯庵) 天和三、一一刊(吉野屋惣兵衛) 一七 213

羣書治要 五〇巻(巻四・一三・二〇原缺) 唐魏徵等奉勅編 細井徳民等校 天明刊(尾張藩) 合二五 288

二 小說家類

(一) 雑事

世說箋本 二〇巻 明何良俊撰 秦鼎校 文政九刊(滄浪居、後印) (大山魯牛舊藏) 一〇 214

櫟翁稗說 (明萬曆刊本・島田重禮舊藏成簣堂文庫所藏本)二巻後集二巻 雞林府院君謚文忠李公墓誌銘一巻附解說 朝鮮李齊賢(附)淺見倫太郎 大正二、六刊(影印・活版、民友社德富猪一郎) 二 215

(三) 異聞

山海經 一八巻(存巻一・二) 晉郭璞注 明蔣應鎬畫 刊 一 300

(四) 傳奇小說

剪燈新話句解 四巻 明瞿佑撰 朝鮮尹春年訂正 林芑(垂胡子)集釋 慶安元、一一刊(京、林正五郎) 四 216

三 類書類

重刻楊狀元彙選藝林伐山故事 四巻 [明楊愼]撰 黃克興編 正德六刊(京、積善堂等) 三 217

○

海錄碎事 一二巻 宋葉延珪編 松崎復校 文化一五跋刊(掛川藩) 八 218

○

鼇頭韻學圓機活法 八巻 山崎昇(赤城)編 明治一五、二刊(銅版、同二四、四印、薄葉、大、積善堂) (山崎治三衛門舊藏) 二 219

○

佩文韻府 一〇六巻拾遺一〇六巻附書引索引 清蔡升元等奉勅編(拾)清汪灝等奉敕編 巖谷修[一六]等校(附)大槻如電編 明治四一、三刊(影印・活版、東、吉川弘文館) 七 220

同 同 七 289

三 釋家類

(一) 經・律・論・疏

維摩詰所說經註 一〇巻 後秦釋僧肇 貞享三刊(明治印、京、貝葉書院) (大山魯牛舊藏) 五 221

(三) 語錄・古則

改訂評唱無門關 (首書本) 宋釋慧開撰 釋宗紹編 町元呑空冠註 明治四三、正刊(活版、昭和一一、正印、六版、京、貝葉書院) 一 222

(四) 文藝

屏山李先生鳴道集說 朝鮮李之純撰 赤松連城點 明治二八、二刊(活版、清水精一郎) 一 223

※末ニ「募刻教籍疏」ヲ附シ、發起人ニ島田蕃根ヲ含ム。

佛祖直指心體要節 (朝鮮高麗禑王三年刊活字印本)存巻下(首缺)附解說 朝鮮釋景閑(白雲和尚)編(附)朝鮮千惠鳳 一九八四刊(影印・活版) 二 224

(五) 雜著

希伯來書註釋　美國陶錫祈譯　清光緒元刊(鉛印、上海、美華書館)　一　225

總論耶穌之榮　清同治七刊(鉛印、香港、英華書院)　一　226

一四 道家類

老子道德經　二卷古今本攷正一卷道德經附錄一卷　魏王弼注　岡田權兵衛點　享保一七、八刊(江、野田太兵衛)　三　227

老子經諺解大成　(老子鬳齋口義)一〇卷　山本泰順(洞雲)　延寶八、九刊　二　229

析玄　(析玄三十則)　廣瀬建(淡窓)　天保一二刊(快雨書屋)　一　230

同　(天保十二年快雨書屋刊本)　廣瀬建　昭和九、九序刊(孔版)　一　231

冲虛至德眞經　(前田家藏金澤文庫舊藏宋刊本)(列子)八卷　晉張湛注　昭和二四刊(影印、前田育德財團)　三　232

舊鈔卷子本莊子殘卷校勘記　(影印高山寺藏鎌倉寫本附錄)　狩野直喜　昭和七、二刊(活版、東方文化學院)　一　233

校訂莊子[正文]　(觀文堂叢書)六卷　大正七、四刊(活版、昭和八、三印、池善書店)　一　234

莊子南華眞經　一〇卷　晉郭象注　明末刊　三　235

重刻莊子南華眞經　(郭注莊子)一〇卷　晉郭象注　千葉玄之(芸閣)點　天明三刊(江、山崎金兵衛等)　一〇　236

莊子南華眞經　(仿宋精刻本)一〇卷　晉郭象注　唐陸德明音義　清光緒一一、七刊(傳忠書局)　六　237

莊子　(明世德堂本)一〇卷　晉郭象注　唐陸德明音義　清光緒二三刊(活版、圖書集成局)　二　238

莊子集解　八卷　清王先謙(益吾)　清宣統元刊(思賢書局)　三　239

莊子集釋　一〇卷　清郭慶藩撰　孟純編　刊(思賢講舍)　八　240

解莊　二四卷　明陶望齡撰　宇津木益夫(昆臺)校　明治一四・一五刊　二四　241

標註補義莊子因　六卷　清林雲銘撰　秦鼎補　東條保注　明治一三刊(後印、大、靑木嵩山堂)　六　242

莊子天下篇釋　清方光大(方山)　中華民國一六、秋刊(活版、方方山館)　一　243

莊子雪　(南華經)雜篇・內篇・外篇・外雜篇各一卷　清陸次山編　清刊(文選樓)　四　244

莊子增註　巖井文　明治二六刊(活版、磯部太郎兵衛)　一　245

音釋文段批評莊子鬳齋口義大成俚諺鈔　一九卷(卷一缺)首二卷　毛利瑚珀(貞齋)　元祿一六、五刊(錢屋庄兵衛・舛屋甚兵衛)　九　246

四 集部

一 楚辭類

楚辭集註　(宋端平中刊本)八卷　宋朱熹　一九五三、八刊(影印、人民文學出版社)　六　247

離騷圖　(瀧川君山所藏淸順治二年刊本)(圖本叢刊零本)(大山魯牛舊藏)　清蕭雲從(蘭尺木)畫　大正一四・一五刊(摸刻、東、圖本叢刊會)　二　248

二 別集類

(一) 漢・魏・六朝

靖節先生集　一〇卷諸本評陶彙集一卷年譜攷異二卷　晉陶潛撰　陶樹注　戚煥損校　一九五六、八刊(活版、北京、文學古籍刊行社)　二　249

(三) 唐・五代

唐王右丞詩集　(明萬曆十八年吳氏漱玉齋刊本)(王維詩集)六卷　唐王維撰　明顧可久注　木□房祥點　正德四、正刊(後印)　三　290

杜詩抄　(足利學校所藏江戸初寫本)存一一冊附解説一冊　釋永瑾(附)土岐善麿等　昭和四五、正―四八、三刊(影印・活版、東、光風社)　三　250

同　同　三　251

杜詩鏡銓　(讀書堂杜工部集註解)二〇卷續二卷附錄一卷(大山魯牛舊藏)　清楊倫(附)郭紹虞編　清同治一一刊(望三益齋)　三　252

白氏五妃曲　(後陽成天皇慶長八年敕版古活字印本)一卷附解説　(附)長澤規矩也　昭和四八、九刊(コロタイプ・活版、東、古典研究會)　一冊一枚　291

白氏文集鈔　(詩編)　原田種成編　刊(活版)　一　253

(新板增廣附音釋文)胡曾詩註　三卷　唐胡曾撰　宋胡元質注　[寛永]刊　合一　295

(三)　宋

東坡全集　(蘇長公全集)一一五卷目錄七卷附年譜・東坡本傳・東坡先生墓誌銘　宋蘇軾(年)元脱々(墓)宋蘇轍　[明萬曆]刊　二四　292

朱子集　一〇四卷補遺一卷目二冊　宋朱熹　清咸豐一〇、夏刊(紫霞洲祠堂)　四〇　7-89

晦庵先生朱文公文集　一〇〇卷目二卷續集一一卷別集一〇卷　宋朱熹撰　明胡嶽等校　正德元、八刊(後印、秋田屋太郎右衞門)　四五　254

(四)　金・元

魯齋全集　七卷　元許[衡]撰　明郝綰編　何瑭校　鵜飼眞昌(錬齋)點　寛文九、二刊(京、村上勘兵衞、後印)　三　255

※卷末ニ「鵜飼金平眞昌訓點」トアリ、コノ位置ノ匡郭下邊ニ補入ヲ思ワセル切斷ガアルガ、補入ガナク、切斷ノナイ傳本ト比較シテモ、訓點ニ異同ハナイ。若干後印ヲ思ワセル本書ノ刷面カラモ、單ナル刻入漏レヲ、ヤ、後ニ補入シタモノカ。

(七)　民國

逸塘詩存　一卷附合肥毛氏王系表・今傳是樓主人年譜　民國王志洋　中華民國三〇刊(藍印、合肥王氏)　一　256

(九)　朝鮮

高峯先生集　(鈔本)文集三卷續集二卷論思錄二卷兩往復書三卷理氣往復書二卷高峯先生別集附錄二卷　朝鮮奇大升(高峯)(往)李滉・奇大升　[大韓民國]刊(影印)　二　257

[李]退溪書抄　一〇卷首一卷　村士宗章(玉水)編　文化六、九跋刊(江、鴨伊兵衞等)　一〇　258

看羊錄　(睡隱集卷五)(巾車錄)　朝鮮姜沆撰　伊舜擧編　朝鮮崇禎二九序刊　一　259

睡隱集　(睡隱錄四卷看羊錄一卷別集・行狀・附錄各一卷)　朝鮮姜沆撰　伊舜擧編　朝鮮高宗五刊(木活、全羅道寶城、金華齋)　四　260

三　總集類

(一)　斷代

唐詩選　七卷　明李攀龍撰　袁宏道校　服部元喬(南郭)校　寛政四、夏刊(江、嵩山房小林新兵衞)　三　301

唐詩選國字解　七卷(存卷一・二)　服部元喬撰　村主圭編　寛政三刊(江、嵩山房)　一　302

三體詩唐詩選講義　一九編　大正七刊(活版、興文社)　一　261

(二)　通代

文選　(清嘉慶十四年鄱陽胡克家覆宋淳熙八年跋刊本)六〇卷考異一〇卷　梁蕭統編　唐李善注　清胡克家考異　一九七四、七刊(影印、北京、中華書局)　二〇　262

文選音註　一二卷(存卷六)　明王象乾撰　宇都宮由的(遯庵)校　貞享四年(風月莊左衞門)　一　263

正文章軌範評林註釋　(新刻補訂本)七卷(存卷五―七)　宋謝枋得編　明李廷機注　伊藤龜年補註　寛政六跋刊　一　264

鼇頭增註文章軌範　正七卷(存卷三―七)續七卷(存卷一―四)　宋謝枋得編(續)明鄒守益編　渡井量藏纂輯　明治一九刊(東涯堂)　四　265

增訂文章軌範講義　正七卷續七卷　元謝枋得編(續)明鄒守益編　下森來治講義　明治三六刊(活版、大正七印、興文社)　二　266

文章軌範文法明辨　二卷　岡道(三慶)　明治九、八刊(東、堀口物五郎・竹下子正)　二　267

精選唐宋千家聯珠詩格　二〇卷　宋于濟・蔡正孫編　[寛永]刊(正保三、三印、吉野屋權兵衞)　五　293

同　(校正增註)二〇卷　宋于濟・蔡正孫編　天保二、五刊(後印、東、須原屋茂兵衞)　一〇　268

點註唐宋八家文讀本　三〇巻　清沈德潛評　川上弘樹纂評　明治一一刊（東、山中市兵衛、後印、甲府、内藤傳右衛門）　一六　269

同　同　一六　270

（增訂）唐宋八家文講義（少年叢書漢文學講義第六・一一・一二編）三〇巻（巻二四以下缺）興文社編　大正元、九・二二・二、五刊（活版、大正七、二・五・二印、第九・八・七版、興文社）　三　303

康熙御定歷代題畫詩類　一二〇巻（存第三函巻一―三）　清陳邦彦編　巻大任（菱湖）校　天保九刊（萬笈書房英大助等）　三　271

五　詩文評類

東人詩話　二巻　朝鮮徐居正編　貞亨四跋刊（日野屋書助）　二　272

史跡足利學校新收古書分類目錄

國書　除準漢籍

一　總記

一　圖書

冊數　請求番號

敕版集影（昭和五年刊本）鈴鹿三七編　昭和六一、三刊（影印、京、臨川書店）　一　1

○

［足利學校］書籍目錄（享保十年七月寺社奉行宛提出分）享保一〇寫（月江）　一　2

※巻末ニ「右之通學校傳來之書籍ニ而御座候／尤文庫有之隨分太切ニ仕差置候／以上／享保十年乙巳七月／學校　月江印」トアル

同（享保十三年將軍吉宗閲覽控）享保一三寫（月江）　一　3

※内容ハ前掲書ト同ジ。末ニ「總計貳百七拾壹部／足利學校／享保十三年戊申年五月」トアル。

同（寶暦十一年藤原明遠獻納本目錄）寶暦一一寫　一　4

※巻末ニ「右之衆書明遠之家所藏也／欲傳諸永久助後人之觀覽而／所納也／寶暦十一年辛己／藤原明遠」トアル。

同　寛政九寫　一　5

※本文「○乾／一　尙書拾冊」ヨリ始マリ、巻末ニ「右計三百有三部／寛政九丁巳年初秋閏月上澣改焉」ノ識語ガアル。第一葉裏ニ「足利／學園／書記」ノ大型朱方印ガアル。

冊數　請求番號

御上覽之書目錄　寶暦一二寫（千溪）　一　6

※末ニ「右之書十部從／權現樣閑室佶長老拜領仕候書ニ而御座候／右之外目錄ニ而／御上覽ニ入候書籍總計貳百七拾一部／御座候　尤闔外不出之旨被　仰附候／間大切仕差置申候　以上／寶暦十二壬午年三月／足利學校／千溪」トアル。

［足利學校］御書籍目錄（入藏順）寫　一　7

足利學校藏書目并附考（天明五年）吉田漢宦（篁墩）寫（立原翠軒・雨谷毅舊藏）　一　8

※「此君堂藏本」印ガアル。

足利學校藏書考（寛政九年）（森立之手跋本）新樂定（閑叟）寫（廣瀬淡窓舊藏）　一　9

※廣瀬淡窓所用ノ藏書印「日益月加／無盡藏」「宜園之藏書」「同社之外／雖親戚故人／不許借此」ヲ捺ス。

享和二壬戌改　足利文庫目錄　寫　一　10

※墨刷十行ノ罫紙ニ書寫サレテイル。版心上部ニハ「鈔書烏絲」、下部ニハ「足利學」ト共ニ加刷サレテイル。

寄附書籍目錄　明治九、三寫（栃木縣）　一　11

※後表紙裏ニ九部ノ書名ヲ記シ、末ニ「右之通御返佛　十一年九月六日」トアル。版心下部ニ「栃木縣」トアル藍色印刷罫紙ヲ用イル。

二　事典・事彙

頭書増補訓蒙圖彙大成　二一巻(存巻一七―二一)　中村之欽(惕齋)撰　下河邊[拾水]畫　寛政元、三刊(京、九皐堂)　三　12

啓蒙知恵の環　三巻　瓜生於莵子譯　明治五、一〇刊(東、和泉屋吉兵衛)　三　13

同　三巻(存巻三)　瓜生於莵子譯　明治六、七刊(再刻、東、和泉屋吉兵衛)　一　14

三　叢書・全集

(一)　叢　書

群書類從　五三〇巻附跋　塙保己一編文政三跋刊　六六七　15

※完本ニツキ、細目ヲ省略。但、跋ハ平成印本デ補ウ。

阪本龍門文庫覆製叢刊　(五帖四軸九冊)附解説十六冊(阪本龍門文庫寄贈)(附)川瀬一馬　昭和三四―平成五、一一刊(影印・活版、吉野町、阪本龍門文庫)　三四　16

第二輯　平等院御經藏目錄　釋禪教房　平安末寫　帖一
五　源三位頼政集　二巻　源頼政　永祿六寫(山科言繼)　二
六　觀心寺參詣諸堂巡禮記(稿本)　釋賢耀　永知四寫(自筆)　軸一
七　伊勢公卿敕使神寶繪圖　鎌倉初期寫　軸一
八　神皇正統記(零本)　北畠親房　室町中期寫　一
九　宰相入道教長口傳　藤原教長　建武四寫(釋行兼)　帖一
一〇　方丈記(自筆本)　鴨長明　江戸中期寫　一
一一　禪院并赤山記　平安中期寫(橘直齋)　帖一
一二　啓白諸句集　守覺法親王　鎌倉中期寫　軸一
一三　花鳥餘情　存巻一・二　一條兼良　文明一〇寫(自筆等)　一
一四　帝王記　文永七寫　帖一
一五　庭訓往來(行草體)　文明一四寫　一
一六　月庵和尚法語(片假名)　釋宗光(月庵)　應永九刊　一
一七　應仁記　存巻上　永祿六寫(釋宗光)　一
一八　雜念集　釋澄憲　嘉祿元寫(釋成賢)　帖一
一九　住吉潮干圖　住吉如慶畫　軸一
二〇　假名神代巻　中御門宣秀　寫(自筆)　一

(二)　全　集

渡邊崋山眞景・寫生帖集成　(一軸二枚五冊)第三輯附解説一冊　森銑三編著　昭和五一、五刊(影印・活版、東、平凡社教育産業センター)　九　17

一　(天保元年)崋山先生隨筆　一
二　(天保元年)客坐錄　一
三　(天保二年)客坐錄　一
四　(天保九年)客坐掌記　一
五　獄廷素描　軸一
六　退役願書之稿　一
七　悴へ(立宛遺書)　枚一
八　椿山老兄[宛遺書]　枚一

四　隨　叢

(一)　雜　筆

大東世語　五巻　服部元喬(南郭)　寛延三、三刊(嵩山房小林新兵衛)　五　19

[淡雅雜書]　二巻附錄一巻全三巻　大橋知良(淡雅)　文政六刊(蘊眞堂)　三　505

第一冊(上冊・巻一)　保福祕訣
二　(中冊・巻二)　冨貴自在
三　(下冊・巻三・附錄)　先考淡雅府君行實摘錄(菊地教中撰　大橋正順校)
淡雅大橋府君墓表(大橋正順)

(三)　雜　考

骨董集　上編三巻　岩瀬醒(京山)　文化一一刊(天保七印、明治印、藤井利八)　四　20

人界の奇異　一巻附神界の幽事　物集高見　大正一一、一二刊(活版、廣文庫刊行會)　一　21

○

人情世界　（第一五―一八・二六・四〇・四二・四五―四九號）明治三二刊（活版、東、日本館）　三　22

有喜世の花　（第四八―五七號）明治三二刊（活版、東、有喜世館）　一〇　23

○

妙術博物筌　錦嚢萬代寶鑑一巻神變仙術錦嚢祕巻四巻（乾坤各二巻・乾巻缺）祕事指南車・古今知惠袋・鎭火用心車・祕事思案袋各三巻附目錄一巻　元文―明和・安永九刊（後印）　七　553

※元文―明和中ニ別々ニ刊行サレタ同趣ノ内容ヲ持ツ六本ヲ合ワセ、各本ノ内容ノ檢索ノタメニ、全冊ニ通番ノ丁數ヲ加刻シタ上デ、イロハ順ニ排列シタ内容ニ、ソノ丁數ヲ附シタ索引（目錄）ヲ附シテ新タニ刊行シタモノ。『錦嚢智術全書』ト同趣向ノ出版者ニヨル編纂・刊行物デアル。

二　神祇　附國學

一　神道

（一）　總記

先代舊事本紀　（鼇舊事記）一〇巻　出口延佳校　延寶六跋刊（後印）　五　554

富士信導記（ふじしんじんのみちびきのふみ）　第一　宍野半（半之進）　明治一〇、一二以後刊（川越房吉）　一　555

天御中主神考　（神武天皇）渡邊鐵次郎（重石丸）　明治六、五以後刊（遠藤家）　一　556

（二）　諸家神道

神代正語（かみよのまさごと）　三巻　本居宣長　刊（名、永樂屋東四郎）　三　557

古史成文　三巻　平田篤胤　刊（伊吹迺屋塾）　三　558

靈能眞柱（たまのみはしら）　二巻　平田篤胤　［文化一〇］刊　二　24

同（たまのまはしら）　二巻（文化十年刊本）　平田篤胤　寫　（濱野信重舊藏）　二　559

童蒙入學門　平田篤胤　刊（伊吹迺屋塾）　一　560

※「小野寺正氣藏書」ノ墨書ガアル。

古史畧　角田忠行　文久二序刊　一　561

神代物語百首　二巻　角田信行　明治六、七以後（辻鼻家）　二　562

（三）　教派神道

三條演義　田中頼庸撰　大澤清臣編　明治六、四刊（東、森尾治兵衛・橋田孝助）　一　563

井上正鐵翁遺訓集　八巻（巻四・六・八缺）　井上正鐵撰　横尾信守編　明治二〇―二三刊（禊教横尾社）　五　25

正鐵翁文章　一巻　寫　一　26

［講名簿］　（下野國足利町神習教會丸信講）明治二二寫　一　564

（四）　雜

唯一問答書　存巻上　井上正鐵　明治一九刊（横尾氏）　一　27

直日の教（なおび／ちょくじつ）　二巻（存巻上）　小寺清光　文政二刊　一　28

三　祭祀

祝詞考　三巻　賀茂眞淵　寛政一二、一一刊（大、河内屋吉兵衛等、後印）　三　565

※袋附。

祝辭正訓　二巻附天神壽詞（缺）　平田銕胤　明治一八、六刊（伊吹迺屋塾）　一　566

諄辭集　（諄辭集）二巻　刊（赤城山眞心乃舍）　二　567

中臣祓本義　（神武天皇御製井法）三木廣隆　文政八序刊（長上家）　二　568

大祓太詔刀考（おおはらえふとのりとこう）（天津祝詞考・大祓祝詞考）平田篤胤撰 鈴木重野等校 文化一二、四刊（伊吹迺屋塾） 一 569

四 神社

(一) 總記

大日本二千年袖鑑（神社佛閣萬物始・二千年）（節句庵先生）刊（東、松坂屋金之助） 一 570

記紀神名表（じんみょう） 芳村正秉編 明治二九、二刊（天僊閣芳村正秉） 一 571

(二) 神宮

太神宮大御田祭圖 刊 一鋪 29

(三) 諸神社

菅家傳（北野天神御法并御託宣等）（尊經閣文庫藏元祿二年寫本） 昭和一九刊（影印、前田育德會） 一軸 30

下野神社沿革誌 八巻附八巻 風山廣雄編 明治三五・三六、四刊（活版、逆川村、編者） 八 31

下毛野國天明鄉 菅神廟碑銘并序（文化二年刊尚志堂活字印本） 中野若思撰 大川純三郎編 昭和一四、六刊（影印、編者） 一 32

東山道下野州簗田郡足利庄 八幡宮再奥（ママ）修葺勸進化緣狀（大永二年八月一五日） 寫 一 33

下野國足利郡樺崎鄉 八幡宮紀原 元祿一一、五刊 一 34

三 佛教

一 總記

(一) 概論・通說・雜著

釋文 嘉永六、正寫（田沼武次郎） 一 572

石塔之話 一巻附塔婆の功德 跡部直治（附）川井精春 昭和八（附）同一〇刊（活版） 一 35

觀音五十首蝸牛一百句 外狩素心菴 昭和一六・一二刊（活版、古今堂）（大山魯牛舊藏） 一 36

鹽山和泥合水集 三巻（巻上缺） 釋得勝 刊（後印、書林三郎兵衞） 三 37

善悪種蒔鏡和讃（必要善悪種蒔鏡和讃） 釋大靜（寂庵） 天保六寫 一 38

善悪種蒔鏡 大正一三、三刊（活版、大、小田龜次郎） 一 39

［葬禮心得］ 寫 一 40

二 經・律・論・疏

般若心經和訓圖會（つえ） 二巻 山田野亭（好華堂）撰 案（松）川半山畫 弘化三、三刊（後印、犬、秋田屋太右衞門等） 二 573

四　宗　派

(七)　眞言宗

御流神道竪印信集　存巻上之下　貞享三、五寫（眞敞）　一 574

光明眞言經照闇鈔纂靈記　三巻（存巻下之一）　釋泰音　［寶永七］刊　一 41

金剛界幸聞記　寶永七寫（足利、啓範）　一 42

※奥ニ「寶永七寅之月日／山城國智積院上ノ寮／下野足利鄕／啓範」トアリ。

(八)　禪　宗

蚑行詩かな鈔　落合伊三郎編　大正一五、四刊（活版、大、編者）　一 43

普勸坐禪儀　存序巻　昭和一三、一二刊（影印・活版、安田銀行）　一 44

(校訂)槐安國語　七巻　釋慧鶴（白隠）　明治一八、九刊（京、貝葉書院）　五 575

※袋附。

［霧海指南］　釋潮音（道海）　寫　一 576

※第一丁首ニ「霧海南針序」トアルモ、ソノ内容ハ「霧海指南」ソノモノデアル。本文ノ最末部ニ「寛文七歳仲春吉旦／奉賀佐野舊主雲峯居士來駕云々」ノ記述ガアル。

(九)　淨土宗

觀經玄義分傳通記　六巻（存巻一、前後缺）　釋良忠　刊　一 45

(一〇)　眞　宗

尊號眞像銘文　（建長七年親鸞自筆高田專修寺所藏本）附解説　釋親鸞（附）赤松俊秀　刊（影印・活版）　二 46

五　寺　院

(一)　寺　誌

日蔭草　（萬里小路中納言藤房卿記）附一巻　釋良嚴（靈玉）　寛政二、三跋刊（大正一四、一二印、松樹園文庫　大谷瀬平）　一 47

行道山記　一巻附（淨因禪寺）畧縁起　釋和南（僊眞）（附）釋覺超（兜率）　享保三、七跋刊　一 48

足利鑁阿寺靈寶物全部　明治二二、四刊（活版、足利、金剛山鑁阿寺）　一 49

足利學校鑁阿寺樺崎記　寫　（毛呂氏舊藏）　一 50

(二)　行　事

圓光大師六百五十年御忌勅會御式略圖　萬延二刊（京、知恩院）　一 51

三千三百三十三納本記　長谷岩吉　昭和一〇寫（仙臺、自筆、インク）　一 52

六　外　教

天界と地獄　附スエデンボルグ小傳　スエデンボルグ撰　鈴木貞太郎（大拙）譯（附）ゼームス・スピーヤス　明治四三、三刊（活版、有樂社）　一 53

(引照)新約聖書　附地圖　明治一三刊（活版、神戸、大英國北英國聖書會社）　一 577

※「米國／聖書會社／賣捌」ノ圓朱印ガアル。

聖フランシスコ・ザビエル書簡　二巻　マッフィオ編　一八三七刊　二 54

※原書名ハ『S.FRANCISCI XAVERII E SOCIETATE JESU INDIARUM APOSTOLI EPISTOLARUM OMUNIUM』 ed. by MAFFEJO. PETRO pub. 1837

四 言語

二 文字

(二) 假字

小學假字格　川上廣樹編　松本操貞校　明治七、三刊（東、甘泉堂）　一　542

(三) 假名遣

増補古言梯標註　楫取魚彦撰　山田常助標註　弘化四、春刊（後印、嶋屋平七等）　一　55

※「登龍丸」ノ引札アリ。

尚古假字用格　山本明清編　文政六、二刊（江、岡田屋嘉七）　一帖　56

三 音韻

韻鏡祕事諸相傳頓悟集　全一巻　［牧野重長］撰　己東軒（圖書齋）校　寶永五、一一寫　一　552

※巻頭、軒ヲ斬ニ作ル。巻末ニ「足利學校流正當韵傳」ノ墨書、後表紙ニ伊勢度會郡山田ノ冨田大武ニヨル天保十五年ノ「天保壬寅元暦」ノ頒行引札ヲ附ス。

五 語法

(一) 文法

日本文典　二巻　中根淑　明治九、三刊（東、著者）　二　57

日本小文典　（日本文典節略本）二巻　中根淑　明治九、八刊（東、迷花書室中根淑）　二　58

中學教程日本文典　中等學科教授法研究會　明治三〇、一二刊（活版）　一　59

てにをは教科書　物集高見　明治二六、正刊（再版、六合館）　一　60

日本法文典（ママ）　寫　一　61

(三) 訓讀・句讀

桂菴和尚家法倭點　釋玄樹（桂庵）　元和一〇刊　一　62

六 辭書

(一) 字書

字集便覽　（和字彙）一〇巻（存六書）　承應二刊　一　578

増續大廣益會玉篇大全　（首書本）（四聲附韻冠註補闕類書字義）一〇巻首一巻　毛利瑚珀（貞齋）　元祿四序刊　三　63

同　同（存巻三下・一〇）　（石川勝美寄贈）　二　64

新刻訂正新增正字玉篇大全　池田義信編　細川並輔校　山崎美成再校　弘化四、七刊（江、甘泉堂和泉屋市兵衛）　一　65

新刻訂正新增字林玉篇大全　鎌田禎（環齋）　［明治九、七］刊　一　66

音訓新聞字引　萩原乙彦編　明治九、正刊（東、東出龜次郎・東出鐵五郎）　一　67

同　同　一　68

雅俗新選以呂波字引大全　片岡義助編　明治一一、八刊（銅版、東、林高・京、神先治郎助）　一　69

(三) 辭典

候鯖一臠　五巻　龜田長興（鵬齋）編　龜田長保（鶯谷）補　天保一三刊（江、山城屋佐兵衛等）　五　506

※後裏紙裏ニ漢詩（七言絶句）一首（墨書一葉）ヲ挿入。

大全早引節用集　（文化十四年版）刊（後印）　一　70

三語便覽　（安政四年刊本）（佛・英・蘭）三巻　村上義茂　昭和刊（影印）　三　71

五　文學

一　國文

(二) 小説

(一) 古物語

校定源氏物語詳解　第一帙（巻一―五）　池邊義象・鎌田正憲　大正五、六刊（活版、博文館）　五　73

(二) 説話物語

(三) 歴史物語

室之八寓　六巻（中聖人晦所）　文政元、九寫（木下秀周）　三　74

校定大鏡　存巻上　松井簡治・萩野由之校　明治三六刊（活版、東、六合館）　一　75

校定増鏡　存巻上　萩野由之等編　明治三一、正刊（活版、東、六合館）　一　76

(四) 軍記物語

太平記抄　（片假名・ヅ式）存巻二九―三二　刊　二　77

太平記讀本　今泉定介　明治三〇、八刊（活版、明治書院）　一　78

平家物語講義　（中等教育和漢文講義）存第一冊　今泉定介　明治三五刊（活版、誠之堂書店）　一　79

(五) 中世小説

永壽集　内山正如　明治四一、正刊（活版、大師河原町、平間寺）　一　80

(六) 近世小説

㊃ 讀本

通俗兩漢紀事　通俗西漢紀事・通俗東漢紀事各一〇巻（存各巻六―一〇）　稱好軒徽庵　刊（享和二、九印、小林新兵衛等）　二　579

開巻驚奇俠客傳　存第三集巻之二　曲亭（瀧澤）馬琴撰　歌川國貞畫　天保五刊（群玉堂）　一　81

孔子一代記　（通俗大聖傳改題本）（孔子一世大聖畫傳）五巻（存巻一至三）　山東京傳撰　北尾紅翠齋（恭雅）畫　天保九、正刊（江、岡田屋嘉七、小林新兵衛）　一　507

※「小説年表」ニヨルト、天保九年刊「孔子一代記」ニハ「四冊　曲亭馬琴著・二世重政畫」トアリ、寛政元年刊「通俗大聖傳」ニハ「五冊　山東京傳著・北尾重政畫」トアリ、ソノ改題本「通俗大聖傳」ノ解説ニハ、「近世物の本作者部類」ヲ引イテ「京傳が半紙本なる讀本を綴りし初めなり」トアル。

㊆ 人情本

梅香情史鶯袖　存第二編（巻四・六、第九・一三回）　溪齋英泉畫　天保刊（套印）　二　82

澤村田之助曙草子　（田之助）存初編三巻　岡本勘造（起泉）編　岡本周延畫　明治一三、七以後刊（套印、東、綱島龜吉）　一　83

㊁ 合巻

かな讀八犬傳　三〇編（第一三・一四・二七―三〇編缺）　爲永春水（二世）撰　歌川國芳畫　嘉永元―慶應三刊（江、丁字屋平兵衛）　三　84

白縫譚　（不知火物語）九〇編（存第五一―六一編）　柳下亭種員等撰　歌川豊國（二世）等畫　嘉永四―明治四刊（松林堂藤岡屋慶次郎・柳下亭）　一五　85

同　同（存第二三・三三・三四編）　三　86

弓張月春廼宵榮（ゆみはりづきはるのゆふばへ）　二五編（存初編―第一〇編）　樂亭西馬撰　歌川國輝畫　嘉永四―六刊（江、惠比壽屋庄七）　五　87

釋迦八相倭文庫　存初編―第五二編（第五〇編下缺）　萬亭應賀撰　一陽齋（二世歌川）豊國畫　弘化二―文久三刊　一八　88

89 假名讀太閤記　存初編　山々亭有人撰　錦朝樓芳虎畫　［明治四］序刊（江、紅木堂木屋宗次郎）　二

90 童謠妙々車（わらべうた）　二五編（存初編―第二三編）　柳下亭種員等撰　歌川國貞（二世）畫　安政二―明治元刊（江、紅英堂蔦屋吉藏）　八

91 御所櫻梅松錄　一五編（第一五編缺）　鶴亭秀賀撰　歌川國芳畫　文久元―明治刊（江、綱島龜吉）　一四

92 室町源氏胡蝶卷　二六編（第二六編缺）　柳亭種彦（二世）撰　歌川國貞（二世）畫　元治元―明治一六刊（江、紅英堂林吉藏）　一三

93 藪黄鸝八幡不知（やぶうぐいすやはたしらず）　存四卷（初編至四編）　山々亭有人撰　歌川芳虎畫　慶應二―明治七刊（江、紅英堂蔦屋吉藏）　二

94 繡像水滸銘々傳　存初篇　江境菴花川編　月岡芳年畫　刊（套印、江、大橋堂）　一

㈢ 實録

95 太閤眞顯紀　存第七編（卷二八）　寫　一

96 賦禁祕誠談　存卷八―一〇　文化元寫　一

※關白秀次公五右衛門召出さる事・五右衛門七篠河原ニ於て釜入之事等。

97 關原日記大全　（卷一、關原軍記日記大全）二八卷（卷二三―二五缺）　寫　九

98 關ヶ原軍記　（淺野彈正忠長政蜜狀之事外）　寫　一

99 難波戰記大全　（大坂夏の陣）存卷二四　寫　一

580 難波軍記　五卷（卷三缺）　慶應元、夏寫　四

100 大久保武藏鐙　二五卷　寫　二五

101 近世四戰紀聞　（繪入り）三卷　橋爪貫一編　明治一一、四刊（東、坂上半七）　（岩下善七郎舊藏）　三

※「明治十二年二月求之／岩下善七郎」トノ墨書アリ。

102 護國女太平記　二〇卷（卷七・八缺）　寫　九

103 巷說兒手柏　初編　柳亭種彦（高畠藍泉）　明治一二、九刊（活版、文榮堂武田傳右衛門）　二

104 神谷轉苦忠鈴慕（かみやうた、くちゅうのれんぼ）　存卷上　放牛舍桃林口演　新井田次郎速記　明治二一刊（活版）　一

105 事情明治太平記　一〇編　村井靜馬編　明治八刊（小林鐵太郎）　一〇

106 其名も高橋毒婦の小傳東京奇聞　存七編（初編至七編）　岡本勘造編　明治一二刊（東、綱島龜吉）　七

(三) 隨筆

508 ［徒然草］　（新板繪入つれ〳〵草）二卷　（吉田兼好）　正德二、五刊（後印、和泉屋茂兵衛）　二

509 同　（大字新板つれ〳〵草）二卷　（吉田兼好）　刊（寬延四、六印、京、大和屋伊兵衛・加賀屋清右衛門）　二

㈣ 日記・紀行

107 ［阿部花子遺稿集］　（花文庫）卷天・三毛タマ子卷　阿部花子　昭和一五刊（タイプ、阿部侃）　一

108 安蕪山踏　相場古香　寫（自筆）　一

※著者ハ足利ノ人。版心下部ニ「風月長生舍」ト墨書。

510 日光紀行　（朱訂本）　米良倉（東嶠）　嘉永元、七寫（鹽谷宕陰）　一

※弘化四年七月二十六日江戶發、八月五日足利學校訪問。

511 夢路日記　（夢路の日記）　菊池（大橋）槇子　文久二跋刊　一

※撰者ハ大橋正順ノ妻。

㈤ 文集

109 新居唱和集　原田良三郎編　明治四四、一一刊（石印、編者）　一

110 同　同　一

111 花筐　（侯爵夫人前田漢子遺書）　前田漢子撰　永山近彰編　大正一三、四刊（活版、審美書院）　一

○

112 頭書譯語通俗文章　二卷附諸證文例　太田代恆德撰　青木東園校書　明治九、三刊（東、耕文堂星野松茂）　二

113 高等論說記事簡牘文例　二卷附熟語類纂（上層）　今井匡之（風岡）　明治一四、一二刊（活版、東、山中孝之助）　二

114 祝文作例　二卷　干河岸貫一編　明治一五、正刊（編者）　二

日用文鑑 (増訂版)二巻附參考書(存卷上) 小中村清矩・中村秋香編 明治二七、二刊(同三一印、青山清吉) 一 115

同 (改正増訂版)二巻附參考書(存卷下) 小中村清矩・中郁秋香編 明治三二、一一刊(同三三、一〇印、七版、青山清吉) 一 116

(六) 消息

新撰十二月用文(じゅうにかげつ) 二巻 深澤菱潭撰書 明治七、四以後刊(東、甘泉堂) 二 117

二 漢文

(一) 總記 附漢學

玉山講義師説 淺見安正(絅齋) 寫 一 118

玉山講義再表補闕 寫 一 119

二程造道論 二巻 山崎嘉(闇齋) 元祿三、四寫(加藤草庵) 一 120

夜寐箴 山崎嘉 刊(大、河内屋源七郎) 一 121

私淑錄 二巻 寫 二 122

※「山崎先生曰云々」トアリ。

崎學闡明文略 内田周平撰 佐伯仲藏校 昭和三、九刊(活版、谷門精舍内田周平) 一 123

山崎闇齋之研究 存卷上(第一—三章) 阿部吉雄 寫(自筆) 一 124

李退溪と山崎闇齋學派關係資料 (著者ノート)附新聞切拔二種 安部吉雄 寫(自筆) 一 124-2

拘幽操合纂 淺見安正編 昭和一〇、一〇刊(活版、谷門精舍内田周平) 一 125

徂徠先生學則 荻生雙松(徂徠) 享保一二、正刊(高山房須原屋新兵衛、後印)(東勢田德廣舊藏) 一 126

※「東勢／田／文庫」「東勢田」「魁星」印ガアル。

名義集要 鈴木温編 寛政三、六刊(京、錢屋彌兵衛等) 一 127

爲學要説 一巻性理鄙説・理氣鄙言各一巻 三宅重固(尚齋)(性)大橋正順(訥庵)(理)櫻田質(鼓嶽) 昭和一六、九刊(石印、名、尾張四爲會) 一 128

理氣鄙言 (朱校本) 櫻田質 寫 一 129

祭祀來格説 一巻附錄一巻 三宅重固 安永六、九跋刊 一 130

白雀錄 二巻續錄一巻 三宅重固撰 岡直養・池田壽介校 昭和一三、六刊(活版、虎文齋岡次郎) 三 131

講學筆記 三巻(冊) 中村之仲(欽齋) 寛保三、四序跋刊 一 132

稱呼辯正 二巻 留守友信(希齋) 寶曆七、五刊(大、白雲館伊丹屋鳴井茂兵衛) 三 133

言仁要錄 (紫陽言仁要錄)(寛政四年序刊本) 大塚久成(退軒)編 中村正尊校 寫 一 134

金峨先生匡正錄 井上立元(金峨)撰 篠本廉(新齋)校 安永五、秋刊(江、藻雅堂舟木嘉助等) 一 135

四部書 久米順利(訂齋) 昭和七、四跋刊(活版) 一 136

學思錄鈔 二巻晩李漫錄鈔一巻 久米順利撰 岡直養校 昭和六、六刊(活版、文成社岡次郎) 二 137

品林錄 (强齋雜話筆記拔刷) 稻葉正信(默齋)撰 池上幸二郎校 昭和一二、七刊(活版) 一 138

二洲先生擇言 尾藤孝肇(二洲) 寫 一 139

※「私淑錄」(122)ト同筆。

同 尾藤孝肇撰 内田周平校 昭和一〇、二刊(活版、谷門精舍内田周平) 一 140

疑問錄 二巻 大田元貞(錦城)撰 太田敦・太田信成校 天保二刊(江、聽松軒、後印 江、和泉屋金右衛門等) 二 141

仁説三書 洙泗仁説・一貫明義・仁説要義各一巻附錄二巻 大田元貞撰 渡邊思順等校 文政四、夏刊(江、和泉屋金右衛門) 三 142

讀書餘適 (自筆本) 鈴木由次郎(乾堂) 昭和三八、三刊(影印、安閑窟) 一 143

宋學源流質疑 三巻 並木正韶(栗水) 明治三六、一二刊(活版、並木讓之助) 一 144

二禮儀略　（假名抄・ナリ式）四卷　村士宗章　寛政四・四跋刊（寒泉書院）（朝川全庵舊藏）　四　145

闢邪小言　四卷　大橋正順（訥庵）撰　並木詔等校　安政四、正跋刊（江、思誠塾）　四　512

（二）詩文評・作詩作文

詩轍　六卷　三浦晉（梅園）　天明六、八刊（大、河内屋八兵衛等）　六　146

譯文須知　前集虚字部五卷　松本愼（愚山）　文化五、六刊（京、西村吉兵衛等、後印）　五　592

同　實字部四卷　松本愼撰　鵜飼良輔校　明治四、五以後刊（京、林芳兵衛等）　三　593

幼學詩韻　一卷續編一卷（缺）　成德隣・檜長裕編　刊（弘化二、一〇印、須原屋伊八等）　一　147

同　一卷續編一卷（缺）　成德隣・檜長裕編　明治一二、一〇刊（東、千鐘房北澤伊八・青黎閣北畠茂兵衛）　一　148

幼學詩韻續編　林襲・大前彬編　安政四、三刊（後印、江、須原屋伊八等）　一　149

詩語碎金　二卷　泉要（士德）編　石作貞校　天保刊（江、東都書林合梓）　一　150

同　二卷　泉要編　石作貞校　文久刊（後印、大、河内屋藤四郎等）　一　151

幼學碎金 幼學便覽　存第三編卷之下　白井篤治編　西野古海補　明治一一、四刊（東、千鐘房北澤伊八・青黎閣北畠茂兵衛）　一　152

幼學碎金 續幼學便覽　二卷　伊藤馨　慶應元、七刊（明治三修、山城屋佐兵衛等）　一　153

詩語對句自在　四卷（存卷三）　内山牧山編　明治一四、一〇刊（岡田茂兵衛）　一　154

明治新編 作詩便覽　四卷（卷一・二缺）附一卷　榊原育壽（庸心齋）　明治一四—一五刊（東、編者）　三　155

明治作詩必携　二卷　堀中徹藏（東洲）編　明治二五、一一刊（銅版、東、小林喜右衛門・榊原友吉）　二　156

新選 詩學必携　律之部二卷　堀中徹藏編　明治二七、三刊（銅版、東、小林喜右衛門・榊原友吉）　二　157

作文方法　存下編　林多一郎・中島操編　明治九、正刊（栃木・萬象堂菅谷甚平）　一　158

（三）總集

文化 嚮風草　初編三卷二編四卷　石公瑟編　田良益校（一）安達脩（清河）編　安永四、五刊（江、須原屋市兵衛）　五　159

新撰 名家詩文　三卷（存卷人）　渡邊助次郎編　明治一〇、一一刊（編者）　一　160

再刻 日本文章軌範　（首書本）七卷　石川英（鴻齋）編　明治一五、正刊（稻田佐吉）　三　161

同　同　三　162

奪錦袍　六輯（第五輯缺）　牛窪勝三郎編　明治三六—三七刊（活版、足利、繡虎吟社）　一　163

[魯堂東崖詩集]　魯堂詩稿・東崖一塵集各一卷　關貞良（魯堂）・關正（東崖）撰　關毅編　昭和一一、四刊（活版、編者）　一　164

聖戰誠詩集　羅一鳳編　昭和一二、一二刊（活版、京城、經學院）　一　165

○

和韓唱酬集　（天和二年）三宅元孝・朝鮮成琬等　天和三、正刊（婦屋仁兵衛）　七　166

（四）別集

覆醬集　（凹凸窠先生詩集）二卷　石川凹（丈山）　寛文一一、三刊（後印）　一　167

※表紙裏打紙ニ佛書ガ使用サレル。

泣血餘滴　二卷　林恕（鵞峯）　萬治二、七刊（京、大森安右衛門）　二　168

東野遺稿　三卷　安藤煥圖（東野）撰　山中重鼎等編　寛延二、五刊（江、嵩山房小林新兵衛）　三　516

※享保四年沒、三十七歲。

强齋先生遺艸　四卷　若林進居（强齋・虎文齋）撰　岡直養校　昭和一一、一二刊（活版、東、岡次郎）　二　169

强齋先生雜話筆記　一二卷餘慶編一卷　若林進居撰　岡直養・池田壽介校　昭和一二、七刊（活版、東、岡次郎）　九　170

西山拙齋先生文集　（萬延二年秋山寒録手寫本）一卷附西山處士之碑　西山正（拙齋）（附）柴野邦彦（栗山）　刊（影印）　一　171

同　同　一　172

西山拙齋文 (文化三年二月寫懷德堂所藏本)一卷附西山處士之碑 西山正(附)柴野邦彦 寫(電子複寫) 一 173

精里集抄 初集三卷二集二卷 古賀樸(精里) 文化一四、三序刊(愛月堂) 五 174

樗散集 文化寫 一 175

蒲生君平遺稿 三卷附蒲生君平墓表 縣信緝(啓止)編(附)藤田一正 明治一二、九以後刊(鏡池書屋 佐藤靜雄) 三 176

詠史集 (詠史絶句)二卷 守田通敏(啓齋) 安政七、三刊(和泉屋金右衛門) 二 177

螻堂遺稿 初集三卷 山田政苗(螻堂) 慶應三序刊(足利、求道館) 二 178

※「興津壽男贈」ノ墨書。刻者八木村嘉平。

同 同 二 179

※「奈良正一贈」ノ墨書。

蒙齋先生集 詩集・隨筆各一卷 月田強(蒙齋)撰 楠本孚嘉・岡眞養編 大正七、一二刊(活版、漢口日報社) 二 181

端山先生遺書 八卷 楠本後覺(端山)撰 楠本正翼編 明治三六、一一刊(活版、佐治爲善) 四 182

兎園雜錄 (明治二十六年高橋氏刊本) 高橋元貞(敬敷) 昭和三八、七刊(影印、群馬縣吾妻町、一場奥平) 一 183

澄江詩文草稿 (田崎格太郎遺草)存卷一 田崎格太郎 明治三三寫 一 184

※「故草雲翁男田崎格太郎遺草/明治三十三年九月十六日記」ト墨書。罫紙版心下部ニ「澄江文庫」ト刻入。

香亭藏草 中根淑(香亭) 大正三刊(活版、酒田、本間光輝) 五 185

弄雪遺稿 戸田忠行 大正八、一二刊(活版、猗猗山房) 一 186

七輯 大東寶訓一卷明倫彙典・修省編各二卷訓蒙絶句・同後編・聖道指歸・修才新語・警聯類海各一卷 藤澤恆(南嶽)編著 大正八、一〇刊(活版、編著者) 三 187

鹿友莊遺稿 四卷 日下寛(勺水)撰 古城貞吉編 昭和七、一一刊(活版、日下繁) 二 517

※大正十五年沒、七十五歲。

咬菜軒五種 服部富三郎(咬菜軒)撰 林錠吉校 昭和一一、九刊(活版、服部富三郎先生謝恩記念刊行會) 四 188

第一冊 孝經説・學庸説
第二冊 老子説
第三冊 咬菜軒文鈔・隨筆書牘
第四冊 東洋倫理學

小村崖南詩集 小村充雄(匡・崖南) 昭和一二刊(活版、足利、小村朝) 一 189

養浩堂詩鈔 二卷 宮島誠(栗香)撰 宮島大八編 昭和一五、一二刊(活版、東、善隣書院) 二 190

節山先生詩文鈔 二卷附唱和錄・式典報告書 鹽谷温(節山)撰 内田泉・松井武編 昭和三一、六刊(活版、鹽谷節山先生八十壽賀記念會) 一 191

同 同(式典報告書缺) 一 192

(五) 日記・遊記

漫游文草 五卷(卷三―五缺) 平澤元愷(旭山) 寛政元、一二刊(須原屋茂兵衛) 一 193

東毛紀行 一卷附一卷 安達修(清河) 天明三序刊 一 194

相中紀行 安達修 天明四序刊 一 195

※右二部、各葉上部ニ二字ズツ「野州足利學校文庫」ト墨書。

東海游囊 一卷附一卷 安達修撰 武田龍(鳳鳴)編 天明五序刊(鳳鳴館) 一 196

公程餘事 棟居岐峰撰 中澤廣勝(蓮塘)等校 大正三、一〇刊(活版、群馬縣佐波郡、中澤廣勝) 一 197

三 和歌

(一) 總記

奥河内清香文庫 奥河内清香(今尾逸平)等編著 寫(自筆等) 一六一 18

第一冊 三栗調三・四綴(己巳年部) 明治二寫(自筆)
二―七 備忘錄 明治四―六寫(自筆)

八　[雜記](神宮造營等)　寫(自筆)
九　[雜抄](日本橋ゟ道法等)　寫(自筆)
一〇　[七回忌法會祭文](案)　弘化四寫(自筆)
一一　木村納直君墓誌銘　川上廣樹撰　木村勇三書　明治二〇、一二寫(自筆)
一二　雅言用文章　寫(自筆)
一三　源註拾遺(羽倉本)存巻一　天保三寫(清香)
一四―一九　源氏物語萍中月(稿本)六(巻一―六)　嘉永三―明治五寫(自筆)
二〇　源注抄(斷簡)　寫(清香)
二一　(源氏物語)文中消息抄　寫(清香)
二二　太平記[人名]・武德編年集成[抄]　寫(清香)
二三　缺陷精舍記　寫(鶴峯戊申等)
二四　花月草紙抄錄　寫(清香)
二五　琴後集文之部　寫(清香)
二六　十六夜日記　寫(清香)
二七　來觀菴奇談　芦廼屋寄松逑　天保五寫(清香)
二八　淺澤小野　寫(清香)
二九　藐弧射乃祕語二編　寫(清香)
三〇　蔭踏道記戊申之部(戊巳紀行原本)　嘉永元寫(自筆)
三一―三四　道行布理四(巻一―四)　天保一五寫(自筆)※序文ハ橘守部ノ自筆
三五　請禱日記　己酉之部　嘉永二寫(自筆)
三六　さ羅婆ひ具佐(辛酉晩春江戸往來日記)　文久元寫(自筆)
三七　船廼綱手(兩社詣紀行日次記)　元治元寫(自筆)
三八　[萬葉集地名・人名考證]　寫(自筆)
三九―四三　玉聲小錄五(存巻二―五)　寫(自筆)
四四　而于者文字之事　夕可菴馬光　寛延四、閏六寫(山口樸雪)
四五　[和歌草稿]　寫(橘守部)
四六　[穴門廼海潮・加我鳴鶯音]　寫(清香)
四七・四八　古今集私記　序之部・四季之部　寫(自筆)
四九・五〇　古今和歌集二　刊
五一―六〇　倭寧傳之故(奥河内清香家集)一一(存巻二―一一)　明治四寫(自筆)
六一　同(別本)　嘉永七寫(自筆)
六二　萬葉代匠記拾遺　寫(清香)
六三　小倉百人一首詳解　寫(自筆)
六四・六五　桂園一枝　四季之部・戀雜之部　寫(清香)
六六・六七　葦牙集(阿斯訶備集)　巻二・三(四季戀雜混雜)　清香編　嘉永五寫(清香)
六八―七〇　葦牙癸丑集　巻一―三(歌集)　嘉永六寫(清香)
七一・七二　葦牙甲寅集　巻一・二(歌集)　安政元寫(清香)
七三・七四　葦牙乙卯集　巻二・拾遺(歌集)　安政二寫(清香)
七五・七六　葦牙丙辰集　巻二・三(歌集)　安政三寫(清香)
七七・七八　葦牙丁巳集　巻一・二(歌集)　安政四寫(清香)
七九―八一　葦牙戊午集(花家多滿)　巻一―三(歌集)　安政五寫(清香)
八二―八四　花籠己未集　巻一―三(歌集)　安政六寫(清香)
八五―八七　花籠庚申集(花家多磨)　巻一―三(歌集)　萬延元寫(清香)
八八・八九　花籠辛酉集　巻一・二(歌集)　文久元寫(清香)
九〇・九一　花籠壬戌集(花賀多萬)　巻上・下(歌集)　文久二寫(清香)
九二　花籠癸亥集(歌集)　文久三寫(清香)
九三　花加多萬甲子集(花籠甲子集)(歌集)　元治元寫(清香)
九四・九五　花籠乙丑集　春夏秋之部・冬戀雜之部(歌集)　慶應元寫(清香)
九六・九七　花籠丙寅集　春夏之部・秋冬戀雜之部(歌集)　慶應二寫(清香)
九八・九九　花籠丁卯集　巻上・下(歌集)　慶應三寫(清香)
一〇〇・一〇一　花籠戊辰集　巻上・下(歌集)　明治元寫(清香)
一〇二・一〇三　花籠己巳集　巻上・下(歌集)　明治二寫(清香)
一〇四・一〇五　花籠庚午集　巻上・下(歌集)　明治三寫(清香)
一〇六・一〇七　花籠辛未集　巻上・下(歌集)　明治四寫(清香)
一〇八―一一四　下蔭集七　橘守部編　天保九、九刊(江、須原屋佐助等)
一一五　小荻巻之一(四季之部)(歌集)　嘉永五寫(自筆)
一一六　母のおもひにてよめる歌種々　寫(自筆)
一一七　三くさのひめ歌　寫(自筆)
一一八・一一九　藻鹽草　一・二號(歌評)　寫(清香等)
一二〇・一二一　佳賀見(布留鏡・敷留鏡)　藤原(千種)有功(橘蔭道)　寫(清香)
一二二・一二三　佐々羅荻巻二・三(歌集)　寫(自筆)
一二四　新年望山(明治九年子第一月一八日御歌會始)　明治九寫
一二五　四海清(明治一六年御歌合會始)附明治十六年御歌會始より　明治一六寫(附、清香)
一二六　宮中御歌會始(明治二二―三四年)　寫
一二七　清直和歌合書拔　寫
一二八　懸賞歌寫(題・風不鳴條)　明治二二寫
一二九　九十番歌合　嘉永五寫(自筆)
一三〇　可徒羅の下路[三十番歌合]　清香編判　嘉永五寫(清香)
一三一　十五番獨歌合　寫(清香)
一三二　松陰集　清香編　安政三、一一序刊
一三三　員外四詠(紫陽花葩)　寫(自筆)
一三四　月並兼題并當座詠混雜詠草　寫(清香)
一三五　詩文規格鈔　寫(清香)
一三六・一三七　賤環歌集(日本外史目安詠)二　[嘉永二]寫(自筆)
一三八・一三九　古事記傳摘要　二(巻一・二)　寫(清香)
一四〇―一四二　書記蒭靈　巻二―四　寫(自筆)
一四三―一四六　同(鑑異本)　巻二―五　寫(自筆)
一四七・一四八　吾妻鑑假面(東鑑かりおもて)二　寫(自筆)

一四九　東鑑摘要　寫(自筆)
一五〇　淺瀬の波 巻一　寫(自筆)
一五一　[斷簡]一〇種　寫(自筆)
一五二　張札之寫　寫
一五三　戶田様上書之寫　寫(一五二ト同筆)
一五四　水戶藩士齋藤左治衛門・藤田十四郎聞書(元治元年四月六日於脩道館)
　　寫
一五五　水戶公上書　[安政元]、三寫(西村秀實)
一五六　東京四季逍遙記　寫(自筆)
一五七　をはすて山の考　越決信　寫(有功)
一五八　仁孝天皇御葬式畧記　弘化三寫(清香)
一五九　窮理捷徑十二月帖二　寫(自筆)
一六〇　柳田繁右衛門室能惠子刀自[墓誌銘](案)　寫(自筆)
一六一　賀集序　安政三寫(自筆)

(二) 歌論・作法

和哥八重垣　七巻(存巻一―三・詞部類註釋讀方一)　有賀長伯　元祿一三刊　一　581

(三) 選集

(一) 勅選集

新古今集詳解　存巻一(春歌)　鹽井正男(雨江)　明治三〇刊(同三五、六印、五版、活版、東、明治書院)　一　198

(二) 私選集

萬葉集　(いてふ本萬葉集)存巻一―一〇　三教書院編輯部編　昭和一〇、六刊(活版、東、三教書院)　一　199

萬葉集美夫君志　存巻一(上・下)・巻一・二別巻・巻二(上・中・下)・別記巻一・首一巻　木村正辭　昭和四、八刊(修訂四版、活版、光風館書店)　八　518

○

小倉山庄色紙和歌　(百人一首)　寫(三井寺門跡)　一　519

※金葦手料紙、綴葉装、漆塗桐箱入リ。蓋裏ニ「三井寺/御門跡御筆」トアル。

百人一首拾穂抄　全一巻　北村季吟　天和元跋刊(後印)　四　520

※題簽ニハ「上之一」「上之二」「下之一」「下之二」トアル。
第一・三冊表紙ニハ、各々「東安堵邑今村氏/明和五年求」ノ朱書、「明和五歳/如月　目(ママ)/今村氏」「東安堵邑今村氏正治□」ノ墨書ガアル。

壽賀多百人一首小倉錦　(姿百人一首)(頭書本)　溪齋英泉編畫　[元祿]八刊(江、甘泉堂和泉屋市兵衛)　一　200

百人一首寶鑑　(錦森百人一首萬壽鑑)(繪入り)　文化一一、三刊(江、森屋治郎兵衛)　一　521

耳順(じじゅん)賀歌集　關橋守編　文久三、春刊(紅紫樓、後印)　一　201

萬世百人一首　(花文臺(はなぶんたい))(天智―順德院)刊　一　202

永花百人一首文十抄　文化一四、七刊(嘉永三、七印、三刻、江、榮久堂山本平吉)　一　203

御詠集　吉川宗太郎編　明治四三刊(活版、東、歌道奬勵會)　一　204

(四) 家集

麓木鈔　(圖書寮藏御自筆本)存上巻附解説　靈元天皇　昭和二二、四刊(影印・活版、圖書寮)　二　205

四條中納言集　(前田家藏藤原定家手寫本)一巻附解説　藤原定賴(附)池田龜鑑　昭和一七、一〇刊(影印・活版、前田育德會)　二　206

玉籠集　三巻　飯塚久敏　文久二刊　三　207

五 俳諧

[俳諧集]　(弘化―嘉永)寫　一　208

哥仙　寫　一　209

聖廟獻句彙　一巻附子雀の巻一巻　足利學校獻句會(毛畔俳諧會)編　岩澤亮一(溪谷)書　昭和九、一〇寫(自筆)　三　522

七 狂歌

狂歌上段集　顯光(桑揚庵主人)　寛政五、一一刊　(岩下善七郎舊藏)　一　210

[狂歌集]　尻燒猿人等　寫　一　211

六 音樂・演劇

二 音樂

(三) 絃學

523 東皐琴譜正本 三巻首尾各一巻 心越興濤(東皐)傳 杉浦正職(琴川)校 坂田進一編 平成一三、九刊(活版、東、坂田古典音樂研究所) 五

四 能樂

(三) 謠本

212 寶生流 謠本 内百番外百十番 寛政刊 四三

213 同 同(存内第一冊(高砂・田村・熊野・班女・鵜飼)) 一

214 觀世流 謠本 存内五八番外二一番別四番 觀世清廉校 明治四一刊(石印、京、檜常之助) 八三

※「川島久/兵衛」「川久」「川嶋」印アリ。

215 同 同(存内第五二番・八島) 一

五 淨瑠璃 附人形劇

216 梅野由兵衛 茜染野中の隱井(新版章句改正五行稽古本)(元文三年初演)存下冊 原田由良助撰 並木宗輔補 刊(冨士屋儀兵衛) 一

七 歷史

一 總記

217 增脩改正 和漢年歷箋 文久元、八刊(後修、江、千鐘房須原屋茂兵衛) 帖一

218 和漢史略字引(校正増補) 原田由己編 明治一三、三刊(萬蘊堂篠崎才助) 一

二 日本史

(一) 總記

219 鼇頭挿畫校正 王代一覽 存後編四巻 高田義甫・西野古海編 大關克校 鮮齋永濯畫 明治七、一〇刊(千鐘房北畠茂兵衛・汎愛堂坂上半七) 六

(三) 通史

220 標記 本朝通鑑 八一巻(巻七一以下缺) 林恕(鵞峯)等編 林昇校 大槻誠野(東陽)・渡邊約郎訓解 明治一四、八刊(大槻東陽) 七〇

221 國史略 五巻(存巻五) 岩垣松苗 文政九、一二刊(菱屋孫兵衛等) 一

222 日本外史 (校刻日本外史)二二巻(存巻五・六・一〇—一五・一八—二二) 賴襄(山陽)撰 保岡孚校 明治一三刊(六刻、東、松平直方) 七

223 標註 日本外史 二二巻圖一巻 賴復撰 雲谷任齊校 明治一〇、一〇刊(同一六、四印、再版、京、撰者) 二三

224 校正標註 日本外史 二二巻(巻二—一六缺) 賴復撰 雲谷任齊校 明治一四、一一刊(三刻、京、撰者) 五

225 繪本 日本外史 二二巻(巻一・六—一四・一七・一八・二二缺) 賴襄撰 大町桂月譯 大正七、六—九、五刊(活版、東、博文館) 五

226 外史譯語 二巻 大森惟中・庄原和編 明治七、八刊(後印、東、靑山淸吉等) 一

同　同（存巻上）　一　227

改正増補日本外史字類　三巻（存巻一）　榧木寛則編　明治九、九刊（山中市兵衛）　一　228

纂評日本外史論文箋註　一巻附録一巻　池田盧洲　池田典雄　大正一二、四刊（活版、四版、東、修省書院）　一　229

日本政記　一六巻　頼襄　明治一三、一一刊（再版）　八　230

記事本末國史提要　六巻附人皇統系表　石橋奎編　明治一二、五刊（活版、再版、東、南薫社）　六　231

改刪日本史要　二巻（巻下缺）附大日本圖　池邊義家・關根正直編　明治三〇、四刊（活版・銅版、東、大倉書店）　一　232

修正新撰帝國史要　二巻　芳賀矢一　明治三一、五刊（活版、三版、東、冨山房）　二　233

（三）時代史

古事記　（新刻古事記正文）刊　三　234

同　（鼇頭古事記）三巻　大安萬侶奉敕撰　出口延佳校　刊（明治印、京、文昌堂永田調兵衛）　三　582

同（ふることぶみ）　（假名古事記）三巻　坂田鐵安　明治七、一刊（東、神道禊教本院）　三　235

同　［假名古事記］三巻　坂田鐵安編　明治七、正刊（甲府、内藤傳右衛門・東、中西忠誠）　三　583

日本書紀　（校正評閲）存神代巻二巻　舍人親王等奉勅　元祿八、五刊（後印、京、松栢堂出雲寺和泉掾）　二　584

※「古橋文庫」ト讀メル朱長方印等三種ト抹消サレタ一朱印ガアル。

日本書紀通證　三五巻（存巻一―七）　谷川士清　寶曆一二刊　七　585

新史　星野桂吾　寫（自筆、インク）　五　236

第一冊　蝦夷征討　第二（第十八・十九冊）
函館流賊征討始末（第二十冊）
第二冊　同（第二十一・二十二冊）
第三冊　山陽南海鎮撫記　第一（第二十八冊）
第四冊　同　第二・三（第二十九・三十冊）
第五冊　勤皇世家（第三十二冊）

維新實記　一五〇巻（巻四・一九・二四・三一・三四・五五・六七―六九缺）　藤川忠猷編　寫（星野氏）　三　237

（四）雑史

（一）一般

元寇紀略　三巻附元寇年表　大橋正順（訥庵）　嘉永六、一一序刊（思誠堂）　二　524

（二）地方

鎌倉大草紙　（寛延四年五月書寫本）（群書類従校合本）　天保八、四寫（黒川春村）　一　525

※「鎌倉大艸紙ト永亨記ノ異同ノヿ」ト題スル文書一通（二紙二分斷）ヲ附ス。末ニ「右以羣書類従本令比校畢（花押）／天保八年四月廿二日薄齋春村」ノ校合識語ヲ附ス。

［足利史］　寫（細矢方穀）　一　238

［小俣村政治闘争史］　（野州足利郡上川崎村）附書狀一通　長谷部純孝述　明治四二寫　一　239

※十一月二十六日附、長谷部純孝等三名發大川善二郎宛禮狀（本文ハ石印、宛名・署名ハ墨書）ヲ附ス。（大川菊次郎・長澤規矩也舊藏）

（三）人物

足利老談記　寫　一　240

續武者物語　存巻三―一〇　國枝清軒　寫　九　241

雨夜燈　湯淺元禎（常山）　文化八、閏二寫（小宮山楓軒）（青山拙齋・内野皎亭舊藏）　一　242

※「皎亭改藏」「水戸靑／山氏藏」「清狂／庵主人（須藤宗次郎）」印アリ。
本文首「秋雨の夜半に寒燈を剪て古き物語を書集ぬれは、是なん雨夜のともしひといふへし。」本文末「雨夜の燈は寶曆中常山翁古き物語を書集めて豫公へ奉獻すせり。其草稿を謹而書寫置ぬ。文化八年己春閏二月三日騰寫一校畢。同日水戸小宮山昌秀書於楓軒」トアル。

（五）史論

皇和表忠録　（有不爲齋叢書甲集第二）附蒲生君藏墓表　蒲生秀實（君平）撰　伊藤之幹（子固）校（附）藤田一正　明治元、一〇刊（有不爲齋）　一　526

(六) 傳記

(一) 各傳

稻葉默齋先生傳 (稻葉正信)默齋先生語錄鈔・附錄各一卷 林秀道(潛齋)撰 池上幸二郎校 昭和一〇、一二刊(活版、東、一誠堂書店) 一 243

野州足利郡上川崎村百姓逸八後家はつ孝義狀 鹽谷大四郎 文化四、五刊(撰者) 一 244

贈從三位津輕信政公二百年祭記念外乃濱風 (外崎覺)旦代石太郎編 明治四二、八刊(活版、東、編者) 一 245

(二) 叢傳

列聖珠藻 一卷聖德餘光一卷 佐々木信綱(聖)辻善之助 昭和一五、一一刊(活版、紀元二千六百年奉祝會) 二 246

同 同 二 247

寶祚大典 福井三郎 昭和三、正刊(活版、東、櫻蔭文庫) 五 248

先哲叢談 (朱校本)八卷 原善胤(念齋) 文化一三、九刊(江、和泉屋金右衛門等) 四 249

先哲叢談抄 (青谿書屋舊藏・長澤規矩也所藏文化十三年九月刊先哲叢談卷六抽印本) 原善胤 昭和四一、八刊(影印、東、松雲堂野田義太郎) 一 250

君臣言行錄 (足利學校・雲龍寺所藏本)八卷 人見節等編 安永六寫(足利學校・千溪) 八 251

名將言行錄 前編七〇卷 岡谷繁實 明治二九、一一刊(活版、東、牧野書房) (著者寄贈本) 七 252

勇臣英名百雄傳 存第三編 橋本玉蘭齋譯書 慶應四刊(套印、東、大橋堂小田原屋彌七) 一 253

近世先哲叢談 正編・續編各二卷 松村操 明治一三・一五刊(同三一、四印、東、文永堂武田傳右衛門) 四 254

同 同 四 255

近世偉人傳 存初編卷上 蒲生重章(褧亭) 明治一〇、六刊(青天白日樓) 一 256

下野烈士傳 戶田忠剛(恆堂)編 明治三四、九刊(活版、東、東洋社) 一 257

府縣長官銘々傳 伊藤專三(橋塘)編 立齋廣重畫 明治一四、五刊(紅葉堂林吉藏) 一 258

(四) 陵墓・墓所

首註陵墓一隅抄 津久井清影 刊(銅版) (丸山瓦全舊贈) 一 259

(七) 系譜

日本史同外史名乘字引 (增補再刻)高井蘭山編 工藤寒齋補 慶應四刊(竹山塾) 一 260

(二) 諸家

新編纂圖本朝尊卑分脉系譜雜類要集 (尊卑分脈)(大系圖)二〇卷 洞院公定 明治三七、一二刊(活版、吉川弘文館) 三 261

藤原系圖 (上野國薗田系圖)(鎌足―季實・天保九年九月十六日出生) 寫 一 262

新田族譜 鈴木眞年編 明治二三、一一刊(石印、東、長谷部仲彥) 一 263

三和村松田柏瀨家々譜 附柏瀨宗貞・木暮五十槻 柏瀨貞治編 昭和一三刊(孔版、(附)寫、編者) 一 264

田原族譜 初編 山土家左傳編 明治一六、一一刊(栃木大前村、東明會) 一 265

(三) 家傳

橫井家系圖代々勤書 (明治十六年八月二十一日まで) 寫 一 266

御家之記 (越前松平家系圖) 寫 一 267

新田舊記 大正元寫 一 268

(八) 史料

(三) 記錄

① 日記

看聞日記 (宮內省藏御自筆本)(四三軸四四冊)應永二三―文安五年(應永三三―正長元・永享一一・一二・嘉吉二・文安元―三年缺) 伏見宮貞成親王(後崇光院) 昭和六―七刊(影印・活版、宮內省) 八七 269

270 墓前日記（天明七年六月）（「上毛及上毛人」連載） 高山彦九郎 寫 一

271 鎮將府日誌（慶應四年八月―明治元年十月）（第一―二十七編） 明治刊 五

272 太政官日誌（明治二年正月―二年九月）（第一―百二號） 明治刊（東、和泉屋市兵衛・須原屋茂兵衛） 三

③ 雜記錄

273 吾妻講 定宿判取帳（文久二年） 刊 一

274 關東講 御定宿判取帳 刊（大、平野屋佐吉） 一

(四) 歴史圖書

275 日清戰鬪畫報 第一・二編 久保田米僊・久保田米齋 明治二七、一〇・一一刊（活版・石印、套印、東、大倉書店） 二

276 朝鮮内亂 日清大戰爭 鎌田在明編 刊（銅版、編者） 一

三 外國史

(一) 東洋史

277 朝鮮史 三巻 林泰輔 明治二五、一一刊（活版、同三四、六印、再版、東、吉川半七） 五

278 朝鮮近世史 二巻 林泰輔 明治三四、六刊（活版、同三五、七印、訂正再版、東、吉川半七） 二

八 地理

二 日本地誌

(二) 通誌

279 瓜生氏 日本國盡 八巻附圖 瓜生三寅撰 [巻]菱潭書 明治五、一〇刊（附圖・色刷、東、和泉屋吉兵衛）（岩下善七郎舊藏） 八

280 大日本國徒久し枝折 三巻附大日本全圖 西野古海撰 [巻]菱潭書 明治刊（東、三書堂北畠茂兵衛等） 三

281 日本地誌略字引 存巻三 藤井惟勉 明治八、一一刊（東、中外堂柳河梅治良） 一

282 改正日本地誌略字引 存巻四 谷壯太郎編 明治一一、二刊（東、山静堂山崎清七） 一

283 日本地誌畧字類附錄 小倉庫二編 明治九、二刊（東、江嶋喜兵衛等） 一

284 日本地名字引 大槻修二編 明治七、五刊（東、森屋治兵衛） 一

(三) 地方誌

(一) 畿内

285 都名所圖會 六巻拾遺四巻 秋里舜福（籬島）撰 竹原信繁（春朝齋）畫 安永九・天明七秋刊 二

(三) 東山道

286 下野國誌 一二巻 河野守弘編 文久元、五刊（江、山崎屋靜七郎等） 三

※書肆中ニ栃木、萬屋吉兵衛アリ。

287 同 一二巻 河野守弘編 梅溪書 明治二六刊（大正五、三印、下野國誌刊行會） 四

288 下野地誌畧 川上廣樹 明治八、正刊（相場朋厚） 一

289 同 同 一

下野掌覧　二巻附副端　菅原豊道（雪齋）撰書　萬延元、八刊（江、梅軒堂山崎清七）　二　290

栃木縣地誌略　（橡木縣地誌略）阪部教宣編　明治一〇、一一刊（栃木町、集英堂）　（須永弘舊藏）　一　594

栃木縣足利町概況　明治三三、五刊（石印、全國市街地圖編製所）　鋪一　291

栃木縣佐堅田沼葛生三町概況　明治三三、五刊（石印、全國市街地圖調製所）　鋪一　292

館林領五郡農家水配鑑　刊（筆彩）　鋪一　293

館林記拔書　（至享保十四年）寫（中山氏）　一　294

日光山志　五巻　植田孟縉撰　石橋眞國等校　天保八、一一刊（江、須原屋伊兵衛等）　五　295

※前表紙ニ「足利學校の記事あり四〇／山中笑老人より寄進せらる　瓦全記」ノ墨書。

(四)　遊覧・遊歴

東路之記　（江戸より日光へ行程の記）（日光名勝記）一巻附一巻　貝原篤信（益軒）　正德四刊（享保六印、京、柳枝軒）　一　296

※「飯塚／藏書」「山中文庫」印ガアル。

伊香保鑛泉（をんせん）圖會　（上州伊香保鑛泉圖會）　篠田仙果撰　橋本周延畫　明治一五以後刊（伊香保、物産末買捌廉明舍中）　一　297

鹽原溫泉誌　田代近三編　明治四四、七刊（活版、寶來社）　（岩下善七郎舊藏）　一　298

豆州熱海誌　大内青巒（藹々居士）　明治一七、九以後刊（熱海村、眞誠社石渡善右衛門）　一　299

四　外國地誌

(一)　總記

西洋事情　初編三巻　福澤諭吉　明治三刊（再刻、慶應義塾）　三　300

同　二篇四巻（巻一缺）　福澤諭吉　明治三、一〇以後刊（慶應義塾）　三　301

頭書大成世界國盡　五巻附一巻　福澤諭吉　明治二、八刊（慶應義塾）　（岩下善七郎舊藏）　六　302

世界七不思議　（萬國奇談）初編二巻　青木輔清編譯　［明治六］刊（東、和泉屋市兵衛）　二　303

(三)　支那誌

唐土名勝圖會　初編六巻　岡田友尚（玉山）等撰畫　文化二刊（大、龍昇堂）　（富岡仲次郎舊藏）　六　304

※原裝、杉箱入。

(四)　世界誌

輿地誌略　存第二篇四巻（巻四―七）　内田正雄　刊（文部省）　四　305

同　存第二篇四巻（巻四―七）　内田正雄　明治四刊（文部省）　四　306

同　存初篇三巻第二篇四巻　内田正雄　明治七、三刊（山梨縣重版、山梨、内藤傳右衛門）　七　307

同　存第三篇二巻　内田正雄　明治八、三以後刊（圖版、銅版色刷、東、修靜館紀伊國屋源兵衛）　二　308

同　存初編三巻　内田正雄　刊（大學南校、明治一三、八以後印、木村文三郎）　三　309

萬國地誌畧　六巻（巻五・六未刊）附地球全圖　獨グリウソン・ヘルド撰　菅野虎太譯　明治七、一二刊（東、養賢堂山中市兵衛（附）銅版・彩色）　四　310

小學必携萬國地誌畧　（小學必携萬國地誌畧字類）二巻　古川良輔編　明治九、七刊（栃木、集英堂山中八郎）　二　311

同　同（存巻上）　一　312

五　地圖

(一)　日本全圖

［日本全圖］　國中御城下附江戸ヨリ里數　寫　鋪一　313

大日本國全圖　（改訂兵要日本地理小誌附圖）　中根淑　明治九、四刊（銅版・彩色、東、佐々木綱親）　鋪一　314

大日本分國輿地全圖　存第一幅　宮脇道赫　明治一四以後刊（銅版・彩色、東、山中市兵衛）　鋪一　315

大日本海陸小圖　若林平三郎編　明治九、九以後刊(銅版・色刷、東、東生龜治郎)　一鋪　316

(三) 地方圖

掌中武藏國輿地全圖　天保七、秋刊(文刻堂西村)　一鋪　317

長野縣管下開明長埜町新圖　三上眞助編　明治一一、一二刊(五色刷、長野、編者)　一鋪　318

下野國圖　河野守弘編　刊(小宅文藻)　一鋪　319

※「時于嘉永二年己酉十月古圖ニ依テ考訂シ名所舊跡ヲ書加フル者　河野守弘／山川ヲ畫キ且校合シテ上梓セシムル者　小宅文藻」トアル。「蓮岱會寄附／艸雲／所藏」「白石齋」ノ印アリ。

[下野九郡圖]　刊　一鋪　320

梁田宿ノ圖　(天保十三年八月)寫(彩色)　一鋪

[下野梁田郡圖]　寫(彩色)　一鋪

[五箇村田中村境界圖]　(天保七年)寫(彩色)　一鋪

※右三鋪、平成十一年刊『史跡足利学校関係資料調査報告書』文書目録所收。

鹽原圖　明治三一、五刊(銅版・石版、東、右田商店)　一鋪　321

※東日本十四國圖ノ廻リニ鹽原溫泉の廣告ヲ附ス。

右田商店廣告

石版 銅版 活版 寫眞石版 亞鉛版	彫刻印刷所 右田商店

陸奥出羽國郡行程全國　附越後半圖　橋本玉蘭齋　刊　一鋪　322

松嶋鹽釜眞景全圖　明治三七、九刊(銅版、盛光堂)　一鋪　323

改正越後國全圖　小林清親編　明治九、五刊(銅版・彩色、東、編者)　一鋪　324

蝦夷闔境輿地全圖　藤田全良(惇齋)　嘉永七、四刊(套印、播磨屋勝五郎)　一鋪　325

實用北海道新地圖　嵯峨野彦太郎 小島千代松　明治三九、三刊(石印・色刷、函館、大盛堂)　一鋪　326

九　政治・法制　附故實

二　政　治

(一) 總　記

荅問録　(獨斷時勢答問録)中邨順　文久二、五序刊(平成九修、足利、足利學校)　一　327

同　同　一　328

同　同　一　527

※右三部ハ著者ノ後裔ヨリ、原版木ノ貸與ヲ受ケ再印スルニ際シ、原版木ニ缺ケル序第三丁及ビ本文第三五・三六丁ノ三丁ヲ足利學校ニ於テ補刻シタモノデアル。

隔鞾論　鹽谷世弘(宕陰)撰　川島達(蘭洲)書　安政六刊(快風堂)　一　329

今　書　蒲生秀實撰　筒井明俊校　文久三、八刊(江、播磨屋勝五郎)　二　528

不恤緯　蒲生秀實　明治元、一〇刊(京、文求堂田中屋治兵衛等)　一　529

恐惶神論　二卷附恐惶神論總評　藤森大雅(弘庵)(附)大橋正順(訥菴)　寫　一　530

文明論之概略　六卷　福澤諭吉　明治八、四以後刊　六　330

(四) 明　治

國理論　フォン・スタイン撰　荒川邦藏譯　明治一六、八刊(獨逸學協會)　一　331

栃木縣大小區畫制置簿　(明治六年)第七十四號　明治六刊(木活)　(長澤規矩也舊藏)　一　332

(五) 外國

萬國掌覽　山本與助編　明治六、二刊(大、編者)　鋪一　333

三 詔令・宣命

(一) 詔勅

興國の大詔　田中巴之助　大正一三、二刊(活版、第一六版、天業民報社)　一　334

四 法令

(二) 公家

法曹類林　(内閣文庫藏金澤文庫舊藏嘉元二年寫本)存三卷(卷一九二・一九七・二〇〇)附解説　藤原通憲　昭和三二刊(影印・活版、東、内閣文庫)　軸三 冊一　335

(三) 武家

(一) 中世法

御成敗式目　[正保四]刊(京、菊屋七郎兵衛)　一　336

※題簽ニハ、[無點/繪入]トアルモ、加點アリ。或ハ補刻カ。

[御成敗式目聞書]　寛永寫　(川瀨一馬舊藏)　一　337

※奧書ニ「寄進/足利學校　御成敗式目聞書一冊/昭和四十七年壬子二月十三日/川瀨一馬」トアル。

(四) 明治

新令字解　荻田嘯編　明治元、一二刊(東、須原屋茂兵衛)　一　338

商法小學　工藤助作抄譯　明治九、一一刊(積玉堂)　(岩下正成舊藏)　一　339

[郵便規則并罰則]　報知新聞編　明治五刊　一　340

願屆證書文紙書入模範　中島萬編　明治一〇、一一刊(朱墨套印、栃木、山中八郎)　一　341

五 官職

(二) 公家

職原鈔　(首書本)二卷補遺・後附各一卷　北畠親房撰　舟橋(清原)秀賢校　寛文二、正刊(後印)　五　586

職官志　七卷　蒲生秀實　天保六、三序刊(後印、大、加賀屋善藏等)　六　531

六 補任

官員錄　明治刊(須原屋茂兵衛・和泉屋市兵衛)　一　342

七 典例・儀式

(一) 總記

故實叢書　今泉定介編　明治三二―三九刊(木版・活版、東、吉川半七)　二六　343

第一―三冊　拾芥抄(洞院公賢)
第四―六冊　禁祕抄考證
第七冊　御代始抄(一條兼良)　有職袖中抄
第八冊　建武年中行事略解(谷村光義)
第九―四八冊　武家名目抄(塙保己一等)
第四九―六二冊　大內裏圖考證(裏松光世)
大內裏圖(缺)
中古京師內外地圖(缺)
中昔京師地圖(缺)

第六三・六四冊 本朝軍器考并附圖(新井君美)
第六五・六六冊 軍用記并附圖(伊勢貞丈)
第六七―七二冊 貞丈雜記(伊勢貞丈)
第七三―八二冊 安齊隨筆三二(伊勢貞丈)
第八三・八四冊 安齊雜考(伊勢貞丈)
第八五―九〇冊 織文圖會(松岡辰方)
第 九一 冊 裝束織文圖會(松岡辰方)
第九二・九三冊 服飾圖會(本間百里)
第九四―一〇〇冊 裝束集成
第一〇一・一〇二冊 裝束着用圖
第 一〇三 冊 禮服着用圖
第 一〇四 冊 女官裝束着用次第
第 一〇五 冊 近代女房裝束抄
冠帽圖會(松岡辰方)(缺)
第一〇六・一〇七冊 尙古鎧色一覽(本間百里)
鎧着用次第(缺)
第 一〇八 冊 輿車圖考并附圖(松平定信)(附圖缺)
第一〇九・一一〇冊 舞樂圖(高島千春)
第 一一一 冊 舞樂圖說(大槻如電)
第一一二―一一六冊 歷世服飾考(田中尙房)

(三) 皇室

卽位式 (宗祇所持本)附讓位式 一條兼良(附)吉田(卜部)兼倶 寫 一 515

大内裏敕 享保一七・五寫(義卓) 一 532

(四) 諸禮

[小女子教訓雜誌] 刊 一 344
※内容—小笠原流形圖・女中諸禮指南・琴三味線之圖・本朝勝景并和歌・新三十六可仙・女中御所詞・和國賢女繪傳等

(七) 裝束・服飾

千代田の大奥 楊洲周延畫 福田初次郎校 明治二七、四―二九、五刊(套印、東、福田初次郎) 帖一 533

歷世服飾考 (故實叢書零本)存卷一 田中尙房 明治二六刊(木版・活版、東、吉川半七) 一 345

一〇 經濟

一 總記

生產道案内 二卷 小幡篤次郎 明治三、五刊(尙古堂) 二 346

民間經濟錄 一卷二篇一卷 福澤諭吉 明治一〇、三・一三、八刊(慶應義塾) 二 347
※二篇末ニ、著作權ヲ示シ僞版ヲ防グタメノ透シノ入ツタ奥附ガアル。

改正經濟說略 (英寳節德著「小經濟論」)二卷 永田健助編譯 明治一三、一一以後刊(再刻、編者) 二 348

破產豫防法 (身代の番人) 九岐晰 明治一二、三刊(活版、東、望月誠) 一 349
※ボール表紙

五 地方

算法地方大成 (天保八年五月官許、江戸西宮彌兵衛等刊本)五卷 秋田義一編 寫 五 350
※卷末ニ「測器細工 江戸淺草 大野彌三郎規行」ノ朱印ヲ捺ス。

六 雜

經濟小學家政要旨 三卷 米國ハスケル撰、永峰秀樹抄譯 明治九、一〇刊(同一二、一二以後印、再版、甲府、内藤傳右衛門) 三 351

二　教　育

一　總　記

［諸藩藩校取調帳］　江戸末寫　一　352

下毛埜州學校來由記　附大學寮教授章　元文三寫（釋月江）　一　353

※奥ニ「元文三戊午載立秋日庠主前禪興月江／元澄淳子走毫于字降松下」ナル第十六代庠主月江ノ手識ガアル。

足利學校見聞記　（上海中華書局刊仿宋活字印本・巾箱本）廣瀬健（旭莊）　大正一四、一〇刊（活版、東、松雲堂）　一　354

同　（松雲堂刊本原稿、存大正十四年刊本第十四丁裏第二行迄）（倉石武四郎手校本）廣瀬健　大正寫（松雲堂野田文之助）　一　355

同　（大正十四年松雲堂刊本）廣瀬健　寫（インク）　一　356

足利學校事蹟考　一巻附一巻　川上廣樹撰　田崎芸（草雲）畫　明治一三、九刊（栃木小俣村、木村勇三）　一　534

同　同　一　357

同　一巻附一巻　川上廣樹撰　田崎芸書　明治刊（栃木小俣村、木村勇三）　一　535

同　同　一　536

同　同（昭和三五、九印、栃木縣立足利女子高等學校社會クラブ）　一　358

※右五本ノ本文ハ、版式ヲ含メ全ク同一デアルガ、前二本ト後三本ハ覆刻關係ニアル異版デ、學校ニ現藏サレル版木ハ後三本ノタメノモノデアル。

續足利學校事蹟考　（足利學校考續著）川上廣樹　明治一七、七寫（自筆）　一　359

※「大正十三年初冬／寄贈／木村半兵衛［木村］」ト墨書・捺印。

（史蹟）足利學校　川島守一　昭和一一、一〇刊（活版・コロタイプ）　一　537

足利學校記錄　寫　九三　513

※「韻鏡字子」（五一八—六）ニモ附綴サレル。

○

二　教　訓

靖獻遺言　存四巻（巻一—四）　淺見安正（絅齋）編　明治二刊（再刻、京、風月堂）　一　360

靖獻遺言講義　八巻　淺見安正　慶應三、正刊（京、風月堂庄左衛門等）　二　361

三賢一致書　（三界一心記）（萬治三年一〇月刊本）大龍編　寫　一　587

※末ニ「萬治二年己亥孟冬仲旬吉日」ノ刊語ヲ移寫スル。

女大學寶箱　（女大かく）一巻　貝原篤信（益軒）　文政一二、三刊（大、柏原清右衛門・江、須原屋茂兵衛）　一　362

同　（女大かく・こころのにしき）一巻（存第四—一三・九六—一〇八丁）　貝原篤信　弘化五、三刊（大、柏原清右衛門等）　一　363

女大學　（二階本）附手習並に文字の事（上層刊）　一　364

繪本孝經　（畫本古文孝經）二巻　高井伴寛（蘭山）撰　葛飾北齋（卍老人）畫　元治元、冬刊（再刻、嵩山房須原屋茂兵衛）　二　538

同　（明治印、東、嵩山房須原屋茂兵衛）　二　539

女四書藝文圖會　鄭氏女孝經圖會一巻明孝慈列女圖會一巻　清原宣明編　村田嘉言畫　天保六、七刊（套印、大、敦賀屋善藏等）　二　365

母と子　（後編）原胤昭　明治四二、一七刊（活版、大正二印、四版、東、博文館）　一　366

○

害事論　石井光致（磯岳亭）　文政一一、三刊（江、千鍾房須原屋茂兵衛）　一　540

※著者ハ下毛ノ人。

修身談　三巻　石井光致　文政一一、三刊（江、千鐘房須原屋茂兵衛）　三　367

同　同（存巻上）　一　541

勸孝邇言　上羽勝衛　明治六、三序刊（惺惺軒）　一　368

幼童訓　坂田安治撰　巻菱潭書　明治一八、四刊（東、神道禊教本院）　一　369

學問ノスヽメ　存第八―一四篇　福澤諭吉　明治七、四―八、三刊（木活・整版）　一　370

※第八・九篇ハ木活、以下ハ整版。各篇末ニ「福澤氏／藏版印」（朱印）ヲ捺ス。

○

女今川錦の嚢　（女）佐藤晃（愼齋）書　大澤貞芳畫　天保一三、正刊（江、榮廣幸三郎）　一　371

※表紙ニ「女今川錦袋」ト墨書。

三　心學

主從心得之事　（主從心得草）明治六、二寫（足利、岩下儀兵衛）　一　372

四　教科書

(一)　往來物

庭訓往來　（平假名傍訓附）刊（江、靑雲堂英文藏）　一　373

※「登龍丸」ノ引札ガアル。

同　（頭書・平假名傍訓附）萬延元刊（江、文江堂吉田屋文三郎）　一　374

同　（上圖下文）（永壽庭訓往來繪抄）釋玄惠　天保二、九刊（江、西村屋與八等）　一　375

同　（榮文庭訓往來倭鑑）釋玄惠　刊（江、榮久堂山本平吉）　一　376

庭訓往來講釋　（上圖下文・頭書繪註）溪齋善次郎（池田英泉）撰畫　弘化二、一二刊（江、山城屋佐兵衛・龜屋文藏）　一　377

女庭訓往來　（二階本）文久四、正刊（江、山口屋藤兵衛）　一　378

女庭訓　（零葉・存第一―九丁）刊　一　379

御家女用文寶箱　天保三、六刊（江、森屋治兵衛等）　一　380

御家日用文章　藤村秀賀撰　竹内璋山（林泉堂・林盛堂）書　文久元、八刊（江、山靜堂山崎屋靜七）　一　381

商賣往來　（新せうばい・現金商賣往來）（頭書本）文化五、八刊（再版、江、山城屋左兵衛）　一　382

萬寶古狀揃文鑑　（古狀）（二階本）慶應三、九刊（再刻、江、錦森堂森屋治兵衛）　一　383

［習字手本］　（履新之祥慶云々）明治寫（安田淸一郎）　一　384

同　（大夫主人云々）寫（新井宇多）　一　385

(二)　啓蒙書

女實語教　天保一四、正刊（江、田中屋長藏）　一　386

實語教　（大字假名附）一巻童子教一巻附實語教繪抄・童子教繪抄各一巻（上層）安政六、四刊（再刻、江、大坂屋富三郎等）　一　387

※本書ノ奥附ニハ「上總東金町　多田屋嘉左衛門／野州足利　山本屋政助／江戸四日市　上總屋惣兵衛／同堺町　大坂屋富三郎」ノ四肆ガ列擧サレテイル。通則ニ從イ、大坂屋ヲ代表トスル。

大統歌　鹽谷世弘（宕陰）撰　鹽谷時敏（青山）書　大正一二、八刊（影印・活版、同一四、七印、鹽谷溫）（鹽谷溫寄贈）　一　388

(三)　教科書

官版單語篇　存第一―三冊　明治五刊（文部省、後印、三家村佐平等）　三　389

同　同（存第一・三冊）　二　390

單語篇　一巻（巻一）附府縣名　明治六、六刊（栃木縣）　一　391

※見返ニ「一萬五千部／摺立後絶版」トアル。

同　（明治六年六月刊本）一巻附府縣名　刊（栃木縣）（福田生長舊藏）　一　392

※見返ニ「管下小學所用／定價金壹朱」ノ朱印ガアル。

同　刊（栃木縣）（田中道子舊藏）　一　393

尋常小學校修身書　（生徒用）存第一・四冊　辻敬元・岡村增太郎編　明治二二、六刊（普及舍辻敬元）　二　394

修身小學　存卷三　丹所啓行等編　明治一七、七刊（東、集英堂小林八郎）　一　395

中學修身教科書　五卷（存卷三）　井上哲次郎　明治三六、三刊（活版、訂正再版、金港堂書籍）　一　396

小學高等讀本　存卷一上・卷三上下・卷四下　岡本增太郎　明治二〇、一〇刊（同二〇、一二以後印、訂正再版、東、坂上半七）　四　397

中等國文讀本字解　存第二冊（卷三・四）　秀英舍編輯部編　明治三三、一〇刊（活版、秀英舍）　一　398

女子國文讀本　（新訂）存卷五　生田目經德編　明治三三、三刊（活版、誠之堂書店）　一　399

女子國語讀本　存卷三・五・六　吉田彌平等編　明治三五、三刊（活版、訂正再版、金港堂書籍）　三　400

女子新國文　（改制新版）存卷六・七　芳賀矢一編　橋本進吉補　昭和一二、一二刊（活版、訂正再版、東、冨山房）　二　401

作文方法　（小學作文方灋）二編　林多一郎・中嶋操編　明治九、正刊（栃木、菅谷甚平）　二　402

頭書類語小學作文全書　存卷四（契約文例・訴答文例之部）　青木輔清・安井乙熊編　青木東國書　明治一三、三以後刊（東、集英堂山中市兵衞）　一　403

訂正中學作文教科書　存第五編　堀江秀雄　明治三九、三刊（活版、東、明治書院）　一　404

女子國語文法　（上學年用）　吉岡鄉甫編　昭和一二、一〇刊（活版、東、光風館書店）　一　405

中等教科明治文典　三卷（存卷一）附音便及假名遣法の概要　芳賀矢一　明治三八、一二刊（活版、四版、東、冨山房）　一　406

撰定中學漢文字解　存第二冊（卷三・四）　上田泰藏編　明治三三、正刊（再版、東、秀英舍）　一　407

歷代漢文讀本　正・前・後編各一卷　松平康國編　明治三八、四・五・六刊（活版、東、早稻田大學出版部）　三　408

支那今體文讀本　國語漢文研究會編　簡野道明校　明治三八、正刊（活版、東、明治書院）　一　409

名著漢文選　佐藤正範編　大正一一、二刊（活版、訂正再版、東、山海堂出版部）　一　410

新修漢　文　存卷一　簡野道明編　大正一五、二刊（活版、訂正、東、明治書院）　一　411

師範學校編輯日本略史　二卷（存卷下）　木村正辭編　那珂通高校　明治八、一〇刊（文部省）　一　412

高等小學下野地理書　齋藤鎗太郎撰　小林滿三郎訂　明治一九、七刊（同二〇、二以後印、宇都宮、觀光堂田中正太郎）　一　413

上等小學算術書　五篇答式五卷（卷二・四缺）　篠原正弘等編　明治一〇、三—一一、二刊（都賀郡、金泉堂篠崎儀郎）　八　414

※編者、第一—三編ハ篠原正弘・山本文一郎、第四篇ハ松本時敏、第五篇ハ篠原正弘。出版、本篇ハ明治十年十一月—十一年二月、答式ハ明治十年三月—十一年二月。

四術題林答式　（小學正則）明治八、正刊（集英堂山中八郎）　一　415

分數題林　（小學正則）存卷上・下答式卷下　林多一郎・松本時敏編　明治九、九刊（都賀郡、金泉堂篠崎儀一郎）　三　416

諸等題林　（小學正則）一卷答之部一卷　松本時敏編　明治九、五刊（栃木、萬象堂菅谷甚平）　二　417

小學筆算例題　二卷（存卷下）　村上素行編　明治九、九刊（岡村庄助）　一　418

珠算教授書　三卷（存卷下）答式二卷（卷上缺）　藤井信厚編　明治一二、三・一三、七刊（都賀郡、集英堂山中八郎）　三　419

同　同（存答式卷中）　一　420

地學教授本　（初學十科全書第一集）初編（卷一・二）　ゼームス・クルイクシャンク著　內田正雄譯　明治八、一二以後刊（修靜館）　二　421

同　（初學十科全書第一集）第三編（卷五・六）　ゼームス・クルイクシャンク著　三橋惇譯　那珂通高校　明治一一、四以後刊（東、修靜館內田正義）　二　422

下等小學第四級習字本　卷菱潭書　明治七、一一以後刊（栃木縣）（岩下くら舊藏）　一帖　423

習字手本三體國盡　土屋伊兵衞（竹富）編　伊藤桂洲書　明治一二、三刊（東、寒玉堂土屋伊兵衞）　一　424

（新案速成矢島式）三體書譜　矢島雲堂　昭和九、一〇序刊（活版・影印）　二帖　543

［書簡手習］　寫　一帖　425

小學習字女日用文　（行草書混體）存卷一　安井乙熊編　卷菱潭書　明治一五、二刊（東、集英堂小林八郎）　一　426

高等科習字帖 （楷書）伊藤桂洲撰書 明治二二、二刊（同二二、六印、訂正再版、東、榊原友吉）（岩下孫七舊藏） 一 427

小學唱歌集評釋 三篇 旗野士郎編 明治三九、七刊（活版、東、安井清） 一 428

小學畫手本 存巻五―八 栃木縣師範學校編 平野長富畫 明治一二、四刊（石印、都賀郡、山中八郎）（岩下正藏・善七郎舊藏） 四 429

中學畫手本 八巻（存第五）（補訂）淺井忠撰畫 明治二八、八刊（同三二、一二印、石印・活版、訂正再版、金港堂） 一 430

三 理學

二 天文・暦算

和漢暦原考 石井光致撰 釋巽希校 文政一三、九刊（江、須原屋茂兵衛等） 一 544

太陽略暦 （明治九年）頒暦商社編 明治八刊（東、中村小兵衛） 一 431

略本暦 （明治十三年―十八年）神宮司廳編 明治一二―一七刊（東、頒暦商社） 六 432

同 （明治十九・二十年）神宮司廳編 明治一八・一九刊（神宮司廳） 二 433

九星便 （大正三・四年）山下一・山下重藏編 大正二、一一・三、一一刊（活版、京、編者） 二 434

○

頭書増補算法闕疑抄 五巻（存巻三・五）磯村吉徳 貞享元、正刊（京、中村五兵衛） 二 435

同 同（存巻五、後印） 一 436

新編筭學啓蒙諺解大成 （ナリ式）三巻附總括 建部賢弘 元祿三、七刊（京、柳枝軒茨木方道）（大西寛舊藏） 七 437

算法天元指南 （和解圖式）九巻（巻九缺）佐藤茂春 元祿一一、三序刊 （足利郡篠部慶郎舊藏） 四 438

※巻八末ニ「五冊之内」「野州足利郡／山下村住人／篠崎慶郎」トノ墨書アリ。

筆算訓蒙 三巻答式三巻（巻三缺）塚本明毅 明治二、九刊（静岡、沼津學校） 一 439

和洋對算 （和洋對算獨稽古）初編・二編各一巻 學半舍如水編 明治五、一〇以後刊（東、川越屋松次郎） 二 440

洋算早學 （獨學洋算早學）存初編 吉田庸徳（回春樓主人）編 明治五、三以後刊（東、若林喜兵衛・小林喜右衛門） 一 441

算法類籌運筆 根岸茂吉編撰 明治七、八刊（足利町、編撰者） 一 442

※巻末ニ「下野國／足利町／彫工板橋岩吉」トアル。袋附。

筭法自在 伊藤清澄（氷湖）編 明治［八、一二］刊（東、鶴屋喜右衛門） 一 443

※奥附ニハ、東京、須原屋茂兵衛カラ東京、鶴屋喜右衛門ニ至ル十五肆ガ列記サレテイルガ、後カラ第二肆東京、山崎屋清七ノ下ニ「版」トアリ。見返ニモ「山靜堂」ノ號ガ見ラレル。

新撰小學算法早學 存巻上 星唯清編 明治一〇、五刊（東、求信閣）（金澤寅次郎舊藏） 一 444

五 物理

磁石論 石井光致 文政一〇、正跋刊（江、千鍾房） 一 545

六 化學

増訂化學訓蒙 七巻（存巻四、巻五以下未刊）石黒忠悳編譯 明治六刊（英蘭堂島村利助） 一 445

小學化學書 三巻 ロスコウ撰 市川盛三郎譯 保田東潛校 明治七、一〇刊（同一四、三修、東、山中市兵衛）（岩下正藏舊藏） 三 446

※最末丁改刻、「明治十四年三月二日飜刻御届」トアリ。

一三 醫學

一 總記

虎列剌豫防の諭解(さとし)　内務省社寺局・衛生局編　明治一三、四刊（内務省社寺局）　一　588

二 漢方

德本翁十九方　一巻附十九方對證通覽　長田德本（知足齋）撰　稻葉克・和久田寅校　文化元・五刊（大、鹽谷平助・河内屋喜兵衛）　二　447

三 蘭方

外科手引艸　（外療手引艸）存正編坤巻　玄々齋道人　天明七序刊　一　589

六 近代醫學

造化機論　二巻　米國ゼームス・アストン（善亞頓）撰　千葉繁譯　明治八、一一以後刊（石印、譯者）　二　448

一四 產業

二 農業

再版 農業全書　一〇巻（存巻一）　宮崎安貞撰　貝原義質（樂軒）補　天明七刊（京、瑞金堂）　一　449

小學農書　二巻　志賀雷山編　明治一二、一一刊（栃木、山中八郎等）　二　450

七 工業 附土木・建築

染色寶典　（見本帳）　昭和一三、四刊（足利銘仙會）　一　451

同　同　一　452

萬物工業雛形　川井四郎畫編　明治一三、七刊（銅版、東、經霜堂闕由藏）　一　453

栃木縣足利小學校 東西校間内梯子段圖　（足利尋常高等學校及西校兩舍梯子段縮圖）（縮尺二十分之一）　寫　舖一　454

八 商業

一五 藝術

二 書畫

(一) 總記

近世名家書畫談 存二編之四 安西於菟(雲煙子) 天保一五、六刊(江、和泉屋庄吉・同金右衛門) 一 456

書畫名器古今評傳 三卷(存梅卷) 西島靑浦・高森有造(翠嵓)編 明治三一、六刊(東、岩本忠藏) 一 457

(二) 繪畫

漢畫獨稽古 二卷 宮本瓊(君山)編 文化四、九刊(後印、和歌山、平井文助) 二 458

畫本早引(えほん) 存後編 葛飾北齋(戴斗)畫 文化二、七刊(和歌山、帶屋伊兵衛・平井文助) 一 459
※後表紙裏ニ[諸本賣拂所 栃木中町 升屋淺吉]印ガアル。

畫圖入門 存卷六・九・一〇 西敬書撰 明治一五、一〇刊(石印、大、前川源七良)(岩下善七郎舊藏) 三 460

畫學臨本 存二冊(第五・六號) 本多錦吉郎校 明治一八、三・一七、四刊(活版・石印、校者) 二 461
※第六號裏表紙に「明治十七年／九月求之／足利貳丁目／岩下／善七郎」ノ墨書ガアル。

小學毛筆圖畫帖 存一冊(第六卷) 池田眞哉畫 明治二六、一二刊(石印、東、神戸直吉) 一 462

○

書畫[番附表] 刊 鋪一 463

○

臥遊席珍 存第一・二號 高橋源吉編 明治一三、四・五刊(活版・石印、東、白受社) 二 464

○

唐詩選畫本 (繪本唐詩選)五言律五卷(存卷四・五) 高井蘭山撰 小松原翠溪畫 天保四、正刊(江、嵩山房小林新兵衛) 二 465

北齋漫畫 存第二・一一編 葛飾北齋 明治一一刊(三色套印、名、永樂屋東四郎) 二 466

花鳥畫譜 淺井應翠畫 明治一二、二以後刊(東、小林吉五郎) 一 467

應翠畫譜 淺井應翠畫 明治一二、七以後刊(東、小林吉五郎) 一 468

四君子畫譜 存乾卷(竹譜・梅譜) 淺井應翠畫 明治一三、五刊(東、小林吉五郎) 一 469

同 存坤卷(蘭譜・菊譜) 井上勝五郎畫 明治一七、四刊(京、畫者) 一 470

竹田畫譜 存後集 田能村竹田(孝憲)畫 伊澤保次編 明治一三、八刊(川邊鐵次郎)(岩下正藏舊藏) 二 471

一筆畫譜 [丹羽嘉言](福善齋)畫 谷莊太郎編 明治一四、二刊(東、松田幸助) 一 472

曉齋鈍畫 初編 河鍋洞郁(曉齋)畫 明治一四、八刊(三色套印、東、稻田源吉) 一 473

名所眞景山水圖式 永澤南陵畫 明治一七、三刊(東生書房東生鐵五郎)(岩下孫七郎舊藏) 一 474

蹄齋畫譜 後編 北馬老人(蹄齋)畫 刊(明治二五、六印、山田藤助) 一 475

遊山行樂帖 山内栖禽畫 寫(自筆) 帖一 590

[畫稿] 寫 帖一 591

日本風俗圖繪 一二輯 黑川眞道編 大正三、七—四、五刊(覆刻、日本風俗圖繪刊行會) 三 476

第一輯 和國百女(菱川師宣畫)・岩木繪盡(菱川師宣畫)・美人繪盡(菱川師宣畫)
第二輯 和國諸職繪盡(菱川師宣畫)・姿繪百人一首(菱川師宣畫)
第三輯 百人女郎品定(西川祐信畫)・繪本淺香山(西川祐信畫)・風俗鏡見山(未詳)
第四輯 繪本常盤草(西川祐信畫)・繪本女中風俗艷鏡(西川祐信畫)・繪本鏡百首(西川祐尹畫)
第五輯 大和耕作繪抄(石河流宣畫)・繪本和歌浦(高木貞武畫)
第六輯 繪本小倉錦(奥村政信畫)
第七輯 繪本江戶繪簾屛風(二)(奥村政信畫)・繪本御伽品鏡(長谷川光信畫)・繪本家賀御伽(長谷川光信畫)・繪本花葛羅(鈴木春信畫)
第八輯 吉原美人合(鈴木春信畫)・繪本操節草(鈴木春信畫)
第九輯 繪本江戶紫(石川豐信畫)・繪本名紋盡・繪本滿都鑑(下河邊拾水書)・

第一〇輯　繪本物見岡（關淸長畫）
繪本藻鹽草（北尾重政畫）・繪本世都之時（北尾重政畫）・繪本吾妻抉（北尾重政畫）
第一一輯　繪本吾妻の花（北尾重政畫）・當世かもじ雛形（阿部玉腕子畫）役者夏の富士（勝川春草畫）・繪本紅葉橋（勝川春潮畫）・四時交加（山東京傳撰・北尾重政畫）
第一二輯　繪本江戸爵（喜多川歌麿畫）・繪本駿河舞（喜多川歌麿畫）・靑樓年中行事（喜多川歌麿畫）

風俗繪巻圖畫刊行會叢書　久保田米齋編　大正五、正―刊（覆刻、風俗繪巻圖畫刊行會）　三　477
第一―三冊　蒙古襲來繪詞三
四―六　靑樓美人合姿鏡三（存春秋中諸君四時詠咥）（北尾重政・勝川春草畫、安永五年三月江戸蔦屋重三郎・山崎金兵衛刊本）
七―一〇　紅樓夢圖詠存一―四（改琦（七薌）畫）
一一・一二　四季乃花二（喜多川歌麿畫、寛政十三年正月甘泉堂和泉屋次兵衛刊本）
一三　繪本時世粧（畫帖時世粧（えほんいまようすがた））存乾（歌川豐國畫、享和二年江戸甘泉堂套印刊本）

○

萬物工業畫譜　鈴木麗仲（南齋）畫　明治二五、一二刊（銅版、東、聚榮堂秋元政）（岩下孫七郎舊藏）　一　478

美術工藝畫譜　江測漁史畫　明治二六、正刊（銅版、再版、金盛堂伊藤倉三）　一　479

(三) 書　蹟

可那帖　（古今集書影）多田親愛書編　明治二六、九刊（日本書道通信會、薄葉）　一帖　480

宸翰集　（三軸四帖一冊）附解説ＴＯＴ（昭和三年下賜）臨時東山御文庫取調掛編　昭和二刊（影印・活版、宮内省）　八　481
第一　嵯峨天皇宸翰李嶠雜詠殘巻　一軸
第二　宇多天皇宸翰周易抄　一軸
第三　醍醐天皇宸翰白居易詩句　一軸
第四　後鳥羽天皇御製和歌三十首御色紙　一帖
第五　後宇多天皇宸翰御消息其他　一帖
第六　後水尾天皇宸翰百人一首御補筆并御奥書其他　一帖
第七　後櫻町天皇宸翰御製和歌御懷紙其他　一帖

小竹齋千字文　篠崎弼（小竹）書　嘉永二刊（江、須原屋茂兵衛・大、藤屋禹三郎）　二　482

隷楷行草四體千字文　（行書兩點訓解）靑木理中（東園）點書　明治一四、九刊（東、集英堂小林八郎）　一　483
※出版者八、栃木縣平民。

［法帖］　（篆書・桃源之圖）昭和二寫（肇々處士）　三帖　484

○

風　雅　（大山魯牛手識本）第一―四集　桂川穀一郎編　昭和三六、六―四〇、四刊　四帖　485

(五) 印　譜

硯田農舍印譜　田崎早雲　大正六刊（鈐印、蓮岱會）　一　486

三　金　石

［鐘銘拓本集］　（伊豆國走湯山東明寺鐘名―安藝國伊都岐嶌鐘銘）（蓮岱會寄贈）刊　一　487

足利郡市寺院梵鐘鐘銘集　丸山瓦全編　昭和一九、七刊（孔版、足利、足利鄉土會）　一　488

芳賀郡寺院梵鐘鐘銘集　佐藤行哉編　昭和二二、八刊（孔版、栃木、芳賀鄉土文化研究所）　一　489

一六　諸　藝

六　占卜・相法

重離疊變訣　釋謙宗（南英）　文安三、二寫（三謙叟）　一　546

簠簋祕訣諸相傳頓悟集 ○ 元祿一七寫 一 547

○ [占法要決] 寫 一 548

周易別傳祕訣 足利學校流占筮傳授要說 金子居水編 昭和一一、八刊(孔版、愛知、居水書屋) 一 490

手相卽坐考(てのすじそくざかんがへ) 初編 芦塚齋(尚風)撰 森芳繁・松井角龍校 文化三、春刊(京、伊豫屋巽佐右衞門等) 一 491

大雜書 (增補再刻)天保四刊 一 492

※「要石」附。天保五年マデノ記述ガアル。

一〇 遊戲

(一) 圍碁・將棊

碁立絹篩 後編八卷(存卷六―八) 山本嘉六(選奕亭京子) 天明七、正刊(江、高橋與惣治等) 三 493

石立稽古 置碁自在 第四冊(四目之部下) 服部因淑 文政七、秋刊(江、須原屋伊八等) 一 494

石立擲碁 國技觀光 四卷 本因坊丈和 文政九、秋刊(江、須原屋伊八等) 四 495

西征手談 全一卷 太田雄藏 天保七、一〇刊(同一二、七印、江、須原屋伊八等) 二 496

打碁定石 方圓新法 二卷 村瀨秀甫 明治一五、九刊(東、北畠茂兵衞) 二 497

※「岩下藏書」トノ墨書アリ。

初學啓蒙 賦棋要譯 存卷下 加藤傳一 明治二三、二刊(名、撰者) 一 498

※藍印ノ碁盤刷込罫紙ニ、頭注・脚注・碁石ヲ活字ニテ加刷スル。

增二週補間 圍碁速成新法 二卷(存卷上) 增野透編 明治二四、三刊(山口光井村、磊落堂) 一 499

聯珠 横二聯必勝法 前編 平岩米吉編 大正一五、八刊(活版、東、大野萬歲館) 一 500

聯珠實戰講義 三卷(存卷二) 平岩米吉 昭和三、七刊(活版、東、聯珠白石舍) 一 501

將棊輝光 (大橋宗英手相)存初編上卷 大橋宗與校 嘉永元刊 一 502

(二) 雙六

[出世雙六] 寫 鋪一 503

(三) 加留太

[小倉百人一首かるた] (取り札一枚缺)寫(手彩色) 枚一九 549

[漢詩かるた] 寫 枚一四八 550

一七 武學・武術

三 武具

旗百條着條目諺解 二卷 [松宮](菅[原])俊仍(觀山) 嘉永二、五寫(大藤光翼) 二 551

八 柔術

[天神眞楊流柔術]目錄 (楊心流眞之神道流合流)慶應元、七寫(戸田忠啓) 一 504

後記

一　新収目録編纂の経緯と方針

長澤孝三

足利学校は、不明な部分も多いものの、長い歴史を有し、その蔵書も比較的散逸することなく伝来したので、内容としての貴重性の外に、書写や印刷の歴史の上でも貴重な資料を今に伝えている。

これらの蔵書は、昭和四十一年三月に刊行された『足利學校遺蹟圖書館古書分類目錄』（「旧目録」）に、同四十年末日を限って所載された。その後、同五十年二月には、記述の不備を正して「訂補版」も刊行されたが、「旧目録」刊行後の増加書や「旧目録」で収載を見合わせられた郷土史料の一部など古書としての形態を持ちながら、学界に紹介されないままになっているものも少なくなかった。

この時に当たり、足利市教育委員会は、文化庁の支援を受け、平成七年度より四年計画で、足利学校が所蔵する文化財全般に対する徹底した調査を実施することとなった。市より委嘱された四人の調査員の一人として、本調査への参加を許された筆者は、文化財のうち、主として書籍について担当することとなり、調査に先立って検討された調査方針に従い、作業を開始した。

先ず、事務資料として編成されていた目録と現物の対査を行い、その存在を確認するとともに、それ以外に存在する古書を、各所より抽出し、現存する古書の全体を把握することとした。

新たに作成する目録（「新目録」）も、その編成方針は、「旧目録」に全く準じたが、「旧目録」編成以後、「旧目録」の編者長澤規矩也が改良を加えていた事項—例えば、判明する刊行者名を目録中に記入すること、我が国の出版物の特徴である刊行月日の記載を利用し、月までを刊年に附記すること、明治期の刊行物にしばしば見られる版権免許の時期しか明示されていない出版物を「（版権免許の年月）以後刊」と表示すること、伝本それ自体が持つ図書学的特徴を、目録本文中に注記することなども同様に実施した。

この調査は、足利学校が所蔵する資料の全てを目録化することではあるが、書籍に関しては、公表された目録（「旧目録」）が既に存在していたので、この目録と「新目録」との関係について検討が加えられた結果、「旧目録」は、公表されて久しく、学界でも既に評価が定着しているので、これを分解して新たな目録に編入することは、適当でないとの結論に達し、「旧目録」所載資料を除く、平成十年十二月末日現在の所蔵資料を、「新目録」に収載することとした。これ故、「新目録」に所載された資料は、殆どが明治時代以降に、足利学校の有に帰したもので、この点、「旧目録」所載のものと、性格を異にしている。

なお、今回刊行の目録すなわち『新編　史跡足利学校所蔵古書分類目録』の刊行に際しても、「新目録」編纂時の方針—「旧目録」の独立性は保持することとしたが、単に二つの目録を合綴するだけでなく、以下のような改良を加えている。

一、「新目録」を「旧目録」の体裁に統一し、目録本文の用字を旧字体とするために新たに組み直し、「旧目録」の誤記・誤植を訂正した。「新目録」が公的機関の報告書であり、古書に用いられる文字が必ずしも旧字体とは限らないことを考慮して常用字体を使用した。しかし、もともと古書に用いられる文字には常用字体以外の文字が多く、かつ付と附、余と餘、芸と藝、弁と辯・辨・瓣、台と臺・颱など本来別字でありながら常用字体としては同じ字体の文字が使用されている場合があり、「新目録」でも、それらは特に区別して記述していた。

また、訂補後も存在していた誤記・誤植の類も、対査のうえ訂正した。

二、「新目録」編成後に購入又は寄贈により増加した図書一二一部（漢籍三十一部、国書九十部）を加えて「新収目録」を作成した。

三、古文書学的には記録に属する資料ではあるが、図書とともに学校を理解するうえで有用であるとの判断から、『足利學校記錄』九十二冊（足利市重要文化財指定）を収載し、広く利用に供することとした。

四、奥河内清香旧蔵書を守ってこられた今尾家から寄贈を受け、「新目録」に既に収載されている『奥河内清香文庫』の分類を総記から和歌に移し、新たに内容細目を掲出し、利用の便を図ることとした。

五、図書の集散の歴史を知る上で最も重要な資料である蔵書印については、古くから注目されてはいるが、ややもすると名家に偏り、地方の人々のものには目の及ばない傾向がある。地方の人々に関するこの種の資料が少ない現状では、これも止むを得ないところではあるが、その解決の一助として、筆者は使用者に関係なく使用されている蔵書印を印影のまま提示する方法を幾つかの目録で採用している。「新目録」でも同様の方法を試みたが、印影が不鮮明であったり使用されている図書との対応が不正確な部分があったりと、自らの責任とは言え不満足な結果となった。今回の目録の刊行に際し、足利学校の職員の皆様は、忙しい本務を割いて、これらの改善を図ってくださった。誤記・誤植についても、常々調査し記録してくださっていた。あわせて心よりお礼を申し上げます。

二　新収目録収載図書の特徴

次に、「新収目録」に収載された蔵書の特徴を紹介することとする。先ず第一に、足利学校の蔵書目録類十点が加えられたことである。「旧目録」編纂時、学校の記録との観点から、蔵書目録類（この中には「旧目録」編纂後に入蔵したものもある。）は図書資料としての範疇から除外された。これらの資料が、古文書学的には図書ではなく記録に分類すべき性格のものであることは間違いないが、現に存在する図書資料の伝来や性格を決定する貴重な基礎資料であり、現物の図書と離れて存在することは妥当でないと考え、「新目録」に加えることとしたのは、既述の通りである。この中には、享保十三年（一七二八）の将軍吉宗の閲覧に関するものが三点存在する。（国2・3・6図1・2）

吉宗が、足利学校の蔵書の富を以前から認識していたことは容易に想像されるが、この時期閲覧を思い立ったのには、同年から開始された『七經孟子考文』の補遺の作成が考えられる。

伊豫藩士山井鼎は、共に荻生徂徠を師に持つ根本遜志とともに、享保五年から三年間足利の地に留まり、足利学校が所載する七経及び孟子の古写本・宋刊本を用いて、その校勘を行った。その成果は、同十一年に藩主に呈上されたが、この書は、後、藩主から幕府に献上された。本書の意義を認めた吉宗は、徂徠の弟北溪に、本書の補遺の作成を命ずることとなるのであるが、これらの底本となった貴重な原本を含む足利学校の蔵書を、一度、自分の目で確かめたかったに違いない。

このほか、明治期以後の目録も存するが、それらは公共図書館としての足利学校に関するものであるので、本目録には収載しなかった。これらについては、『史跡足利学校関係資料調査報告書』（平成十一年刊）の文書目録（近現代文書）を参照されたい。

また、『足利學校記錄』（国513図3）も、同じ理由で新たに本目録に加えることとした。

次に、「旧目録」で、旧蔵者欄に名を連ねている足利藩学求道館・月谷学校・阿由葉鍋造・田崎草雲・相場朋厚・興津壽男等の旧蔵書が、なお若干含まれる。

例えば、慶応三年（一八六七）に、求道館が、名手木村嘉平を得て刊行した『蠖堂遺稿』（国178）は、興津壽男の旧蔵書でもある。このほか、阿由葉氏からは『下野國誌』（国286）・『日光山志』（国295）が、相場氏からは、自身が明治八年に刊行した『下野地誌畧』（国288）が、田崎草雲の遺品を管理する蓮岱会からは『鐘銘拓本集』（国487）・『下野國圖』（「艸雲所藏」印がある。国319）が、月谷学校からは、当時の基本書でもある『五經』『漢書』等が寄贈されている。

なお、最近の古書店の目録にも「阿由葉鍋造旧蔵」と注記した古書が散見される。これは、旧蔵書を寄附するに際し貼附した蔵書票の「貯蔵セシ所ノ書籍若干」との記述からも、旧蔵書の全てが学校に寄贈された訳でなく、学校以外にも分与されたことが予測され、かなりの蔵書家であったことが推測される。

第三に、前項以外にも、足利の地や足利学校に関係する人々が書写したり旧蔵していたものがある。

足利の人相場古雲（古香）には、自筆の随筆『安蘊山踏』（国108図9）が、画家大山魯牛には、自ら書写した『茶集』（漢208図14）の外、漢籍特に美術関係の書が、田崎草雲の男格太郎には、自身の遺稿『澄江詩文草稿』（国184）がある。また、第十六代庠主月江は、従来より諸書に引用されながら、伝本の知られるものが少なかった『下毛埜州學校來由記』（国353図4）を元文三年（一七三八）に、吉宗の閲覧書を宝暦十二年（一七六二）にまとめた足利出身の第十七代庠主千溪は、安永六年（一七七七）、足利学校の蔵書等を底本に『君臣言行錄』（国251）を、足利の僧啓範は、宝永七年（一七一〇）、山城の智積院にあって『金剛界幸聞記』（国42図7）を、それぞれ書写している。足利学校の入門書として知られ、その版木も学校が現蔵している『足利學校事蹟考』を著した川上廣樹は、その続編『續足利學校事蹟考』を明治十七年に著しているが、その自筆本（国359図6）が、大正十三年に木村半兵衛から寄贈されている。

第四に、足利関係者で、全国的な知名人ではなく、蔵書の内容も、当時の知識人の教養書である正史類・作詩作文のための辞書類及び教科書類が殆どではあるが、「新目録」中で、その数量において他を圧しているものに岩下善七郎及びその一族の寄贈書がある。

なお、岩下氏の伝記について、「新目録」では「不明な点は多いが、数多く捺印されている蔵書印から推測すると、善七郎は、足利にあって絹買問屋を業としていたこと、屋号を「岩善」と称し、「㋖」及び「∧キ」を商標としていたこと、分銅形の印形も存在することから、金融業にも関与していたことなどが知られる。」と記し、平成十六年に足利市立美術館で開催された「足利学校」展に「足利学校の書物」と題して寄稿した時にも殆ど同様の記述しかできなかったが、展示会終了後、御子孫の方から資料の提供を受けた。

それらによると、初代岩下善七郎は、天保三年（一八三二）信州に生まれ、足利の豪商岩下儀兵衛の養子となり岩下氏を継いだ。独立後は地方にメリンス・金巾（カナキン）を行商、のち織物買継ぎを専門とする。明治十三年に足利町議員、同十四年に足利学校遺蹟保護委員、同十五年に国立第四十一銀行取締役、同二十四年に両毛鉄道会社取締役となり、同二十八年には足利銀行の創設にも参画するなど、地元産業界で大いに活躍した人物であり、明治三十八年、七十三歳で没した。また、その息二代目も文久二年（一八六二）足利に生まれ、家業を進展させる一方足利銀行の基礎を築き、大正十二年六十二歳で没したとのことであった。

蔵書印からの推測の有効性が、反面立証される結果ともなった。

なお、蔵書印については、目録末の「蔵書印印影一覧」27—29・78・260・402・409等を参照されたい。

第五に、名家の旧蔵書がある。

湯淺元禎（常山）が編纂した古物語集『雨夜灯』（国242図10）の巻末には、著者自筆本を底本に、文化八年（一八一一）書写した旨の小宮山楓軒の手識がある。小宮山楓軒（名は昌秀、一七六四—一八四〇）は、水戸藩士で農政家として実績を残す一方で、祖父・父とともに『大日本史』の編纂にも参画、多くの古文書を模写したことでも知られる。本書は、同じ水戸藩士青山延于（拙斎）や実業家で蔵書家としても知られた内野五郎三（皎亭）の旧蔵書でもある。この皎亭の旧蔵書では、天文二年（一五三三）に堺の阿佐井野氏が刊行した『論語』（天文版論語）（漢279）も所蔵している。

五代将軍徳川綱吉は儒学を好み、元禄三年から十三年（一六九〇—一七〇〇）まで、諸大名・幕臣・公卿等に『四書』『周易』を講義した。この講義に使用するために刊行した書物を「元禄官版」或いは綱吉の諡号に因み「常憲院本」と呼ばれている。もともと販売を目的とした出版ではないので、伝本は極めて少ない。

『四書章句集註』（漢284図13）は、この「常憲院本」である。本書には、元禄七年十月十五日に綱吉から中庸の講義を受けたこと、箱書きの書名は将軍の自筆であることなどが知られる仙臺藩主伊達（藤原）綱村の墨書が外箱の蓋にある。

『鎌倉大草紙』は、足利学校の小野篁創建説の根拠として引用される資料。本書（国525図5）は、国学者黒川春村が、寛延四年（一七五一）書写本を底本に天保八年（一八三七）に書写し、群書類従本との異同を加えたことが巻末の識語で知られる。

この外、朝川善庵旧蔵の仮名抄『二禮儀略』（国145図8）、森立之旧蔵の『古今韻學要』（漢108図11）、山本北山・姫路藩校旧蔵の『孔子刋定世家』(漢128図12)、富岡鐵齋旧蔵の『南秋江鬼神論』(漢185)、その男仲次郎旧蔵の『唐土名勝圖會』(国304)、室町時代の足利学校の実情が知られる小汀利得旧蔵の『桂菴和尚家法倭點』(国62)等がある。

以上の中には、近年になって学校が購入したり寄贈を受けたものも含まれる。

第六に、阿部吉雄博士旧蔵書である。

博士は、東京大学名誉教授で、朝鮮儒教史の研究で多くの成果を残された。「新目録」編纂中の平成八年十二月に、御遺族から一括寄贈を受けたもので、その総数は、古書四五二冊(内、漢籍九九部三六一冊・国書五〇部九一冊)及び洋装新書一一、〇三九冊である。

旧蔵書は、専門とする分野を系統的に収集されたものであるから、それのみでも貴重なコレクションであることは勿論であるが、足利学校の従来の蔵書に欠ける部分を補い得る点でも重要である。この中でも『看羊錄』(漢259図15)は、いわゆる文禄・慶長の役(一五九二―九八)で、捕虜として我が国に連行された朝鮮人姜沆が帰国後に著した一種の報告書で、その記述が、我が国にとって不適切な個所があるとの理由で、意図的に破棄されることがあったため、今に伝わるものは非常に少なく、従来より原刊本といわれる朝鮮崇禎二十九年(一六五六)序刊本で、その存在が確認されるものは、博士所蔵本が唯一の伝本と称されるほどであった。

『睡隱集』(漢260図16)は、姜沆の文集。『看羊録』も含まれ、朝鮮崇禎三十一年序刊本。金属製の活字を用いて刊行されている。

この外、旧蔵書中には、『山崎闇齋之研究』と題する博士の自筆原稿(国124)等も存在する。

阿部吉雄博士旧蔵書は、本目録の左記の請求番号である。

漢籍　13、14、31、32、55、62、63、68、70、82、94、97、99、101、122、133、134、135、136、137、138、139、142、143、145、146、147、148、150、154、156、157、158、159、160、161、165、166、167、168、169、170、171、172、173、174、175、176、177、178、179、180、181、182、183、184、185、186、187、188、189、190、191、192、193、194、195、210、213、215、216、222、223、227、228、229、230、231、233、234、236、237、238、239、242、243、244、245、246、249、253、254、255、257、258、259、260

国書　118、119、120、121、122、123、125、127、128、129、130、131、132、133、134、135、136、137、138、139、140、141、142、143、144、145、166、167、168、169、170、171、172、173、174、177、181、182、187、188、191、192、243、249、250、277、278、329、336、361

さらに、左記の請求番号の漢籍には、博士の作成した所掲の題簽が表紙の右上に貼付されている。

13、68、137、147、157、165、166、184、187、188、192、193、216、258

題簽

(縮尺60%)

また、阿部博士の旧蔵書の入蔵を機会に、専門家の藤本幸夫先生

（富山大学名誉教授・麗澤大学教授）に本校が所蔵する朝鮮本の全般について調査をお願いいし、詳細なご報告をいただいた。紙幅の関係からその全てを改訂に反映できなかったが、この目録の記述が、より正確なものとすることができたことに、厚く御礼申し上げます。

なお、近時足利市内在住の吉沢政子氏からも、「占法要決」（国548）「小学仮字格」（国542）の外、国学関係書を中心に四十六部一〇九冊（漢籍七部二十六冊・国書三十九部八十三冊）の寄贈を受けた。それらの内、蔵書印を持つものは「蔵書印印影一覧」に表示したが、吉沢氏の旧蔵を示す蔵書印等は存在しないので、その請求番号を左に一覧する。

漢籍　296、297、298、299、300、301、302
国書　542、548、553、554、555、556、557、558、559、560、561、562、563、564、565、566、567、568、569、570、571、572、573、574、575、576、577、578、579、580、581、582、583、584、585、586、587、588、589

いわゆる「新目録」を編纂後、常々足利学校の蔵書の全容を利用者に伝えるため、「旧目録」と併せて新しい目録の刊行を願ってきたが、なかなか果たせなかった。平成十九年の夏、足利を訪ねる機会に恵まれ、学校にもお伺いし、橋本所長・市橋研究員ともお会いできた折に、希望をお話ししたところ、その重要性をご理解下さり、実現への検討をお約束下さった。それでも実現には、まだまだ困難が多いものと考えていたところ、その年末にご連絡をいただき、実現のための予算請求を準備下さっているとの由で、大変驚き感激したことをはっきりと覚えている。早速翌年三月末にお伺いし、いろいろお話しをお聞きした上で、方針を決定し作業に入ったが、無事予定の期日に刊行できましたのは、この事業の実現を直接後押し下さった橋本敏博所長、森山好昭・山浦雅雄の両次長、調査の各部にわたって格段のご配慮をいただいた倉澤昭壽元研究員、市橋一郎研究員、渡邊進学芸員、そして、たくさんの煩瑣な作業をお引き受け下さった永倉知津子・入江千恵・大木澄枝・鴇田康子の各古書担当の職員の方々等、学校の皆様のお陰と、心よりお礼申し上げます。

これを機会に、足利の人々によって守られてきた貴重な書物の数々が、一層有効に利用されることを切望します。

510

514

516

517

519

[520]

525
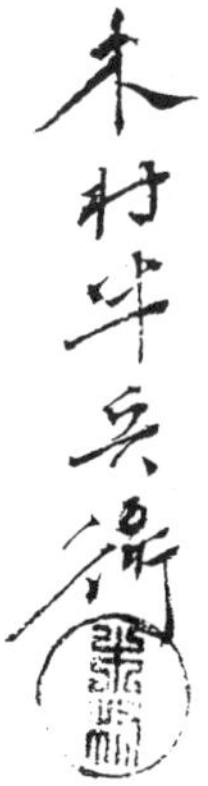

521
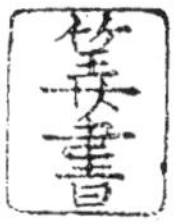

522

523

526

530

[531] *

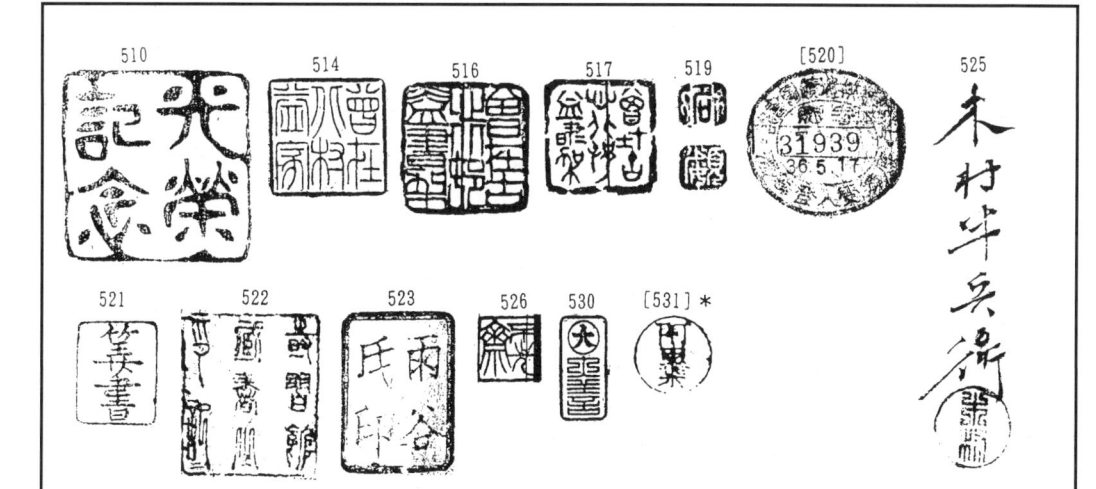

平成二十一年三月二十日発行

新編　史跡足利学校所蔵古書分類目録

編著者　長澤規矩也
　　　　長澤孝三

発行者　足利市教育委員会事務局
　　　　史跡足利学校事務所
〒326-0813　栃木県足利市昌平町二三三八
TEL〇二八四（四一）二六五五
FAX〇二八四（四一）二〇八二

製作・販売　汲古書院
〒102-0072　東京都千代田区飯田橋二―五―四
TEL〇三（三二六五）九七六四
FAX〇三（三二二二）一八四五

ISBN978-4-7629-1220-7　C3000
KYUKO-SHOIN. Co. Ltd. Tokyo

漢籍索引（含準漢籍）

ア

淺見先生蓍卦考誤考附說……71

イ

伊洛淵源錄……9
葦蘇州集……18
意園文略……19
醫方考……80
逸塘詩存……83
寅幾熊先生尺牘雙魚……20
韻法橫圖……6
韻法直圖……6
隱峯野史別錄……77

ウ

尉繚子……11, 79
雲箋東……20
運氣抄……68
運氣論奧口義……68
雲峰文集易義……71

エ

淮南鴻烈解……13
永嘉眞覺大師證道歌……16
易緯乾坤鑿度……71
易緯乾文序制記……71
易緯坤靈圖……71
易緯是類謀……71
易緯通卦驗……71
易緯辨終備……71
易學啓蒙……1, 71
易學啓蒙傳疑……71
易學啓蒙通釋……1, 71
易學啓蒙筆記……71
易學啓蒙要解……1
易學小筌……71
易　經……71, 73
易經集註……1
易經大全……4, 71
易經備旨……4
易經蒙引……1
易　原……71
易翼傳……1
延平李先生師弟子答問……78
圓機活法……15, 81
圓悟禪師碧巖錄……16
燕泉何先生餘冬序錄……13

オ

王維網川圖畫詩鈔出……12
王維詩集……83
王遵巖文粹……18
王狀元集百家註分類東坡先生詩……18
王陽明文粹……18
黃檗山斷際禪師宛陵錄……16
黃檗山斷際禪師傳心法要……16
歐蘇手簡……20
橫浦心傳錄……18
橫浦先生文集……18
橫浦日新……18
音釋文段批評莊子鬳齋口義大成
　俚諺鈔……68

カ

かながきろんご……67, 74
河洛五行叢說……71
科註妙法蓮華經……15
夏小正經傳埒解……2
家　禮……3, 72
家禮儀節……3, 72
華夷花木鳥獸珍玩考……13
課兒明講……5
改正音訓五經……3
改訂小學總論……10
芥子園畫傳……12
芥舟學畫編……12
海錄碎事……81
晦庵先生朱文公文集……18, 83
開卷一笑……14
解　莊……82
魁本大字諸儒箋解古文眞寶……19
魁本大字諸儒箋解古文眞寶抄……69
格物入門……14
郭注莊子……82
喀喇沁右旗扎薩克親王貢桑諾爾佈
　之略史……77
鶴林玉露……13
學春秋隨筆……4
學蔀通辯……79
學禮質疑……4
干祿字書……75
看羊錄……83
管　子……11
管子全書……11
漢學商兌……79
漢魏叢書……21
漢溪書法通解……12
漢藝文志攷證……14
漢　書……6, 7
漢書評林……6, 7, 76
漢制攷……15
韓子解詁……68
韓昌黎集……17
韓文起……18
韓文公年譜……18
顏氏家訓……13

キ

鬼神論……79
希叟和尚正宗贊……16
希伯來書註釋……82
貴池二妙集……20
蓍卦考誤考說……71
歸愚詩鈔……19
歸震川文粹……18
歸　藏……1, 66
儀禮義疏……3
儀禮釋宮圖解……72
儀禮商……4
儀禮圖……72
儀禮註疏……4
義禮鄭氏注……72
義禮傍通圖……72
魏叔子文選要……19
魏　書……7
吉齋漫錄……11, 79
丘瓊山故事雕龍……15
急　就……15
巨海代……17
居家必用事類全集……13
虛字啓蒙……75
虛字註釋備考……6

虛堂和尙語錄……………………16	幻住庵淸規……………………16	護法論………………………16
許魯齋先生心法………………79	原人論發微錄…………………16	公穀白文……………………73
御纂周易述義……………………1	コ	孔子行狀圖解…………………77
御纂周易折中……………………3	古易中興易學小筌……………71	孔子家語……………………10,77
漁洋詩話………………………20	古易天眼通……………………71	孔子家語句解…………………10
玉　海…………………………14	古今韻會擧要…………………76	孔子家語札記…………………10
玉燭寶典………………………9,78	古今原始…………………………8	孔子家語增注…………………67
玉堂鑑綱…………………………7	古今事文類聚…………………14	孔子集語……………………78
玉堂袖珍五經集註………………3	古今事類全書…………………14	孔子刊定世家…………………77
玉篇廣韻指南……………………6	古今帝王創制原始………………8	孔子編年……………………77
巾車錄…………………………83	古今歷代標題註釋十九史略通攷……8	孔氏祖庭廣記…………………77
今古奇觀………………………21	古周禮……………………………2	孔聖全書………………………8
今傳是樓主人年譜……………83	古尊宿語錄……………………16	孔孟編年……………………77
今文孝經………………………73	古微書……………………………4	弘簡錄…………………………7
近思錄講習日記………………68	古文淵鑒………………………20	考工記圖解……………………72
近思錄集解……………………10	古文考…………………………73	考槃餘事………………………13
近思錄道體篇師說……………78	古文孝經…………………3,28,66,73	江湖風月集……………………19
金匱要略………………………11	古文孝經孔序參疏……………73	江湖風月集抄…………………69
金石契…………………………10	古文孝經孔傳纂疏…………66,73	江湖風月集注…………………69
金石圖說………………………10	古文孝經抄……………………66	江湖風月集略註………………69
琴學心聲諧譜…………………12	古文孝經標註…………………73	江邨銷夏錄……………………12
欽定儀禮義疏……………………3	古文釋義新編…………………20	孝　經………………………3,28,73
欽定三禮義疏……………………3	古文所見集……………………20	孝經刊誤集解…………………66
欽定四經…………………………3	古文抄…………………………69	孝經孔傳………………………73
欽定詩經傳說彙纂………………3	古文尙書…………………………1	孝經纂註………………………73
欽定周官義疏……………………3	古文眞寶………………………19	孝經司馬溫公指解……………73
欽定春秋傳說彙纂………………3	古文眞寶校本…………………19	孝經集註………………………73
欽定書經傳說彙纂………………3	古文眞寶抄……………………69	孝經述義………………………66
欽定禮記義疏……………………3	古文析義………………………20	孝經抄…………………………66
ク	枯崖和尙漫錄…………………16	孝經大義…………………………3
公羊傳…………………………73	故事雕龍………………………15	孝經註疏…………………………4
虞初新志………………………14	故事俚諺繪鈔…………………68	孝經直解……………………66,73
羣書拾睡………………………15	胡曾詩註………………………83	孝經鄭註………………………73
羣書治要………………………81	五　經……………………………3,73	孝行錄…………………………11
ケ	五經集註…………………………3,73	洪範皇極內篇…………………12
圭峯禪師原人論發微錄………16	五經大全………………………4,71	紅樓夢圖詠……………………12
桂芳齋重訂古文釋義新編……20	五經備旨…………………………4	皇朝道學名臣言行外錄…………9
啓蒙傳疑………………………1,71	五雜組…………………………13	皇朝名臣言行續錄………………9
經解入門………………………75	五車韻瑞………………………15	校訂標註十八史略讀本…………8
經學五書…………………………4	五代史……………………………7	耕織圖…………………………11
經學歷史………………………75	五朝名臣言行錄…………………8	高季迪先生律詩集……………18
經典釋文………………………72	五燈會元………………………16	高士傳……………………………9
雞林府院君謚文忠李公墓誌銘……81	五百羅漢像贊…………………17	高峯先生集……………………83
蕀林伐山故事…………………81	吳　子…………………………79	康熙字典………………………6,75
擊蒙要訣………………………79	吳氏二記………………………81	黃石公三略……………………11,79
闕里誌……………………………8	吳文正公較定今文孝經………73	黃帝內經靈樞…………………11
賢首乘法數……………………17	吳文正公集・吳文正公年譜…18	網鑑易知錄………………………7
賢俊圖…………………………12	後漢書……………………………7	廣　韻……………………………6
元史類編…………………………7	後漢書方術列傳…………………7	廣金石韻府………………………6
幻雲抄…………………………67	後藤點五經………………………3	講孟劄記………………………67

合肥執政年譜……8
合肥毛氏王系表……83
鼇頭音訓五經……3
鼇頭七書……11
鼇頭新增四書大全……5
鼇頭增注文章軌範……69
鼇頭評註四書大全……5
刻孔聖全書……8
國　語……8
國語定本……8
國朝畫徵錄……12
國朝獻徵錄……8
國朝古文所見集……20
穀梁傳……73
困知記……79
金剛般若波羅密經……15
金剛般若波羅密經川老頌古評記……15

サ

左　繡……3
左傳賈服注攟逸……66
再刻音訓五經……3
菜根談……13
三國志……7
三才發祕……80
三山拙齋林先生尙書全解……2
三事忠告……78
三世相抄……68
三體詩鈔……69
三體詩唐詩選講義……83
三體詩法……19
三　註……14
三峯先生集……19
三峯先生心氣理三篇注解……79
三餘偶筆……13
三禮義疏……3
三　略……11, 79
山谷黃先生大全詩註……18
山谷詩集注……18
山谷詩集注抄……68
山谷略抄……69
山中一夕話……14
參考切韻指掌圖……6
篔喜廬詩藁……19

シ

司馬文正公傳家集選……18
司馬法……11, 79
史　記……6, 7
史記索隱……6
史記抄……67
史記讀本……76
史記評林……6, 76
四　經……3
四　書……74
四書訓蒙輯疏……67, 75
四書五經增補文選字引……38
四書字引……75
四書集註……5, 74
四書輯釋圖通義大成……5
四書輯疏……67
四書章句集註……5, 74, 75
四書章句集註抄……67
四書序考……67
四書正解……5
四書淺說……5
四書存疑・四書存疑考異……5
四書大全……5
四書大全說約合叅正解……5
四書便蒙講述……5
四書蒙引……5
四端七情分理氣辯……79
四大家百家評林正式……20
四體千字文……12
四朝別史……7
四朝名臣言行錄別集……9
施氏七書講義……11
指南錄……18
資治通鑑……7, 76
資治通鑑綱目……7
資治通鑑節要……7
詩韻異同辨……76
詩韻含英……6, 76
詩韻含英校本……6
詩　經……72
詩經示蒙句解……72
詩經集註……2, 72
詩經集傳……2, 72, 73
詩經大全……4
詩經傳說彙纂……3
詩經備旨……4
詩　攷……14
詩集傳……2
詩地理攷……14
詩　譜……72
字　彙……6
字　貫……6
字貫提要……6
字典初學索引……6
字典琢屑……6
字母切韻要法……6
自警編……13
自省錄……79
事言要玄集……15
事物異名錄……15
兒女英雄傳評話……21
慈雲大法師行業曲記……16
爾雅註疏……4
七經孟子考文補遺……67, 73
七　書……11, 79
七書講義……11
謝疊山唐詩合選……19
尺木堂綱鑑易知錄……7
尺木堂明鑑易知錄……76
朱王問答……79
朱晦菴先生名臣言行錄……9
朱子行狀輯注……77
朱子語類……10
朱子資治通鑑綱目……7
朱子實紀……77
朱子集……83
朱子書節要……79
朱子靜座說……79
朱子年譜……77
朱子論語集註訓詁攷……74
朱文公文集……18, 83
周　禮……2
周禮訓儁……2
周禮註疏……4
首書四書集註……5
首楞嚴義疏注經……15
首楞嚴經分科改正……15
宗門武庫……16
周　易……1, 71, 73
周易經傳……71
周易彙義……4
周易原論……66
周易古義……71
周易古註……71
周易私斷……66
周易集註鈔……66
周易朱子圖說……1
周易述義……1
周易抄……66
周易正文……71
周易折中……3, 71
周易注疏……1
周易鄭康成注……15
周易傳……1
周易傳義……1, 71, 73
周易傳義大全……1
周易發明啓蒙翼傳……1

周易卜子夏傳……71
周易本義……1,73
周易本義啓蒙翼傳……1
周易本義通釋……71
周易本義附錄纂註……1,71
周易欄外書……66
周易略例……71
周官義疏……3
周官辨非……4
周子書……78
周書……7
周書王會……15
周張全書……10
周髀筭經圖解……80
周禮→シュライ
秋閒戲銕……12
集古印篆……6
蕺山先生人譜……79
輯錄雲峰文集易義……71
十九史略通攷……8
十三經註疏……4,72,73
十三經注疏影譜……73
十七史……7
十八史略……8,76
十八史略校本……76
十八史略講義……76
十八史略字引……76
十八史略字類……77
十八史略讀本……67,76
十八史略副詮……76
十友圖贊……12
重校古周禮……2
重校正唐文粹……19
重修政和經史證類備用本草……11
重刊書叙指南……14
重定金石契……10
重訂古本大學章句合釋文……4
重訂直音篇……6
述異記……14
春　秋……73
春秋公羊傳註疏……4
春秋經傳集解……3,72
春秋經傳抄……66
春秋胡傳……3,73
春秋穀梁註疏……4
春秋穀梁傳注疏……72
春秋左氏傳……72
春秋左氏傳校本……3,72
春秋左氏傳標註……66
春秋左傳……3
春秋左傳經解備旨……4
春秋左傳集解……72
春秋左傳註疏……3,4
春秋四傳……73
春秋集傳大全……4
春秋傳說彙纂……3
春窓聯偶巧對便蒙類編……20
荀　子……10
荀子校勘補遺……10
荀子箋釋……10
荀子全書……10
荀子斷……67
初學檢韻袖珍……76
書　經……73
書經講義會編……2
書經集註……2
書經集傳……72
書經大全……4
書經傳說彙纂……3
書經備旨蔡註捷錄……4
書序辨說……72
書敍指南……14
諸乘法數……17
助語辭……5
徐狀元補注蒙求……13,14
舒劦投子山妙續大師語錄……16
小　學……78
小學句讀……78
小學句讀集疏……68
小學紺珠……15
小學集成……10,78
小學集說……10
小學總論……10
小學本註……78
小窓別紀……13
少室六門……16
少微家塾點校附音資治通鑑節要……7
正宗贊……16
正平本論語札記……4
尙　書……2,73
尙書句解……2
尙書正義……2,4
尙書正義定本……2
尙書全解……2
涉史隨筆……9
笑隱和尙語錄……18
焦氏易林……80
焦氏筆乘……13
焦太史編輯國朝獻徵錄……8
傷寒論……11
賞奇軒四種合編……12
請觀世音菩薩消伏毒陀羅尼三味儀……16
證道歌……16
貞觀政要集論……8
常憲院本……74
植物學……14
心氣理三篇注解……79
心經通解……15
心經附註……79
心　法……79
沈歸愚詩文全集……19
津逮祕書……21
晉　書……7
清三朝易知錄……76
清三朝實錄採要……76
清世祖章皇帝實易知錄……76
清太祖高皇帝易知錄……76
清太宗文皇帝易知錄……76
清名家古文所見集……20
新鍥纂集諸家全書大成斷易天機……12
新鍥四大家百家評林正式……20
新鍥書經講義會編……2
新刻重校增補圓機活法……15
新刻丘瓊山故事雕龍……15
新刻課兒明講……5
新刻助語辭……5
新刻鄒魯故事……8
新刻李袁二先生精選唐詩訓解……20
新　序……10
新序纂註……67
新刊鶴林玉露……13
新刊官板批評續百將傳……11
新刊黃帝內經靈樞……11
新刊性理大全……10
新刊素問入式運氣論奧口義……68
新刊宋學士全集……18
新刊大廣益會增修玉篇……6
新刊標題孔子家語句解……10
新鐫古今帝王創制原始……8
新鐫全像通俗演義隋煬帝艷史……21
新鐫增補較正寅幾熊先生尺牘雙魚……20
新增音義釋文古今歷代十八史略……8
新續列女傳……9
新添莊子十論……17
新板增廣附音釋文胡曾詩註……83
新編古今事文類聚……14
新編古今事類全書……14
新編江湖風月集……19
新編江湖風月集略註……69
人　譜……79

人譜類記………………………79	石湖先生詩鈔………………18	莊子增註………………………82
紉齋畫賸………………………12	石鼓文釋存…………………10	莊子天下篇釋…………………82
ス	析 玄………………………82	莊子南華眞經…………………82
須溪先生校本韋蘇州集………18	切韻指掌圖…………………6	莊子翼…………………………17
水 經…………………………9	雪堂和尙拾遺錄……………16	滄溟先生尺牘考………………69
睡隱集…………………………83	說文解字……………………75	總論耶穌之榮…………………82
隋 書…………………………7	薛文淸公策目………………79	增廣註釋音辯唐柳先生集……17
隋煬帝艷史……………………21	絕代語釋別國方言…………5	增註唐賢三體詩法……………19
鄒魯故事………………………8	千字文……………………75,80	增訂四書大全…………………5
セ	千字文講釋…………………76	息耕老師偈頌…………………16
世說新語補……………………14	千字文註……………………6,76	續弘簡錄………………………7
世說筆本……………………14,81	山海經……………………14,81	續資治通鑑綱目………………7
正字通…………………………6	先聖歷聘紀年………………77	續兒女英雄全傳………………21
正宗贊…………………………16	剪燈新話句解………………81	續百將傳………………………11
正文章軌範……………………83	船山詩草……………………19	續文章軌範……………………69
正文章軌範講義………………83	踐阼編集解…………………15	孫 子…………………………79
正文章軌範百家評林註釋……19	潛夫論………………………10	孫子詳解………………………79
正文章軌範評林註釋………19,83	鐫漱石山房彙纂士民使用雲箋束…20	孫子折衷………………………68
西銘考證講義…………………78	全九集………………………11	**タ**
西銘詳義………………………78	全像通俗演義隋煬帝艷史…21	太上老子道德經………………17
姓氏急就篇……………………15	全唐風雅……………………19	泰山石刻大全…………………73
性理字義……………………10,79	全文抱朴子…………………17	退溪先生言行錄………………77
性理字義諺解…………………79	前漢書………………………6	退溪先生自省錄………………79
性理字義抄……………………79	禪源諸詮集都序……………17	退溪集年譜……………………77
性理大全………………………10	禪宗無門關…………………16	退溪書抄………………………83
性理大全書……………………10	禪門寶訓集…………………16	大慧普覺禪師宗門武庫………16
政和經史證類備用本草………11	**ソ**	大 學…………………………74
青邱高季迪先生律詩集………18	徂徠先生論語鈔……………74	大學衍義………………………10
青坡集…………………………19	楚辭集註……………………82	大學衍義考證…………………68
青陽金氏家狀墓文鈔…………77	蘇長公全集…………………83	大學家說………………………74
淸嘉錄…………………………9	宋學士全集…………………18	大學抄…………………………67
淸書千字文……………………6	宋謝疊山唐詩合選…………19	大學鈔…………………………67
淸坡劇談………………………19	宋 書………………………7	大學章句……………………5,75
靖節先生集……………………82	宋朱晦菴先生名臣言行錄…9	大學章句合釋文………………4
聖學心法………………………11	草字彙………………………6	大學章句大全…………………5
聖學十圖………………………79	草書要領……………………12	大學或問………………………5
聖學圖講義……………………79	草木鳥獸蟲魚疏圖解………66	大廣益增修玉篇………………6
聖賢像贊………………………8	曹山元證大師語錄…………16	大師徽國文公年譜……………77
聖蹟圖…………………………8	曹山錄抄……………………17	大全四書字引…………………75
聖蹟全圖………………………77	莊 子………………………82	大唐六典………………………78
聖武記拔萃……………………7	莊子因……………………17,82	大佛頂首楞嚴經科……………15
聖門人物志……………………77	莊子鬳齋口義………………17	大方五經大全…………………4
聖論像解………………………78	莊子鬳齋口義大成俚諺鈔…68,82	大方廣圓覺脩多羅了義經略疏注…15
精選唐宋千家聯珠詩格……19,83	莊子殘卷校勘記……………82	丹鉛餘錄………………………80
說 苑…………………………10	莊子集解……………………82	端溪硯(硏)志(史)……………80
說苑考…………………………67	莊子集釋……………………82	斷易天機………………………12
說苑纂註………………………67	莊子十論……………………17	**チ**
尺牘奇賞………………………20	莊子抄………………………68	知不足齋叢書…………………21
尺牘淸裁………………………20	莊子正文……………………82	竹嘯軒詩鈔……………………19
尺牘雙魚………………………20	莊子雪………………………82	茶 經…………………………80

五

茶經水辨‥‥‥‥‥‥‥‥‥80	天文板論語考‥‥‥‥‥‥‥74	童子習‥‥‥‥‥‥‥‥‥‥79
茶經傳‥‥‥‥‥‥‥‥‥‥80	典故詳解文章軌範釋語明辨‥‥‥69	橫記‥‥‥‥‥‥‥‥‥‥‥81
茶具圖贊‥‥‥‥‥‥‥‥‥80	傳家集選‥‥‥‥‥‥‥‥‥18	讀書雜釋‥‥‥‥‥‥‥‥‥13
茶集‥‥‥‥‥‥‥‥‥‥‥80	傳習錄‥‥‥‥‥‥‥‥‥‥11	讀書堂杜工部集註解‥‥‥‥‥83
茶譜‥‥‥‥‥‥‥‥‥‥‥80	傳習錄欄外書‥‥‥‥‥‥‥68	讀書錄‥‥‥‥‥‥‥‥‥‥79
中興偉略‥‥‥‥‥‥‥‥‥8	傳心法要‥‥‥‥‥‥‥‥‥16	ナ
中國魂‥‥‥‥‥‥‥‥‥‥13	ト	內閣祕傳字府純粹鈔‥‥‥‥‥68
中山傳信錄‥‥‥‥‥‥‥‥9	杜工部集註解‥‥‥‥‥‥‥83	南華經雜篇‥‥‥‥‥‥‥‥82
中說‥‥‥‥‥‥‥‥‥‥‥78	杜詩鏡銓‥‥‥‥‥‥‥‥‥83	南華眞經注疏解經‥‥‥‥‥‥17
中庸‥‥‥‥‥‥‥‥‥‥‥74	杜詩抄‥‥‥‥‥‥‥‥68,83	南史‥‥‥‥‥‥‥‥‥‥‥7
中庸家說‥‥‥‥‥‥‥‥‥74	杜津集解‥‥‥‥‥‥‥‥‥17	南秋江鬼神論‥‥‥‥‥‥‥79
中庸章句‥‥‥‥‥‥‥4,5,75	杜津集解私考‥‥‥‥‥‥‥68	南齋書‥‥‥‥‥‥‥‥‥‥7
中庸章句大全‥‥‥‥‥‥‥5	東谷鄭先生易翼傳‥‥‥‥‥‥1	南宗寺論語考異‥‥‥‥‥‥‥74
中庸章句倭語鈔‥‥‥‥‥‥67	東儒學案‥‥‥‥‥‥‥‥‥77	難經本義‥‥‥‥‥‥‥‥‥11
中庸或問‥‥‥‥‥‥‥‥‥5	東人詩話‥‥‥‥‥‥‥‥‥82	ニ
仲里志‥‥‥‥‥‥‥‥‥‥77	東坡紀年錄‥‥‥‥‥‥‥‥18	二十二史反爾錄‥‥‥‥‥‥‥7
冲虛至德眞經‥‥‥‥‥‥‥82	東坡集選‥‥‥‥‥‥‥‥‥18	二程先生類語‥‥‥‥‥‥‥10
冲虛至德眞經‥‥‥‥‥‥‥17	東坡先生詩‥‥‥‥‥‥‥‥18	二程全書‥‥‥‥‥‥‥‥‥10
注維摩詰經‥‥‥‥‥‥‥‥15	東坡先生墓誌名‥‥‥‥‥‥83	二妙集‥‥‥‥‥‥‥‥‥‥20
忠義水滸傳‥‥‥‥‥‥‥‥21	東坡全集‥‥‥‥‥‥‥‥‥83	入學圖說‥‥‥‥‥‥‥‥‥79
長恨歌‥‥‥‥‥‥‥‥‥‥18	東坡年譜‥‥‥‥‥‥‥‥‥83	ハ
長恨歌傳‥‥‥‥‥‥‥‥‥18	東坡本傳‥‥‥‥‥‥‥‥‥83	佩文韻府‥‥‥‥‥‥‥29,81
冢註論語‥‥‥‥‥‥‥‥‥74	東萊先生音註唐鑑‥‥‥‥‥‥9	佩文耕織圖‥‥‥‥‥‥‥‥11
張子全書‥‥‥‥‥‥‥‥‥10	東萊博議‥‥‥‥‥‥‥‥‥3	佩文齋詠物詩選‥‥‥‥‥‥20
張船山詩草‥‥‥‥‥‥‥‥19	桃源抄‥‥‥‥‥‥‥‥‥‥67	白蛾先生鼇頭增補定本易學小筌‥71
帳中香‥‥‥‥‥‥‥‥‥‥68	唐王右丞詩集‥‥‥‥‥‥‥82	白氏五妃曲‥‥‥‥‥‥‥‥83
朝鮮儒敎淵源‥‥‥‥‥‥‥79	唐韓昌黎集‥‥‥‥‥‥‥‥17	白氏文集‥‥‥‥‥‥‥18,28
朝鮮良善叢書‥‥‥‥‥‥‥10	唐鑑‥‥‥‥‥‥‥‥‥‥‥9	白氏文集鈔‥‥‥‥‥‥‥‥83
懲毖錄‥‥‥‥‥‥‥‥‥9,77	唐荊川文粹‥‥‥‥‥‥‥‥18	白樂天詩集‥‥‥‥‥‥‥‥18
直音篇‥‥‥‥‥‥‥‥‥‥6	唐賢絕句三體詩抄‥‥‥‥‥‥69	白鹿洞學規集註‥‥‥‥‥‥78
勅修百丈淸規‥‥‥‥‥‥‥16	唐國史補‥‥‥‥‥‥‥‥‥14	白鹿洞書院揭示‥‥‥‥‥‥78
陳書‥‥‥‥‥‥‥‥‥‥‥7	唐才子傳‥‥‥‥‥‥‥‥‥9	八旗藝文編目‥‥‥‥‥‥‥10
陳眉公重訂野客叢書‥‥‥‥‥13	唐詩合選‥‥‥‥‥‥‥‥‥19	八種畫譜‥‥‥‥‥‥‥‥‥12
ツ	唐詩畫譜‥‥‥‥‥‥‥‥‥12	范石湖詩鈔‥‥‥‥‥‥‥‥18
通鑑地理通釋‥‥‥‥‥‥‥14	唐詩訓解‥‥‥‥‥‥‥‥‥20	般若波羅蜜多心經註解‥‥‥‥15
通鑑問答‥‥‥‥‥‥‥‥‥15	唐詩正聲‥‥‥‥‥‥‥‥‥19	晚笑堂竹莊畫傳‥‥‥‥‥‥77
通鑑摰要‥‥‥‥‥‥‥‥‥7	唐詩選‥‥‥‥‥‥‥‥20,83	晚唐詩選‥‥‥‥‥‥‥‥‥20
テ	唐詩選國字解‥‥‥‥‥‥‥83	萬氏經學五書‥‥‥‥‥‥‥4
弟子職集註‥‥‥‥‥‥‥‥73	唐書‥‥‥‥‥‥‥‥‥‥‥7	ヒ
定性書筆記‥‥‥‥‥‥‥‥78	唐宋千家聯珠詩格‥‥‥‥19,83	秘書廿一種‥‥‥‥‥‥‥‥21
帝鑑圖說‥‥‥‥‥‥‥‥‥77	唐宋八家文講義‥‥‥‥‥‥84	秘傳花鏡‥‥‥‥‥‥‥‥‥13
帝範‥‥‥‥‥‥‥‥‥‥‥10	唐宋八家文讀本‥‥‥‥19,20,84	秘傳字府純粹鈔‥‥‥‥‥‥68
鼎鍥趙田了九袁先生編纂古本歷史	唐太宗李衛公問對‥‥‥‥‥‥79	琵琶行‥‥‥‥‥‥‥‥‥‥18
大方綱鑑補‥‥‥‥‥‥‥‥7	唐文粹‥‥‥‥‥‥‥‥‥‥19	筆記周易圖說‥‥‥‥‥‥‥66
鼎鍥黃太史彙纂玉堂鑑綱‥‥‥‥7	唐六如畫譜‥‥‥‥‥‥‥‥12	筆記周易本義‥‥‥‥‥‥‥66
輟畊錄‥‥‥‥‥‥‥‥‥‥14	唐六如先生畫譜‥‥‥‥‥‥12	筆記書集傳‥‥‥‥‥‥‥‥66
鐵網珊瑚‥‥‥‥‥‥‥‥‥13	唐柳河東集‥‥‥‥‥‥‥‥17	筆記讀易要領‥‥‥‥‥‥‥66
天竺寺懺主慈雲大法師行業曲記‥16	唐柳先生集‥‥‥‥‥‥‥‥17	百丈淸規‥‥‥‥‥‥‥‥‥16
天地萬物造化論‥‥‥‥‥‥79	唐類函‥‥‥‥‥‥‥‥‥‥15	百美新詠‥‥‥‥‥‥‥‥‥20
天命圖說‥‥‥‥‥‥‥‥‥79	棠陰比事加鈔‥‥‥‥‥‥‥68	評苑文選傍訓大全‥‥‥‥‥19

標箋孔子家語附錄	75	蒲室集抄	69	孟子集註	5, 75
評註東萊博義	3	方 言	5	孟子集註抄	67
標題句解孔子家語	10	方氏墨譜	13	孟子集註大全	5
標題徐狀元補注蒙求	13	方正學文粹	18	孟子註疏解經	4, 5
標題徐狀元補注蒙求抄	68	抱朴子	17	孟子編年	77
標題徐狀元補注蒙求箋注	68	放翁先生詩鈔	18	孟子辯正	67
標題註疏小學集成	10	寶繪錄	12	孟子發題	18
標題武經七書全文	11	灃寶壇經	15	孟子類編	74
標註莊子因	17	北溪先生性理字義	10, 79	孟子論文	5
廟堂忠告	78	北 史	7	孟子或問	74
フ		北齊書	7	蒙 求	13, 14
附釋音春秋左傳註疏	3	卜筮元龜抄	66, 71	蒙求官職考	68
附釋音毛詩註疏	2	牧民忠告	78	蒙求校本	81
普應國師幻住庵清規	16	墨林今話	12	蒙求抄	68
普勸僧俗發菩提心文	16	本草綱目	11, 80	蒙求詳說	68, 81
武經開宗	11	梵網經古迹記	15	蒙求箋注	68, 81
武經七書全文	11	**ミ**		輞川圖畫詩鈔出	12
武經直解	79	妙續大師語錄	16	文 集	18, 28
武經直解開宗合參	11	妙法蓮華經略疏	15	文 選	19, 83
撫州曹山元證大師語錄	16	妙法蓮華經略疏科	15	文選音註	83
風憲忠告	78	明畫錄	12	文選刪註	19
福雅堂詩鈔	19	明鑑易知錄	7, 76	文選字引	38
佛果圓悟禪師碧巖錄	16	明史掌要	7	文選正文	19
佛說甚深大回向經	15	明詩別裁集	20	文選傍訓大全	19
佛祖三經	15	明七才子詩集國字解	69	**ヤ**	
佛祖直指心體要節	81	明太祖功臣圖	77	耶穌之榮	82
文家金丹	69	明朝破邪集	13	野客叢書	13
文公家禮儀節	72	明文翼運	20	**ユ**	
文史通義	77	**ム**		湯島紀行	9
文章軌範	69	無門關	16, 81	維摩詰所說經註	81
文章軌範講解	69	**メ**		輶軒使者絕代語釋別國方言	5
文章軌範釋語明辨	69	名山勝槩圖	9	**ヨ**	
文章軌範百家評林註釋	19	名山藏詳節	8	豫章羅先生文集	18
文章軌範評林註釋	19	名臣言行錄	9	餘冬序錄	13
文章軌範文法明辨	83	明本排字增廣附音釋文三註	14	容齋隨筆	13
文心雕龍	20	鳴道集說	81	揚子法言增註	67
文信國公紀年錄	18	**モ**		甕 記	81
文體明辨	20	毛 詩	2, 72	**ラ**	
文中子中說	78	毛詩音義	72	羅先生年譜	18
文房肆考圖說	13	毛詩抄	66	羅先生文集	18
文房圖贊	12	毛詩註疏	2, 4	禮 記	2, 73
ヘ		毛詩鄭箋	72	禮記義疏	3
平山堂圖志	9	毛詩傳箋	72	禮記偶箋	4
碧巖錄	16	毛詩品物圖攷	72	禮記集說	2, 72, 73
北京人文科學研究所藏書簡目	10	毛詩補義	66	禮記正義	2
北京人文科學研究所藏書續目	10	毛詩名物圖說	2	禮記正文	72
北京圖書館善本書目	78	孟 子	5, 74	禮記全文備旨	4
希伯來書註釋	82	孟子古義	67	禮記大全	4
ホ		孟子浩然章	67	禮記註疏	4
蒲室集	16, 18	孟子講義	74	蘭亭序	12

七

リ					
李衞公問對	11	楞伽阿跋多羅寶經合轍	15	老子鬳齋口義	82
李袁二先生精選唐詩訓解	20	靈苑集	16	老子鬳齋口義諺解	68
李退溪書抄	83	臨川吳文正公集	18	老子集說	68
李卓吾先生批點世說新語補	14	ル		老子道德經	17, 82
李卓吾先生批點忠義水滸傳	21	類證辨異全九集	11	老子翼	17
離騷圖	82	レ		老莊翼	17
六經天文篇	15	冷齋夜話	14	六祖大師灋寶壇經	15
六書通	6	靈源和尙筆語	16	論語	74
六臣註文選	19	靈源山房重訂四書淺說	5	論語義疏	4
六韜	11, 79	麗藻	15	論語義疏校勘記	5
六諭衍義	9	靈樞	11	論語訓詁解	74
陸氏草木鳥獸蟲魚疏圖解	66	歷史大方綱鑑補	7	論語古訓	74
陸象山先生文抄	18	歷代十八史略	8	論語講義	74
陸宣公奏議	10	歷代題畫詩類	84	論語集解	4
陸放翁詩鈔	18	歷代地理沿革圖	9	論語集解義疏	74
立齋先生標題解註音釋十八史略	8	歷代帝王贊詠	77	論語集說	67
立齋先生標註十八史略讀本	67	歷代名公畫譜	12	論語集註	5, 74, 75
律呂解註	5	樸翁稗說	81	論語集註抄	67
柳河東集	17	列子鬳齋口義	17	論語集註大全	5
柳文	17	列女傳	77	論語鈔	67, 74
劉向新序	10	連理堂重訂四書存疑	5	論語足徵記	74
劉向新序纂註	67, 78	濂洛風雅	20	論語徵集覽	74
劉向說苑纂註	67	聯珠詩格	19, 83	論語鄭注	74
劉蕺山文抄	18	ロ		論語祕本影譜	67
劉誠意文鈔	18	魯齋心法	79	論語或問	74
呂氏春秋	13	魯齋全集	83	ワ	
梁書	7	廬山外集	18	和語陰隲錄	68
凌烟閣功臣圖	80	老子經	17		
		老子經諺解大成	82		

國　書　索　引（除準漢籍）

ア					
赤澤常道著述魂の入替	59	足利學校藏書考	85	あしかび集	96
縣居雜錄	31	足利學校藏書目幷附考	85	阿斯訶備集	96
安藝備後兩國の風俗及び傳說	54	足利學校・鑁阿寺・樺崎記	89	葦牙集	96
春曙抄	41	足利史	99	阿字觀鈔	35
淺澤小野	96	足利郡市寺院梵鐘鐘銘集	112	紫陽花葩	96
淺瀨の波	97	足利尋常高等學校及西校兩舍梯子段縮面	110	蘆のわか葉	41
足利學校	106			亞津さものかたり	28
足利學校記錄	106	足利鑁阿寺靈寶全部	89	吾妻鑑假面	96
足利學校見聞記	106	足利文庫目錄	85	東鑑かりおもて	96
足利學校御書籍目錄	85	足利持氏滅亡記	24	東鑑摘要	97
足利學校事蹟考	106	足利老談記	99	阿つま源氏	40

安藝山踏……92
後見草……1,49
穴門廼海潮……96
阿部花子遺稿集……92
鴉片始末……24
天草軍記大全……49
天津祝詞考……88
雨夜燈……50,99
天日槍歸化時代考……31
天御中主神考……87
洗張浮世模様……27
荒尾河尻書上……28
安房國全圖……55
安齊雜考……105
安齊隨筆……105
安齋隨筆叢書……29
安政年表……48
安政萬延年表……48

イ

家忠日記增補……49
家康守本尊驗證梗概……37
爲學要說……93
伊香保鑛泉圖會……102
異國船渡來伺……33
異國針命之洗濯……41
異國漂流記……33
圍碁速成新法……113
十六夜日記……96
石谷土入書……24
石立稽古置碁自在……113
石立擲碁國技觀光……113
維新實紀……99
異稱日本傳……52
爲人鈔……59
伊豆日記……54
出雲琴古曲六組……47
伊豆國輿地全圖……55
和泉名所圖會……53
伊勢公卿敕使神寶繪圖……86
伊勢參宮名所圖會……53
伊勢物語拾穗抄……39
伊曾保物語……27,40
いてふ本萬葉集……97
一話一言……30
嚴島考……32
嚴島圖會……54
嚴島寶物圖會……54
逸　史……49
一筆畫譜……111
一遍上人考……31
田舍莊子……40
稻葉默齋先生傳……100
犬百人一首……26
井上正鐵翁遺訓集……87
遺老物語……24
遺老物語抄……32
以呂波韻大全……42
いろはたんか……26
岩淵夜話別集……32
員外四詠……96
韻鏡易解……38
韻鏡易解改正……38
韻鏡開奩……38
韻鏡字子……38
韻鏡字子列位……38
韻鏡遮中鈔諺解追加……38
韻鏡指要錄……38
韻鏡祕事諸相傳頓悟集……90
韻鏡本圖……38
隱元禪師年譜……35
引照新約聖書……89
引導作法……35

ウ

うをのうた合……27
浮世繪年表……25
浮世續繪盡……27
有喜世の花……87
宇多天皇事記……49
打碁定石方圓新法……113
うつほ物語……39
空物語玉琴……39
卯花園漫錄……30
埋木花……51
梅野由兵衞茜染野中の隱井……98
羽陽叢書……59
瓜生氏日本國盡……101
雲煙過眼……32
雲烟所見略傳……25
雲室隨筆……25
雲萍雜誌……33

エ

永花百人一首文十抄……97
詠史集……95
永壽集……91
永壽庭訓往來繪抄……107
盈進齋隨筆……32
榮文庭訓往來倭鑑……107
繪入新狂言……27
易學小筌……65
蝦夷圖境輿地全圖……103
蝦夷紀行……55
蝦夷記聞抄……32
蝦夷亂記事……24
越後國全圖……103
越前松平家系圖……100
江戶往來日記……96
江戶官鑰秘鑑……32
江戶時代戲曲小說通志……39
江都二色……27
江戶之圖……27
江戶名所圖會……53
江戶名所圖會畫稿……27
江戶名所百人一首……26
繪文匣……27
繪本淺香山……111
繪本吾妻抉……112
繪本吾妻の花……112
繪本時世粧……112
畫帖時世粧……112
繪本江戶繪簾屛風……111
繪本江戶爵……112
繪本江戶土產……27
繪本江戶紫……111
繪本小倉錦……111
繪本御伽品鏡……111
繪本家賀御伽……111
繪本鏡百首……111
繪本孝經……106
繪本高麗嶽……63
繪本時世粧……112
繪本駿河舞……112
繪本世都之時……112
繪本續江戶土產……27
繪本太閤記……39
繪本忠經……59
繪本豐臣勳功記……40
繪本日本外史……44
繪本花葛羅……111
繪本操節草……111
繪本名紋盡……111
繪本藻鹽草……112
繪本物見岡……112
繪本紅葉橋……112
繪本和歌浦……111
畫本早引……111
畫本和歌浦……63
會爾尺度量衡考……28
圓光大師六百五十年御忌敕會御式略圖……89
鹽山和泥合水集……88

圓珠菴雜記	29	阿蘭陀船入津說書略	28	加我鳴鷲音	96
遠州三方原御合戰	24	折たく柴の記	50	客坐掌記	86
鹽松勝概	54	音訓新聞字引	90	客坐錄	86
燕石雜志	30	遠溪和尚之行實	35	學山錄	32
オ		御嶽山肝要集	34	學思錄鈔	93
御家女用文寶箱	107	溫知叢書	24	蛾堂遺稿	95
御家日用文章	107	女今川錦の囊	107	學圃逸民集	44
御家之記	100	女四書藝文圖會	106	學問ノスヽメ	107
追分繪	27	女實語敎	107	學翼	25
奧羽蝦夷松前記	55	女大學	106	花月草唔	41
應擧印譜	25	女大學寶箱	106	花月草子抄錄	96
奧河內淸香家集	96	女庭訓	107	蕗蹈道記	96
奧河內淸香文庫	95	女庭訓往來	107	蜻蛉日記	41
應翠畫譜	111	女風俗通	26	雅言解	39
鑒賊建議	28	遠流廣島城引渡之覺	24	雅言用文章	96
王代一覽	48,98	**カ**		畫稿	111
太田道灌自記	24	槐安國語	89	筋抄	58
應仁記	86	怪異辨斷	30	華山印譜	26
黃檗隱元禪師年譜	35	甲斐御代官所百姓共徒黨一件	33	華山翁刀寧遊記	26
鸚鵡のことば	32	開化文章	64	華山先生隨筆	86
噯嗚館遺稿	43	海岸備要	65	華山俳畫譜	28
大磯鴨立澤元由略記	32	海岸砲術備要	65	我自刊我書	23,24
大鏡	91	槐記	52	賀集序	97
大久保武藏鐙	92	甲斐舊記	53	畫乘要略	25,63
大久保公神道碑奉勅書	63	開卷驚奇俠客傳	91	可徒羅の下路	96
大系圖	100	海寇竊策	28	上總國輿地全圖	55
大坂記	49	豈好辨	28	畫圖入門	111
大阪之圖	27	回國雜記標柱	41	家政要旨	105
大雜書	113	外史譯語	98	哥仙	97
大鹽平八郎一件	49	介壽錄	44	家藏孝經類簡明目錄稿	23
大津みやげ	26	害事論	106	家相祕傳集	65
大友興廢記	49	改正博物階梯	61	雅俗新選以呂波字引大全	90
大祓詞考	88	怪談錄	40	花鳥畫譜	63,111
大祓太詔刀考	88	改訂增補士氏物理小學	60	化蝶品目	24
小笠原嶋記	53	甲斐國全圖	55	花鳥餘情	86
翁草	32	海備芻言	28	勝海舟手抄手澤雜著	28
翁草抄	33	懷風藻	43	隔韡論	103
翁物語	33	海防私策	24	學校記錄	106
荻野流鐵砲打覺書	29	海防衆說	28	活語指掌	39
お國かぶき	27	皆夢文詩	43	月山遺稿	44
小倉山莊色紙和歌	97	甲斐名所圖會	53	可徒羅の下路	96
小倉百人一首畫稿	28	怪妄論	28	家庭繪本文庫	39
小倉百人一首かるた	113	外療手引岬	110	過庭紀談	31
小倉百人一首詳解	96	嘉永明治年間錄	24	家道訓	59
おちくぼ物語	40	顏見世給金附	32	下等小學第四級習字本	108
をはすて山の考	97	化學訓蒙	60,109	加藤先生年譜	50
御觸書	56	畫學臨本	111	加藤弘之自叙傳	50
小俣村政治鬪爭史	99	花家多滿	96	假名古事記	99
親船太平記	26	加賀藩史稿	52	可那帖	112
喝蘭演戲記	28	佳賀見	96	假名神代卷	86

假名遣……………………37	邯鄲諸國物語…………39	舊典類纂皇位繼承篇……51
假名世說…………………30	鑑定暗の明り…………62	舊典類纂田制篇…………59
假名讀太閤記……………92	閑田耕筆………………30	舊都巡遊記稿……………53
かな讀八犬傳……………91	閑田次筆………………30	牛馬問……………………31
假名列女傳………………59	關東講御定宿判取帳…101	杏雨印譜…………………26
狩野周信印譜……………26	觀音經選註……………35	九百年忌九重西來繪盡…27
狩野常信印譜……………26	觀音五十首蝸牛一百句…88	窮理捷徑十二月帖………97
花　譜……………………62	官版單語篇……………107	狂歌現在奇人譚………46,47
歌舞音樂略史……………47	漢　文…………………108	狂歌集……………………97
歌舞伎小唄番附盡………27	漢文學史………………41	狂歌上段集………………97
歌舞伎十八番の圖………26	貫目以上御筒武術流打方覺…29	狂花浪花丸………………28
畫本古文孝經……………106	看聞日記………………100	挍合雜記拔書……………32
畫本時世粧………………112	キ	恐惶神論…………………103
畫本早引…………………111	紀伊國名所圖會………54	恐惶神論總評……………103
畫本和歌浦………………63	金烏玉兎集……………64	曉齋畫譜…………………63
鎌倉大草子………………99	幾何學教授書…………60	強齋先生遺岬……………94
神谷轉苦忠鈴慕…………92	崎學闢明文略…………93	強齋先生雜話筆記………94
神代正語…………………87	記紀神名表……………88	曉齋鈍畫…………………111
蒲生記……………………52	菊慈童酒宴岩屈………26	曉齋樂畫…………………63
蒲生君平遺稿……………95	奇元合考………………32	行書類纂…………………63
蒲生君平墓表……………95	蚊行詩かな鈔…………89	胸中山……………………25
臥遊席珍…………………111	義士大觀………………49	行道山記…………………89
鷹の行かひ………………45	記事本末國史提要……99	嚮風草……………………94
瓦礫雜考…………………31	稀書解說……………26,27	教部省事務取扱規則……29
川岡氏筆記………………30	稀書複製會刊行書……26	享和敕賜書………………23
川口靜齋隨筆……………31	畸人傳…………………51	享和二壬戌改足利文庫目錄…85
川角太閤記………………24	木曾路名所圖會………54	京　童……………………53
河內名所圖會……………53	木曾の麻衣……………54	玉山講義再表補闕………93
河　社……………………45	祇陀開山大智禪師偈頌…36	玉山講義師說……………93
官員錄……………………104	北國一覽寫……………27	玉聲小錄…………………96
甘雨亭叢書………………24	北野藁草………………34	玉篇大全…………………90
寬永小說…………………49	奇談雜史………………30	玉籠集……………………97
環海異聞…………………55	旗百條着條目諺解……113	清香未定稿………………96
漢畫獨稽古………………111	吉備烈公遺事…………50	馭戎慨言…………………52
寒檠璅綴…………………25	寄附書籍目錄…………85	禦戎策……………………28
觀經玄義分傳通記………89	木村納直君墓誌銘……96	御撲大坂記………………49
觀月集……………………41	疑問錄…………………93	清直和歌合書拔…………96
菅家傳……………………88	客衆肝照子……………27	羈旅日記…………………54
菅家文草…………………43	笈埃隨筆………………32	羈旅漫錄…………………54
勸孝邇言…………………107	臼礮放發術考…………28	金烏玉兎集………………64
閑散餘錄…………………29	泣血餘滴………………94	琴學大意抄………………47
漢詩かるた………………113	弓劍馬具圖解…………58	金峨先生匡正錄…………93
漢詩講座…………………43	嬉遊笑覽………………24	金銀圖錄…………………58
韓使手口錄………………29	九星便…………………109	琴後集……………………96
寒松稿……………………45	九十番歌合……………96	錦繡段鈔…………………43
官職備考…………………57	九千句…………………42	今　書……………………103
觀心寺參詣諸堂巡禮記…86	鳩巢小說……………29,32	近史餘談…………………32
觀世流謠本………………98	休息句合………………27	錦森百人一首萬壽鑑……97
閑窗瑣談…………………30	鳩巢文集………………43	近世偉人傳………………100
願體俚諺鈔………………59	宮中御歌會始…………96	近世江都著聞集…………29

近世畸人傳……………………51	經濟說略……………………105	見聞記錄……………………32
近世奇跡考…………………31	經濟問答祕錄………………56	見聞集書出…………………24
近世先哲叢談………………100	傾城王昭君…………………26	憲法志料……………………56
近世叢語……………………51	傾城艦………………………28	元明清書畫人名錄…………63
近世日本外史………………49	けいせい筑波山……………26	建武年中行事略解…………104
近世名家書畫談………62,111	經籍答問……………………23	縣令江川氏之存寄書付……28
今世名家文鈔………………43	慶長勅版考…………………23	鈐錄外書……………………33
近世四戰紀聞………………92	經典題說……………………23	**コ**
金石記………………………25	啓白諸句集…………………86	語　彙………………………39
謹　對………………………31	藝備二州叢書………………54	五位傳義……………………65
近代正說碎玉話……………50	啓蒙知惠の環………………86	語彙別記……………………39
近代女房裝束抄……………105	桂林漫錄……………………31	皇位繼承篇…………………51
近代和泉考…………………31	傑勿人爾銃略說……………28	黃雨詩鈔……………………44
禁中幷公家中諸法度………56	外科手引艸…………………110	廣益諸家人名錄……………25
禁祕抄考證…………………104	劇場漫錄……………………47	廣益略韻……………………38
禁祕抄釋義…………………57	獸太平記……………………27	講學筆記……………………93
金寶遺言……………………33	月庵和尚假名法語…………86	孝經樓漫筆…………………31
訓蒙圖彙……………………24	缺陷精舍記…………………96	江家次第……………………57
訓蒙圖彙大成………………86	穴居考………………………31	好古菴夜話…………………62
金龍尺牘集…………………45	蘐園隨筆……………………30	興國の大詔…………………104
ク	蘐園談餘……………………29	皇國名醫傳…………………61
偶　記………………………30	蒹葭堂雜錄…………………31	好古小錄……………………31
弘決外典鈔…………………35	元寬日記……………………49	好古堂一家言………………62
舊事記………………………87	獻芹微衷……………………28	好古日錄……………………31
公事根源集釋………………58	現金商賣往來………………107	好古餘錄……………………31
愚得隨筆……………………65	元冠紀略……………………99	咬菜軒五種…………………95
國徒久し……………………101	元亨釋書……………………34	香山遺稿……………………47
くぬかちの記………………54	元寇年表……………………99	孔子一世大聖畫傳…………91
雲隱說………………………40	源三位賴政集………………86	孔子一代記…………………91
供養十二大威德天報恩經和訓…35	源氏けい圖…………………40	口嗜小使……………………25
群書一覽……………………23	源氏物語系圖………………40	侯爵夫人前田溎子遺書……92
群書類從……………………86	源氏物語語句解……………40	甲信紀程……………………54
君臣言行錄…………………45,100	源氏物語詳解………………91	上野・下野・武藏・下總當時諸家
軍神問答……………………32	源氏物語諸卷年立…………40	人名錄………………………51
君　則………………………33	源氏物語玉㇑小櫛…………40	校正地方落穗集……………59
君臺官印譜…………………64	源氏物語玉小櫛補遺………40	侯鯖一臠……………………90
軍用記幷附圖………………105	源氏物語萍中月……………96	巷說兒手柏…………………92
郡名異同一覽………………53	源氏物語文中消息抄………96	廣千字文……………………63
訓蒙助語辭解大成…………42	幻住九世一華碩由大禪師行實…35	盍簪錄………………………32
訓蒙圖彙……………………24	建州女直ノ始末……………52	後素談叢……………………25
訓蒙圖彙大成………………86	懸賞歌寫……………………96	光臺一覽……………………57
ケ	謙信春日山日記……………49	皇大神四年鎭座考…………34
桂庵和尚家法倭點…………90	言仁要錄……………………93	江談抄………………………28
桂園一枝……………………96	健全學………………………62	紅茶製法纂要………………62
萩苑裁書……………………25	源註拾遺……………………96	紅茶說………………………62
秋苑日涉……………………32	源注抄………………………96	皇朝儒臣傳…………………51
慶元通鑑……………………49	硯田農舍印譜………………112	皇朝史略……………………48
經濟纂要……………………58	玄同放言……………………31	皇朝名畫拾彙………………63
經濟小學家政要旨…………105	元和寬永年間記錄抄………33	香亭雅談……………………25
經濟隨筆……………………58	憲廟實錄……………………49	校定古事記…………………49

香亭藏草	95	古今名物類聚	64	古老軍物語	50
公程餘事	95	古今要覽稿	23	古老物語	50
盍徹問答	24	古詩韻範	43	金剛界幸聞記	89
高等科習字帖	109	古事記	28,48,49,99	こんてむつす・むんち	27
弘道館記述義	42	古事記正文	48	サ	
高等小學下野地理書	108	古事記傳	49	碎玉話	50
鼇頭挿畫校正王代一覽	48,98	古事記傳摘要	96	裁許之式	56
高等論説記事簡牘文例	92	古事記袋	33	西國事物紀原	24
降魔日史	45	古史成文	87	在五中將傳記	63
光明眞言經照闇鈔纂靈記	89	古事談	40	宰相入道教長口傳	86
講名簿	87	古史通	50	祭祀來格説	93
紅毛雜話	55	故實叢書	104,105	濟宗語錄	36
紅毛內風説和解	28	古史本辭經	38	茱譜	61
黃門白石問答	57	古寫抄錄	32	濟北集	45
拘幽繰合纂	93	御寫本譜	23	祭文例	34
氷の朔日	27	五十音義訣	38	西游日簿	28
紅樓夢圖詠	112	御上覽之書目錄	85	犀陽遺文	44
皇和表忠錄	99	御所櫻梅松錄	92	采覽異言	55
御詠集	97	五事略	29	茶家印譜	26
小荻	96	午睡詩鈔	44	阪本龍門文庫覆製叢刊	86
小金ヶ原御狩記	65	子雀の卷	522	相模國輿地全圖	55
小金中之牧御鹿狩之一件	33	御成敗式目	28,56,104	作詩便覽	94
御規式書	56	御成敗式目聞書	104	作文方法	94,108
古義堂印譜	25	梧窓漫筆	30	作法資料漢詩講座	43
古今集私記	96	五祖演禪師語錄糊塗	36	狹 衣	40
古今集遠鏡	46	御代始抄	104	狹衣下紐	40
古今人物志	51	御代々御詩歌	23	佐々羅荻	96
古今珍談	49	御代々文事表	23	茶山翁筆此もさび	30
古今和歌集	96	碁立絹篩	113	雜記	33,37,96
古今和歌集打聽	46	古簻篇	37	皐需曾我橘	28
古今和歌集餘材抄	46	骨董集	86	薩州寶島異國人亂防記	28
國郡の名の字の事	31	湖亭涉筆	32	雜 抄	32,96
告志篇	33	古典保存會刊行書	28	雜字類編	39
國史綜覽稿	49	御當家新田德川中央發起大槃書之		雜 圖	31
國史提要	99	拔書	33	雜念集	86
國史攬要	48	滸都酒美選	28	雜話筆記	29
國史略	48,98	詞の本末	38	佐渡研究	54
國喪自言	58	詞のやちくさ	38	里見八犬傳	26
獄廷素描	86	詞八衢	38	佐野紹益賑ひ艸	29
國文世ミ農跡	39	近衞直麿追悼錄	50	礎磨詞鏡	38
國理論	103	木乃葉籠	32	五月雨抄	33
古訓古事記	49	古梅園墨談略抄	25,63	座右書	65
湖月鈔	40	古文舊書考	23	さ羅波ひ具佐	96
故諺記	24	古文孝經	28	さるかに合戰	27
古言梯標註	90	御本日記續錄	23	澤村田之助曙草子	91
晤 語	31	御本日記附注	23	三緣山護國殿九郎本尊無量壽佛	
護國女太平記	92	小村崖南詩集	95	來由驗證大概	37
古語拾遺	49	御流神道竪印信集	89	三界一心記	106
古今鍛冶備考見出	65	古暦便覽	60	參海雜志	27
古今書刻	23	虎列剌豫防の諭解	110	山海名物圖會	62

鑽工廿八氣象 …25	自寬齋遺艸 …43	芝屋隨筆 …30
參考保元平治物語 …40	四季草 …58	師範學校編輯日本略史 …108
三國相傳陰陽輨轄箽篿内傳金烏	四季乃花 …112	四部書 …93
玉兎集 …64	四敎階級署名目 …35	四部錄 …36
三國通覽圖說 …55	慈斤秉拂法語 …36	詩文規格鈔 …96
三語便覽 …91	四君子畫譜 …111	島原始末記 …24
三　細 …37	詩工推鑿 …42	島原御影供紋日 …27
三日二山遊記 …45	詩語碎金 …94	下總國輿地全圖 …56
纂輯御系圖 …51	詩語碎錦 …42	下野九郡圖 …103
三十番歌合 …96	詩語對句自在 …94	下野國誌 …101
山州名跡志 …53	紫柴園稿 …43	下野國圖 …103
三集類韻 …45	四時交加 …112	下野掌覽 …102
三條演義 …87	士氏物理小學 …60	下野神社沿革誌 …88
山水奇觀 …53	磁石論 …545	下野地誌畧 …101
三省錄 …59	四十八音義譯 …38	下野地理書 …108
三省錄抄 …33	字集便覽 …90	下野國足利郡樺崎郷八幡宮紀原 …88
三千三百三十三納本記 …89	私淑錄 …93	下毛野國天明郷菅神廟碑銘并序 …88
三大考 …49	四術題林答式 …108	下毛埜州學校來由記 …106
三體廣千字文 …63	耳順賀歌集 …97	下野烈士傳 …100
三體書譜 …108	四條中納言集 …97	釋迦八相倭文庫 …91
刪訂家道訓 …59	事情明治太平記 …92	釋書往來 …36
山王御祭禮番附 …32	指掌倭漢皇統編年合運圖 …48	釋　文 …88
算法顆籌運筆 …109	四書五經增補文選字引 …38	舍山雜筆 …32
算法闕疑抄 …109	詩聖堂詩集 …44	寫山樓印譜 …25
筭法自在 …109	史蹟足利學校 …106	寫山樓描法 …25
算法地方大成 …105	史籍集覽 …24	周易別傳祕訣足利學校流占筮傳授
算法天元指南 …109	詩仙堂志 …63	要說 …113
算法早學 …109	師善錄 …42	拾芥抄 …23, 104
山陽遺稿 …43	詩礎階梯 …42	集義外書 …42
山陽印譜 …25	四體千字文 …112	袖玉武鑑 …57
三養雜記 …31, 33	下蕪集 …96	集義和書 …41
山陽文稿 …44	七回忌法會祭文 …96	十五番獨歌合 …96
三栗調三・四綴 …95	七　輯 …95	秋齋閒語 …31, 33
山陵志 …51	七十五日 …27	習字手本 …107
シ	七湯夢巡日記 …54	習字手本三體國盡 …108
詩韻貫珠 …42	七湯栞 …53	銃術問答 …29
市隱草堂集 …43	史徵壘寶第二篇考證 …52	修身小學 …108
枾屋詩存 …44	使朝鮮錄 …29	修身談 …106
芝屋隨筆 …30	實語敎 …107	重撰倭漢皇統編年合蓮圖 …47
鹽尻 …29	上執政相國閣下書 …24, 28	繡像水滸銘々傳 …92
鹽原溫泉誌 …102	賤環歌集 …96	春臺先生紫芝園稿 …43
鹽原圖 …103	悉曇愚鈔 …35	袖珍藩銘錄 …57
紫海紀行 …45	實用北海道新地圖 …103	袖珍必攜諸識畫譜 …63
四海淸 …96	詩　轍 …94	十二月用文 …93
詩學字引 …42	支那今體文讀本 …108	十二刀法詳說 …25
詩學必攜 …94	支那史略 …59	秋風錄 …42

重離疊變訣……………………64, 112
重離疊變訣鈔……………………64
熟語類聚詩學字引……………………42
祝文作例……………………92
准后准三宮之事……………………31
珠算教授書……………………108
朱子社倉法……………………58
主從心得草……………………107
主從心得之事……………………107
首書四部錄……………………36
首註陵墓一隅抄……………………100
出世雙六……………………113
十體千字文……………………39
首楞嚴經義疏釋要經鈔……………………35
首楞嚴截流拔翠……………………35
儒林疊寶……………………26
春山畫譜……………………63
諄辭(辞)集……………………87
春曙抄……………………41
春水遺稿……………………43
春臺濁語……………………29
讓位式……………………105
聖一國師年譜……………………35
松陰快談……………………25
松陰集……………………96
菘翁印譜……………………25
小學化學書……………………60, 109
小學假字格……………………90
小學畫手本……………………109
小學科本日本略史……………………48
小學教育新編……………………59
小學高等讀本……………………108
小學作文全書……………………108
小學作文方法……………………108
小學習字女日用文……………………108
小學唱歌集評釋……………………109
小學道德論……………………60
小學日本文典……………………59
小學農書……………………110
小學必携萬國地誌略……………………102
小學筆算例題……………………108
小學毛筆圖畫帖……………………111
松華堂印譜……………………25
松花堂畫帖……………………25
娼妓畫檥……………………27
將棊輝光……………………113
松菊遺稿……………………44
將軍宣下之記……………………29
小峴詩存……………………44
尚古鎧色一覽……………………105
尚古假字用格……………………90
常語藪……………………39
尚古年表……………………25
稱呼辯正……………………93
常山紀談……………………50
常山紀談抄……………………33
常山文集……………………43
常山樓筆餘……………………30
上執政相國閣下書……………………24, 28
正直ばなし……………………27
惺々曉齋繪日記……………………27
鐘情集……………………50
小女子教訓雜誌……………………105
城西聯句……………………46
蕉雪吟館詩草……………………44
裝束甲冑圖解……………………58
裝束集成……………………105
裝束織文圖會……………………105
裝束着用圖……………………105
裝束要領鈔……………………58
上代石器考……………………31
小竹齋千字文……………………112
掌中詩韻貫珠……………………42
掌中職原擘要……………………57
掌中增補詩礎階梯……………………42
掌中武藏國輿地全圖……………………103
掌中怜野集……………………46
松亭漫筆……………………30
上等小學算術書……………………108
聖德餘光……………………100
小圖南錄……………………45
商賣往來……………………107
松風館集……………………43
正保遺事……………………28
商法小學……………………104
上北闕書……………………24, 28
松浦詩鈔……………………44
松浦文鈔……………………44
鐘銘拓本集……………………112
松籟餘韻……………………44
涉獵集……………………32
城壘錄……………………57
小蓮殘香集……………………43
初學啓蒙賦棋要譯……………………113
初學擲錢抄……………………65
女學範……………………59
書畫番附表……………………111
諸家人物志……………………51
諸家人名錄……………………25, 51
書畫名器古今評傳……………………111
書翰初學抄……………………64
書簡手習……………………108
書紀薅靈……………………96
職原私抄……………………57
職原抄……………………57
職原鈔……………………104
職原抄引事大全……………………57
職原抄私記……………………57
職原抄注……………………57
職原擘要……………………57
織文圖會……………………105
恕軒文鈔……………………44
諸國里人談……………………53
諸栄譜……………………61
諸寺位次……………………37
助辭鵠……………………42
女子國語文法……………………108
女子國文讀本……………………108
女子國語讀本……………………108
女子修身訓……………………60
女子新國文……………………108
諸職畫譜……………………63
諸尊宿佛支……………………36
諸尊眞影本誓集……………………35
職官志……………………57, 104
諸等題林……………………108
書牘確證帝國文證大全……………………64
諸藩藩校取調帳……………………106
如不及齋文鈔……………………44
除封錄……………………33
白縫譚……………………91
不知火物語……………………91
史　料……………………49
史料目錄……………………25
詩林良材……………………42
新案速成矢島式三體書譜……………………108
新安手簡……………………41
人遠茶懸物……………………26
人界の奇異……………………86
診家要訣……………………61
宸翰集……………………112
鍼灸備要……………………61
新居唱和集……………………92
愼機論……………………24, 28
新語園……………………59
新古今集詳解……………………97
人國記……………………53
神國決疑編……………………34
新語精選詩家絕妙……………………42
新　史……………………99

神社佛閣萬物始⋯⋯⋯⋯88	壽賀多百人一首小倉錦⋯⋯⋯⋯97	悴へ⋯⋯⋯⋯86
壬戌琉球拜朝記⋯⋯⋯⋯29	須加村如來堂紀行⋯⋯⋯⋯54	關ケ原軍記⋯⋯⋯⋯92
尋常小學校修身書⋯⋯⋯⋯108	菅原辨⋯⋯⋯⋯33	關原日記大全⋯⋯⋯⋯92
新せうばい⋯⋯⋯⋯107	杉本斗機藏建白⋯⋯⋯⋯28	積翠閑話⋯⋯⋯⋯30
清人藝林姓名捷覽⋯⋯⋯⋯63	生產道案內⋯⋯⋯⋯105	石亭畫談⋯⋯⋯⋯25
新政談⋯⋯⋯⋯28	豆山臥遊詩⋯⋯⋯⋯45	石塔之話⋯⋯⋯⋯88
仁說三書⋯⋯⋯⋯93	豆州熱海誌⋯⋯⋯⋯102	關北秋風⋯⋯⋯⋯32,41
新撰繪入和漢洋年代記⋯⋯⋯⋯48	豆州大嶋之記⋯⋯⋯⋯53	世事百談⋯⋯⋯⋯30
新刊錦繡段鈔⋯⋯⋯⋯43	住吉潮干圖⋯⋯⋯⋯86	世俗諺文⋯⋯⋯⋯28
新撰古曆便覽⋯⋯⋯⋯60	住吉名所圖會⋯⋯⋯⋯53	瀨田問答⋯⋯⋯⋯32
新撰姓氏錄⋯⋯⋯⋯51	圖書寮漢籍善本書目⋯⋯⋯⋯23	絕句類選⋯⋯⋯⋯43
新撰東西年表⋯⋯⋯⋯48	駿臺雜話⋯⋯⋯⋯29	節齋遺稿⋯⋯⋯⋯44
新撰名家詩文⋯⋯⋯⋯43	駿臺漫錄⋯⋯⋯⋯32	節山先生詩文鈔⋯⋯⋯⋯95
新撰和漢書畫一覽⋯⋯⋯⋯62	セ	雪舟畫長卷⋯⋯⋯⋯63
新增書籍目錄⋯⋯⋯⋯23	惺窩先生文集⋯⋯⋯⋯43	拙修齋叢書⋯⋯⋯⋯48,49
新增字林玉篇大全⋯⋯⋯⋯90	惺窩先生倭謌集⋯⋯⋯⋯43	殺生石後日怪談⋯⋯⋯⋯39
新增正字玉篇大全⋯⋯⋯⋯90	靜嘉堂祕籍志⋯⋯⋯⋯23	攝津名所圖會⋯⋯⋯⋯53
清俗紀聞⋯⋯⋯⋯55	星巖印譜⋯⋯⋯⋯25	拙堂文話⋯⋯⋯⋯42
新續泰平年表⋯⋯⋯⋯48	請禱日記⋯⋯⋯⋯96	播陽見聞筆拍子⋯⋯⋯⋯53
神代卷⋯⋯⋯⋯99	聲曲類纂⋯⋯⋯⋯47	節用集⋯⋯⋯⋯38
身代の番人⋯⋯⋯⋯105	靜寄餘筆⋯⋯⋯⋯30	責而者艸⋯⋯⋯⋯51
神代物語百首⋯⋯⋯⋯87	靖獻遺言⋯⋯⋯⋯106	勢陽雜記⋯⋯⋯⋯53
塵 譚⋯⋯⋯⋯36	靖獻遺言講義⋯⋯⋯⋯106	善惡種蒔鏡⋯⋯⋯⋯88
震旦書道⋯⋯⋯⋯63	成齋先生遺稿⋯⋯⋯⋯44	善惡種蒔鏡和讚⋯⋯⋯⋯88
新著聞集⋯⋯⋯⋯33,40	青在堂翎毛花菓譜⋯⋯⋯⋯25	善庵隨筆⋯⋯⋯⋯31
進呈按⋯⋯⋯⋯31	正朔要覽⋯⋯⋯⋯48	禪院并赤山記⋯⋯⋯⋯86
新年望山⋯⋯⋯⋯96	西山遺事⋯⋯⋯⋯50	賤環歌集⋯⋯⋯⋯96
神皇正統記⋯⋯⋯⋯50,86	西山公隨筆⋯⋯⋯⋯33	禪儀外文集⋯⋯⋯⋯36
新花つみ⋯⋯⋯⋯27	正字韻鏡⋯⋯⋯⋯38	禪儀外文盲象鈔⋯⋯⋯⋯36
新編假名遣⋯⋯⋯⋯37	正字玉篇大全⋯⋯⋯⋯38	前賢故實⋯⋯⋯⋯51
新編金瓶梅⋯⋯⋯⋯28,39	西秦樂譜⋯⋯⋯⋯47	前賢故實私訓⋯⋯⋯⋯51
新編覆醬集⋯⋯⋯⋯43	西征手談⋯⋯⋯⋯113	善光寺近邊之圖⋯⋯⋯⋯32
神武天皇御製井法⋯⋯⋯⋯87	清拙和尚語錄⋯⋯⋯⋯36	善光寺名所圖會⋯⋯⋯⋯54
人名考⋯⋯⋯⋯31	清拙和尚禪居集⋯⋯⋯⋯36	先考淡雅府君行實摘錄⋯⋯⋯⋯86
新約聖書⋯⋯⋯⋯89	聖戰誠詩集⋯⋯⋯⋯94	染色寶典⋯⋯⋯⋯110
辛酉晚春江戶往來日記⋯⋯⋯⋯96	聖像考⋯⋯⋯⋯31	先代舊事本紀⋯⋯⋯⋯87
辛酉高輪一條⋯⋯⋯⋯52	政談評論⋯⋯⋯⋯56	仙臺萩⋯⋯⋯⋯49
人倫訓蒙圖彙⋯⋯⋯⋯26	制度通⋯⋯⋯⋯56	船長日記⋯⋯⋯⋯55
新令字解⋯⋯⋯⋯104	聖廟獻句藥⋯⋯⋯⋯97	關提毒語集⋯⋯⋯⋯37
ス	聖フランシスコ・ザビエル書簡⋯⋯⋯⋯89	先哲醫話⋯⋯⋯⋯61
睡庵雜記⋯⋯⋯⋯34	青萍集⋯⋯⋯⋯44	先哲叢談⋯⋯⋯⋯51,100
睡菴清祕錄⋯⋯⋯⋯25	西洋雜記⋯⋯⋯⋯28	先哲叢談抄⋯⋯⋯⋯100
瑞岩山高源寺遠溪和尙之行實⋯⋯⋯⋯35	西洋事情⋯⋯⋯⋯102	先哲像傳⋯⋯⋯⋯51
水月堂百首⋯⋯⋯⋯46	青鷹集⋯⋯⋯⋯37	仙人龍王威勢諍⋯⋯⋯⋯26
隨筆雜抄⋯⋯⋯⋯32	精里集抄⋯⋯⋯⋯95	仙坂遺稿⋯⋯⋯⋯44
睡餘漫稿⋯⋯⋯⋯45	精里初集抄⋯⋯⋯⋯43	占法要決⋯⋯⋯⋯113
崇文叢書⋯⋯⋯⋯28	青樓年中行事⋯⋯⋯⋯112	占卜和鈔⋯⋯⋯⋯65
圖繪名殿記⋯⋯⋯⋯63	青樓美人合姿鏡⋯⋯⋯⋯112	先民傳⋯⋯⋯⋯51
姿繪百人一首⋯⋯⋯⋯111	世界國盡⋯⋯⋯⋯102	禪門古抄⋯⋯⋯⋯37
姿百人一首⋯⋯⋯⋯97	世界七不思議⋯⋯⋯⋯102	善隣國寶記⋯⋯⋯⋯52

禪林象器箋……………36	識　草……………………33	太平記人名………………96
ソ	蘇那曷叱知來朝考………31	太平記讀本………………91
棕隱軒集…………………44	其名も高橋毒婦の小傳東京紀聞……92	太平記評判………………40
岬雲印譜…………………25	徂來印譜…………………26	太平記評判祕傳理盡鈔…40
草偃和言…………………58	徂來集……………………43	太平策……………………32
造化機論…………………110	徂徠先生學則……………93	泰平年表…………………48
宋學源流質疑……………93	徂徠先生答問書…………42	當麻曼陀羅述弉記………37
葬儀畧……………………34	徂徠先生南留別志………29	大三川史…………………49
裝觀奇賞…………………25	曾呂里狂哥咄……………40	大猷院殿御實紀附錄……25
操觚字訣…………………42	尊號眞像銘文……………89	太陽略曆…………………109
曹山錄抄…………………36	尊號宣下記………………24	平貞丈考說………………32
掃聚雜談…………………33	尊卑分脈…………………100	高久靄崖四君畫册………25
贈從三位津輕信政公二百年祭記念	尊卑分脈索引……………51	高島德丸砲術試放………28
外乃濱風………………100	**タ**	たかたち五段……………26
裝束甲冑圖解……………58	退役願書之稿……………86	高橋泥舟遺書……………29
增續古曆便覽……………60	大惠普覺註纂……………36	高橋泥舟居士小傳………29
增續書翰初學抄…………64	大雅堂畫譜………………25	高山仲繩逸事……………50
增續大廣益會玉篇大全…38,90	大伽藍寶物鏡……………27	澤菴和尚鎌倉記…………27
裝束要領抄………………58	大休和尚語錄……………36	澤菴和尚夜話……………36
相中紀行…………………95	大廣益會玉篇大全………38,90	橐囊輻湊…………………58
增訂化學訓蒙……………60	太閤眞顯紀………………92	竹千代君御髮置記………29
草堂詩集…………………44	對山遺事…………………50	竹取抄……………………39
雜兵物語…………………32	對山印譜…………………25	竹取物語抄………………39
增補廣類願體俚諺鈔……59	臺山隨筆…………………33	竹之丞……………………27
增補仙臺萩………………49	大師正傳震旦書道………63	太政官日誌………………101
增補裝束甲冑圖解………58	大乘起信論註……………35	奪錦袍……………………94
草木圖說…………………61	大正詩文…………………43	館林記拔書………………102
遭厄日本紀事……………52	對照書札…………………64	館林領五郡農家水配鑑…102
蒼良閣印譜………………26	太神宮大御田祭圖………88	たぬくひあわせ…………27
葬禮心得…………………88	泰西史鑑…………………52	田畑重寶記………………62
僧靈長間朝鮮使記………29	大全塵劫記………………60	田原族譜…………………100
曾我扇八景………………26	大全早引節用集…………91	旅の流塵…………………32
續足利學校事蹟考………106	對相四言雜字……………26	玉ふられ…………………38
卽位式……………………105	大內裏圖考證……………104	玉賀都萬…………………30
素空公墨蘭畫存…………63	大內裏勅…………………105	玉勝間……………………30
續近世叢語………………51	大智禪師偈頌……………36	魂の入替…………………59
賊禁祕誠談………………92	大統歌……………………107	玉の考……………………31
續十八史讀本……………52	大東世語…………………86	靈能眞柱…………………87
續々泰平年表……………48	臺德院殿御實紀附錄……25	淡雅大橋府君墓表………86
續日本史…………………24	大日本貨幣史……………58	淡雅雜書…………………86
續俳家奇人談……………46	大日本史…………………48	男官裝束要領鈔…………58
續藩翰譜系………………52	大日本枝折國徒久し……101	單語篇……………………107
續武將感狀記……………50	大日本海陸小圖…………103	端山先生遺書……………95
續武將感狀記拔書………29	大日本國全圖……………102	丹水子……………………61
續浮木集…………………37	大日本租稅志……………58	探芳挹翠…………………63
續本朝通鑑………………48	大日本二千年袖鑑………88	探幽印譜…………………25
續耳囊……………………30	大日本分國輿地全圖……102	坦樓漫錄…………………32
續武者物語………………99	太平館宴會問答之詞……29	**チ**
續世繼……………………40	太平記……………………40	千賀屋草…………………32
疎山大師根脚語決………36	太平記抄…………………91	地學教授本………………108

一七

竹齋老寶山吹色……27
竹醉園小錄……32
竹田印譜……26
竹田畫譜……111
竹洞印譜……26
秩父三十四所觀音靈驗圓通傳……37
知非子影……44
地文學初步……60
地名河川兩字通用考……31
茶席墨寶祖傳考……25
茶村漫錄……32
茶番三階圖繪……27
籌海因備……24
籌海因循錄……28
籌海私議……24, 28
中學畫手本……109
中學漢文字解……108
中學教程日本文典……90
中學作文教科書……108
中學修身教科書……108
柱下餘談……30
忠孝血涙錄……50
中古正說碎玉話……50
中華事始……24
忠臣略太平記……40
蟲聲集……46
中等教科明治文典……108
中等國文讀本字解……108
澄江詩文草稿……95
帳合之法……110
聽訟彙案……57
朝鮮近世史……101
朝鮮史……101
朝鮮征伐記……49
朝鮮內亂日清大戰爭……101
朝鮮物語……33
朝陽閣鑑賞金繡帖……25
重離疊變訣……64, 112
重離疊變訣抄……64
勅版集影……85
著作堂羇旅漫錄……54
樗散集……95
千代田の大奥……105
塵塚談……33
塵　泥……32
椿山印譜……25
椿山老兄宛遺書……86
鎭州臨濟慧照禪師語錄鈔……36
鎭將府日記……101
珎祕拔書……33

ツ

通俗五雜組抄……32
通俗西漢紀事……91
通俗大聖傳……91
通俗大明女仙外史……40
通俗大明女仙傳……40
通俗東漢紀事……91
通俗文章……92
通俗兩漢紀事……91
築地觀月集……43
月並兼題并當座詠混雜詠草……96
築紫紀行圖志……54
筑波山……49
つくば山戀明書并名所……26
拓殖流砲術祕傳書……29
つたのは葉……46
繋舛三舛繋……26
釣船物語……28
釣船物語後話……28
つれ〴〵草……92
徒然草……92
徒然草文段抄……41

テ

帝王記……86
庭訓往來……86, 107
庭訓往來講釋……107
帝國史要……99
帝國文證大全……64
蹄齋畫譜……111
貞丈雜記……105
提醒紀談……30
訂正國史略……48
定西琉球物語……33
貞德狂歌集……27
訂補和漢合運圖……48
摘題和歌集……45
手相即坐考……65, 113
鐵研餘滴……32
鐵石印譜……25
鐵　槌……41
てにをは教科書……90
而于者文字之事……96
天界と地獄……89
鐵砲洲燈籠略圖……28
天桂禪師船歌……32
天貨米穀物價貨幣其他……50
天子陵之事……32
天神眞楊流柔術目錄……113
天人相勝……33
田制篇……59
典籍概見……23
天台圓宗四教五時西谷名目……35
添長日錄……29
天王寺彼岸中日……27
田畑重寶記……62
傳法續松傳……37
天明大政錄……49
天文圖解……60
天和長久四季あそひ……27

ト

宕陰存稿……44
蹈雲遊記……45
東叡山法會記……29
東　雅……38
東崖一塵集……94
東海道紀行……54
東海道勝景……26
東海道名所圖會……53
東海遊囊……95
東嶽文抄……44
東鑑假面……96
唐官鈔……57
東鑑摘要……96
東京四季逍遙記……97
どうけ百人一首……27
刀劍番附……65
刀劍略說……33
東湖遺稿……44
東皐琴譜正本……98
東西年表……48
東山道下野州簗田郡足利庄八幡宮再輿修葺勸進化緣狀……88
唐詩選畫本……111
東照宮御遺訓……24
東照宮御實紀附錄……25
頭書增補訓蒙圓彙……24
頭書增補訓蒙圖彙大成……86
當世かもじ雛形……112
當世風俗通……26
東遷基業……49
桃洞遺筆……61
東洞先生遺稿……43
東都事蹟合考……32, 49
唐土名勝圖會……55, 102
東都名所圖會……53
東福開山聖一國師年譜……35
同文通考……37
唐房行履錄……35
東北韃靼諸國圖誌野作雜記譯說……29
當麻曼陀羅述賛記……37

項目	頁
東毛紀行	95
童蒙入學門	87
童蒙必携開化文章	64
答問錄	31, 103
東野遺稿	94
東遊雜記	55
東牖子	31
東遊集絶句	45
唐陽山人詩鈔	44
童謠妙々車	92
兎園雜錄	95
德川禁令考	57
常磐公園攬勝圖誌	54
常磐の松	50
獨語	29, 30
讀書餘適	45, 93
讀史餘論	50
獨斷時勢答問錄	103
德本翁十九方	110
栃木縣足利小學校東西校間内梯子段圖	110
土佐日記	41
土佐日記考證	41
土佐日記地理辨考	41
土佐日記舟よし直路	41
としの花	27
土刕宇佐浦鰹船	33
戸田樣上書之寫	97
栃木縣足利町概況	102
栃木縣佐堅田沼葛生三町概況	102
栃木縣大小區畫制置簿	103
栃木縣地誌略	102
利根川圖志	53
豐臣秀吉出生	24
豐見世久佐	27
度量衡說銃	58
頓悟集	90

ナ

項目	頁
直日の教	87
長歌こきんしう	27
長崎土產	27
長崎古今學藝書畫博覽	25
中嶋流別傳抄錄	29
中臣祓本義	87
長野縣管下開明長埜町新圖	103
なぞつくし	26
難波軍記	92
浪花撮芳譜	25
浪華人物誌	25
難波戰記大全	92

項目	頁
難波立聞昔語	26
名乘字引	100
南留別志	29
南涯遺集	44
南郭先生燈下書	42
南山史	49
南州先生詩文鈔	44
難太平記	40
南木誌	52
南畝莠言	31
南嶺遺稿	31
南嶺子	31

ニ

項目	頁
賑ひ岬	29
西谷名目	35
西谷名目冠註	35
西山拙齋先生文集	94
西山拙齋文	94
二週間圍碁速成新法	113
二洲先生擇言	93
修紫田舍源氏	26
日用文鑑	93
日蓮大士眞實傳	35
日光紀行	92
日光參詣記	29
日光山志	102
日光名勝記	102
日清戰鬪畫報	101
新田足利源氏系圖	51
新田舊記	100
新田族譜	100
入唐記	55
二程治教錄	41
二程造道論	93
日本外史	48, 98
日本外史字類	99
日本外史目安詠	96
日本外史論文箋注	99
日本繪類考	25
日本感靈錄抄	40
日本國盡	101
日本國風	31
日本山海名產圖會	62
日本山海名物圖繪	62
日本產物志	62
日本史同外史名乘字引	100
日本釋名	38
日本史要	99
日本小文典	90
日本書紀	99

項目	頁
日本書記通證	49, 99
日本書籍考	23
日本政記	48, 99
日本製品圖說	25, 62
日本節用	39
日本全圖	102
日本地誌略字引	101
日本地誌略字類附錄	101
日本地名字引	101
日本品行論	60
日本風俗圖繪	111
日本文章軌範	94
日本文典	90
日本文法典	90
日本名山圖會	53
日本蒙求	59
日本略史	48, 59
烹雜の記	31
二體儀略	42, 94
女官裝束着用次第	105
二老畧傳	25
人情世界	87
人天眼目抄	36
人天眼目川僧抄	36
仁德天皇御葬式畧記	97

ネ

項目	頁
願屆證書文紙書入模範	104
鼠花見	26
寢覺譚	32
年山紀聞	31

ノ

項目	頁
農業全書	110
農具古持籠	62
野々宮公答荒井筑後守問車服制度手記	58
祝詞考	87
吞込多靈寶緣記	26
祝詞正訓	34
祝辭正訓	87

ハ

項目	頁
梅逸印譜	26
梅園蔎書	31
梅園日記	31
俳諧集	97
俳諧童子教	27
俳諧用捨箱	31
俳家奇人談	46, 33
陪駕日記	26
梅岡詩集	43
梅香情史鶯袖	91

一九

稗史臆説年代記…………26	萬世百人一首花文臺………97	風俗繪卷圖畫刊行會叢書………112
稗史水滸傳…………39	阪川文稿………45	風流謠年代記………26
梅窓筆記…………31	半陶藁………45	風流鱗魚退治………26
芳賀郡鐘銘集………112	般若心經祕鍵………35	風流四方屏風………27
幕下系譜…………51	般若心經和訓圖會………88	舞樂圖………105
白蛾先生鼇頭増補定本易學小筌………65	萬物工業畫譜………112	舞樂圖說………105
蕨孤射乃祕語…………96	萬物工業雛形………110	ふきあげ………26
白雀錄…………93	萬寶古狀揃文鑑………107	舞曲扇林………26
白石手翰…………41	藩銘錄………57	覆醬集………43, 94
白石先生考…………31	**ヒ**	覆醬續集………43
白石先生年譜…………50	日蔭草………89	服飾圖會………105
博物階梯…………61	比丘六物圖私抄………36	袋草紙………45
博物小學…………60	菱川月次のあそび………26	武家名目抄………104
博物新編譯解…………60	美術工藝畫譜………112	武家用文章………64
博物叢書…………31	美人繪盡………111	普勸坐禪儀………36, 89
白鷺洲…………25	備前老人物語………24	府縣長官銘々傳………100
筥根山略錄起…………32	常陸國郡郷考………53	武江年表………24, 48
羽 衣…………47	常陸國常州十一郡全圖………56	武江扁額集………26
破産豫防法………105	常陸國風土記………53	普濟國師語錄………36
芭蕉隨錄…………32	筆算題叢………60	富士信導記………87
はたの刈草…………46	筆算訓蒙………109	不恤緯………103
旗百條着條目諺解………113	人見隨筆………29	武將感狀記………50
八十翁昔かたり…………29	日次記事………58	藤原系圖………100
八十翁疇昔物語…………29	日下開山名人ぞろへ………26	扶桑隱逸傳………51
八丈筆記…………29	祕府略………28	扶桑拾葉集………41
八幡宮紀原…………88	備忘錄………95	扶桑名公圖譜………25
初春のいわひ…………27	微妙公御夜話………33	佛果圜悟禪師碧巖錄圖………36
花 籠…………96	百花鈔………36	佛說護講童子陀羅尼咒和訓………35
花籠集…………96	百人一首………97	佛說摩訶酒佛妙樂經………27
花我多滿…………96	百人一首嵯峨の山ふみ………46	佛祖宗派綱要………34
花相撲源氏張膽…………26	百人一首拾穗抄………97	物理階梯………60
花 筐…………92	百人一首抄………46	物類品隲………61
花文庫…………92	百人一首一夕話………46	筆よこさび………30
花文臺…………97	百人一首寶鑑………97	筆よ壽佐飛………30
土津靈神言行錄…………50	百人女郎品定………111	武德大成記………49
母と子………106	百法問答抄………35	武德編年集成………49
母のおもひにてよめる歌種々…………96	標記本朝通鑑………48	武德編年集成抄………96
腹之内戯作種本…………36	氷壺集………46	船長日記………55
張札之寫…………97	標註校訂神皇正統記………50	船廼綱手………96
半 詠…………96	標註信野佐ヽ禮石………54	武備根元………33
藩翰譜…………52	平等院御經藏目錄………86	浮木集………37
藩翰譜續編…………52	評林文章指南………42	籠草分………37
萬國暗射指南譜…………56	平山子龍印譜………26	武林隱見錄………33
萬國奇談………102	品林錄………93	武林名譽錄………50
萬國掌覽………104	**フ**	布留鏡………96
萬國地誌畧………102	武隱叢書………50	敷留鏡………96
蠻語箋…………39	風 雅………112	古事記（フルコトブミ）………99
萬歲囉…………26	冨貴自在………86	文會雜記………30
晩進魯筆閑窓瑣項談…………30	楓軒偶記………30	文會筆錄………41
萬世百人一首…………97	風說萩之枝折………49	文會餘業………23

文化嚮風草	94
文久癸亥年表	48
文久壬戌年表	48
文教温故	31
文語粹金	42
豐後日田紀行	54
文七一周忌	26
文章一偶	42
文章奇觀	43
文章指南	42
文章達德綱領	43
分數題林	108
文談鈔	42
文晁畫談	25
文明論之概略	103
文林良材	42
文話	42

ヘ

平安人物誌	25
米菴墨談	63
平家物語	40
平家物語講義	91
丙午記	24
瓶史國字解	64
平治物語	40
平州先生嚶鳴館遺稿	43
秉燭譚	31
幣帚集	45
秉拂私記	37
兵要日本地理小誌	60
碧巖抄	36
闢邪小言	94
別段風説書	24
紅屋三翁二媼	52
扁額軌範	63
辨道	42
辨名	42

ホ

補菴京華集	45
補菴京華別集	45
補菴絶句	45
寶永西紳書	33
寶翁規鈔口訣	36
法語類	37
防戎群議	28
砲術見聞録	29
法帖	112
方丈記	86
寶生流謠本	98
茅窻漫録	31

寶祚大典	100
礮臺造築提要	28
庖廚備用倭名本草	61
報德記	58
寶物集	28
望洋吟草	44
箜篌抄	64
箜篌祕訣諸相傳頓悟集	113
北越雪譜	54
北越雪譜抄	33
上北闕書	24,28
北齋漫畫	111
墨水餘滴	46
北窓瑣談	30
北總詩史	45
墨談	63
墨談續編	63
木堂韻語	44
北島志	55
木堂先生印譜	64
北里歌	28
法華經音義	35
保建大記打聞	50
保元物語	40
輔策日迄談	65
戊巳紀行	96
蒲室集抄	36
蒲室集注	36
戊戌夢物語	28,33
輔將策全書	65
墓前日記	101
菩多尼訶經	61
北海隨筆	54
法華畧疏別記	35
法相義圖	35
法曹類林	104
保福祕訣	86
保曆間記	49
本佐録	24,59
蟲切伐柯篇	38
本草綱目啓蒙	61
本朝畫印	63
本朝畫史	63
本朝畫人傳補遺	25
本朝官職備考	57
本朝軍器考并附圖	105
本朝語園	30
本朝古今書畫覽	63
本朝尊卑分脈系譜雜類要集	100
本朝太平鏡	32

本朝通紀	48
本朝通鑑	48,98
本朝遜史	51
本朝武家評林大系圖	51
本朝文鑑	46
本邦續々史抄	32
梵網撮要	35

マ

舞姫	41
枕雙紙	35
枕草子春曙抄	41
枕草子裝束撮要抄	41
磨光韻鏡	38
正鐵翁文章	87
眞左那草	45
増鏡	91
松ゐけの日記	40
松嶋鹽釜眞景全圖	103
松嶋圖誌	54
松平光慈使行状記	24
松平陸奥守綱村家中騷動之譜	24
末法成佛決斷章	37
窓のすさび追加	33
漫游文草	95
萬葉集	46,97
萬葉集抄	46
萬葉集地名・人名考證	96
萬葉集略解	46
萬葉集美夫君志	97
萬葉代匠記	46
萬葉代匠記拾遺	96

ミ

三河記脱漏	24
三河國二葉松	53
三河之物語	24
三くさのひめ歌	96
三栗調三四綴	95
水野家記	24
道行布理	96
水戸公上書	97
水戸藩士齋藤左右衛門・藤田十四郎聞書	97
水戸孟侯(誤作候)光國卿所示家臣之政教條令	33
源家綱公不豫大漸記	29
三美婦久路	30
耳袋	32
耳嚢	30
宮川日記	34
宮川舎漫筆	30

都名所圖會………………53,101	名著漢文選………………108	大和訪古志………………25
妙術博物筌…………………87	名物拜見自由じざい………27	大和本草……………………61
妙ゝ奇談……………………33	明良洪範抄…………………32	大倭本草……………………61
妙明集………………………37	明曆懲毖錄…………………49	大和物語……………………39
名目鈔………………………57	**モ**	大和物語之抄………………39
名目鈔詳解…………………57	蒙古襲來繪詞………………112	野郎蟲………………………27
御代始抄……………………104	蒙齋先生集…………………95	**ユ**
三和村松田柏瀨家家譜……100	毛堂老師偈頌集……………36	唯一問答書…………………87
眠雲札記……………………32	藻鹽草……………………45,96	悠久遺芳……………………50
岷峨集………………………45	尤之雙紙……………………40	幽谷印譜……………………26
民間經濟錄…………………105	本居答問錄…………………31	勇臣英名百雄傳……………100
明淸名家眞蹟落款式………62	紅葉山御書庫目錄…………29	有眞樓家乘…………………51
ム	桃太郎………………………26	有眞樓文集…………………44
霧海指南……………………89	盛長私記……………………49	游相日記……………………26
霧海南針……………………89	唐土訓蒙圖彙………………24	有職袖中抄…………………104
昔語…………………………33	唐土名勝圖會……………55,102	有職問答……………………57
剝野老………………………26	諸鞏奧州黑…………………28	郵便規則并罰則……………104
武藏國全圖…………………55	文選字引……………………38	有不爲齋叢書………………99
むしのうた合………………27	**ヤ**	右文故事……………………23
武者物語之抄………………32	夜會記………………………59	遊山行樂帖…………………111
夢窓正覺心宗普濟國師語錄…36	夜會北記……………………59	弓張月春廼宵榮……………91
陸奥郡鄉考…………………54	やく者繪づくし……………27	夢路日記……………………92
陸奥古碑集…………………64	戲子卅六歌撰櫓色紙………27	夢路の日記…………………92
陸奥出羽國郡行程全圖……103	役者ともぐひ評判…………27	夢之代………………………30
胸算用嘘店卸………………27	役者夏の富士………………112	ゆめのたち…………………25
胸算用………………………40	戲子名所圖會………………47	夢物語批評…………………28
無名雜抄……………………31	譯筌…………………………42	夢々物語……………………28
紫式部日記…………………41	八雲琴譜……………………47	**ヨ**
紫式部日記釋………………41	八雲抄………………………45	幼學碎金續幼學便覽………94
紫のひともと………………53	譯文須知……………………94	幼學碎金幼學便覽…………94
無量壽佛來由驗證大槪……37	譯文筌蹄……………………42	幼學詩韻…………………42,94
室之八嶋……………………91	野史…………………………48	幼學詩韻續編……………42,94
室町源氏胡蝶卷……………92	野州足利郡上川崎村百姓逸八後家	謠曲通解……………………47
メ	はつ孝義狀………………100	養浩堂詩鈔…………………95
名家詩文…………………43,94	八十翁昔かたり……………29	洋算早學……………………104
名家手簡……………………64	八十翁疇昔物語……………29	用捨箱………………………31
名家署傳……………………51	寄生木草紙…………………30	用捨箱抄……………………32
明君享保錄…………………32	柳川始末……………………33	養生論………………………62
明君白河夜話………………33	柳田繁右衛門室能惠子刀自墓誌銘	擁書漫筆……………………30
名義集要……………………93	……………………………97	幼童訓………………………107
鳴溪先生詩集………………44	夜寐箴………………………93	餘景作り庭の圖……………26
明月餘情……………………27	藪黃鸝八幡不知……………92	豫見錄………………………28
明治作詩必攜………………94	山鹿語類……………………41	横井家系圖代々勤書………100
明治三十七八年戰役感狀寫…66	山崎闇齋之研究……………93	與謝宮考……………………34
明治新編作詩便覽…………94	山下幸內上書名臣評………28	義家朝臣鎧着用次第………33
名將言行錄…………………100	山城四季物語………………53	奉吉田宰相書……………24,28
名所眞景山水圖式…………111	大和耕作繪抄………………111	輿車圖考……………………105
名人忌辰錄…………………25	大和事始……………………24	吉田大ざつしょ……………26
名數畫譜……………………63	大和俗訓……………………59	吉原戀の道引…………………27
明徹錄………………………51	倭寧傳之故…………………96	吉原はやり小哥そうまくり…27

吉原美人合 ……………………………111
輿地誌略 ………………………………102
萬世百人一首……………………………97
萬世百人一首花文臺……………………97

ラ

來親菴奇談………………………………96
羅山林先生集……………………………43
蘭溪和尚語錄……………………………36
亂曲揃……………………………………26

リ

理氣鄙言…………………………………93
六韜軍器圖………………………………65
六論衍義大意……………………………59
李退溪と山崎闇齋學派關係資料……93
栗山上書…………………………………56
栗山先生上書……………………………33
栗山文集…………………………………43
略述法相義略解…………………………35
略本暦 …………………………………109
略要抄……………………………………23
柳莽隨筆…………………………………31
柳營婦女傳系……………………………51
柳營譜略補解……………………………51
龍年簽林…………………………………64
兩郡哀訴錄………………………………32
兩工傳……………………………………25
良山堂茶話………………………………25
兩社詣紀行日次記………………………96
梁塵愚案抄………………………………47
蓼水五十年忌辰舊遺稿…………………50
令義解……………………………………56
陵墓一隅抄 ……………………………100
隣交徵書…………………………………52
臨濟慧照禪師語錄鈔……………………36
臨濟語錄鈔………………………………36
臨濟錄抄…………………………………36
臨濟錄鈔…………………………………36

ル

呂宋國漂流記……………………………33

レ

隸楷行草四體千字文 …………………112
禮服着用圖 ……………………………105
怜野集……………………………………46
歷世女裝考………………………………58
歷世服飾考 ……………………………105
歷代漢文讀本 …………………………108
歷代筌宰錄………………………………52
歷代帝王世統譜畧………………………51
歷朝詔勅錄………………………………56
烈公遺事…………………………………50
列聖珠藻 ………………………………100
烈祖成績…………………………………49
聯句集……………………………………46
聯珠實戰講義 …………………………113
聯珠横二聯必勝法 ……………………113
練兵槍隊布策……………………………29
聯芳集鈔…………………………………45
連理秘抄…………………………………28

ロ

撈海一得…………………………………29
老人雜話…………………………………33
弄雪遺稿 ……………………………44, 95
老談一言記………………………………24
麓木鈔……………………………………97
鹿友莊遺稿………………………………95
ろしやいろは……………………………28
魯西亞繫船日錄…………………………33
魯西亞人モウル獄中上書………………28
魯西亞話…………………………………33
魯西亞本紀畧艸稿………………………28
六方ことば………………………………27
魯堂詩稿…………………………………94
魯堂東崖詩集……………………………94

ワ

倭楷正訛…………………………………37
和歌作者部類五言分……………………45
和歌三神考………………………………33
和歌草稿…………………………………96
和哥八重垣………………………………97
和漢音釋書言字考節用集………………38
和漢合運圖………………………………48
倭漢皇統編年合運圖 ……………47, 48
和漢合類大節用集………………………38
和漢事始…………………………………24
和漢三才圖會……………………………23
和漢三才圖會畧…………………………23
和韓唱酬集………………………………94
和漢書畫一覽 …………………………62, 63
和漢史略字引……………………………98
和漢對照書札……………………………64
和漢年契…………………………………48
和漢年歷箋………………………………98
和漢洋年代記……………………………48
和漢曆原考 ……………………………109
倭訓栞……………………………………39
別雷皇大神本地蹴上觀音略緣起……32
和國諸職繪盡 …………………………111
和國百女 ………………………………111
和字彙……………………………………90
倭爾雅……………………………………39
和字正濫鈔………………………………37
渡邊崋山眞景・寫生帖集成……………86
渡邊崋山忠孝血涙錄……………………50
渡邊幸庵對話記…………………………30
渡邊登罪案刑書…………………………28
咊亭印譜…………………………………25
倭板書籍考………………………………23
和名抄……………………………………39
倭名類聚鈔………………………………39
和洋對算 ………………………………109
和洋對算獨稽古 ………………………109
童謠妙々車………………………………92

蔵書印番号表（Ⅰ）
（請求番号→蔵書印番号）

漢　籍　含準漢籍

請求番号	蔵書印番号	請求番号	蔵書印番号	請求番号	蔵書印番号	請求番号	蔵書印番号	請求番号	蔵書印番号
1	1	72	513-519	128	86-88	182	136・137	227	188・189
2	2	74	52	130	89	183	139	229	190-193
4	3	75	37	131	90-92	184	10・140-142	230	194-198
6	4	77	53	136	10・95	185	101・105	238	200
8	5	81	41	137	10		・143・145	244	201
10	6-8	83	28・29・54	138	96-99	186	146	246	204
13	9-11	84	55・520	140	102	187	105	248	102
14	12-14	85	27・28・40	141	102-104	188	10	252	102・158・205
16	15	87	55	144	22	190	10・445・446	254	206
17	17・18	88	37・56	146	105-107・505	191	105・147・148	255	105・207・208
26	19-22	89	37	147	108	192	10	256	209
28	24	92	30	152	22	193	149	257	210
30	25	95	57・58	153	22・109	195	152	258	10・211-214
33	26	96	30・59	154	1	196	153・154	259	447
34	27-29	97	60	156	110	197	155	260	448
36	30・31	102	61・62	157	10・111	200	156・157・385	263	215・216
37	32	103	63	158	112-116	201	22・521・522	264	217
38	33・512	104	53	159	105・117-119	205	102・158-160	265	219-222
39	34	106	64-66	160	120・121	206	161	268	223
40	28・29	108	67・68	161	122	208	162・163	270	224・225
43	35	109	69	162	123-126	210	164・165	271	37・226
45	44・36	111	70	163	27-29	212	158・167	274	438
52	37	112	71-73	164	30	213	168	276	439
53	38	113	30・74	165	10・127	214	158・169・170	277	440・441
54	39	114	75・76	166	121・508	216	105	279	353・355
56	27-29・40	115	30	167	10	217	178-180		・442-444
57	30	116	30	168	128	218	181・182	287	473
58	41	117	27・28	170	10	219	183	290	474
59	42	119	29・77-79・82	172	129・130	220	184	293	475
65	43	120	80・81	175	10	221	102	295	504
67	45-49	121	59	178	132・133	222	185-187	298	431
68	50・51	125	27・77	180	134	225	37	302	432-434
69	526	127	84・85	181	135	226	37		

国　書

請求番号	蔵書印番号
5	23
8	449・450・523
9	451-453
11	454・509
12	228-231
13	28
14	531
15	510
18	232-243・245-247
19	248
28	249
36	250
37	27・28
40	251
47	252
50	253
55	28
56	28
57	254
58	255
62	256
64	257
66	28・29・259
67	28
77	27・28
79	53
81	28
84	29
85	27・29
87	28
88	28・260
90	29
92	29
95	261
96	28
97	27・28
99	28・262
100	27・28・263・264
101	28・265
102	27・28・266
105	28
106	28・29
108	37
114	29
115	270
116	270
117	28
118	12・13
119	13
120	271・272

請求番号	蔵書印番号
126	273-275
127	121
129	276
130	277・278
133	279-281
134	268・282-284
135	285
141	286
142	287・288
145	93・94・100・101
146	289・290
151	28
152	37・291
153	27・291・292
154	293
155	294
158	269・295-297
160	298・299
166	300・301
167	302
168	303・304
174	305
176	306-308
177	309・310
179	311・312
188	313・314
193	315・316
200	28
202	28
210	27・28
212	317-320
214	321-324
217	28
218	29
219	29
220	30
221	325-327
223	328
224	30
226	28
232	270
234	329
238	330-335
239	336-339
241	27・28・340-351・374
242	352-355
245	356
249	357・358
252	359・360
253	361-368

請求番号	蔵書印番号
256	369
259	370-372
260	28
263	373
265	373・377
270	378・379
271	28
272	28
275	270
277	381
278	381
279	27・28
280	27・28
281	28・29
283	28
284	28
286	156・157・384・385
288	37
289	28
295	156・385・386
296	387-390
300	28
301	28
302	27・28
303	27・28
307	30
308	30
310	28
311	28・29
314	28・391
317	28
319	392・393
322	27
325	27・28
329	397・398
330	27・28
332	399
333	28
337	455-457
342	28
343	401
346	28
347	28・29・400・402
349	28
350	403
352	404
359	525
360	405・406
361	407・408・410・411・415

請求番号	蔵書印番号
362	28
365	409
370	28
371	28・365・402
375	28・375
376	27
377	28・412
378	28
380	28
381	28
382	28
383	28
387	28
389	27・28
391	28
396	413
400	414
402	30・59
403	416・417
404	418
406	418
407	81
410	419
412	28・420
415	30
416	28・30・59
417	30・59
421	59
422	59
429	29・78
437	22・421・422
439	27・28
440	28
441	27・28
443	423
444	424-427
445	59・428
446	78
448	29
449	28・29
450	29
455	27・28
458	373
460	29
461	29
462	270
463	530
464	37
465	228
466	270
467	270・409
468	270・409

請求番号	蔵書印番号
469	270
470	270
472	270
475	270
579	270
582	27・28
483	429
484	37
485	250・430
487	393
494	27・28
495	28
496	28
499	37
502	28
506	476
507	477・478
509	479-481・511
510	482
511	483-485
512	486
515	495
516	487・488
520	489
526	490・491
528	492
531	493・494
532	495
534	496
535	497
538	498
539	499
551	500・501
555	435
556	436・437
558	437
559	458
560	459・460
561	437
562	437
567	458・461
568	463
569	464
573	465
583	466・467
584	462・468・469
585	470
586	471・472
592	502・503
593	502・503

蔵書印番号表(Ⅱ)

(蔵書印番号→請求番号)

カ:漢籍の請求番号
コ:国書の請求番号

蔵書印番号	請求番号
1	カ1・154
2	カ2
3	カ4
4	カ6
5	カ8
6	カ10
7	カ10
8	カ10
9	カ13
10	カ13・136・137 157・165・167 170・175・184 188・190・192 258
11	カ13
12	カ14
	コ118
13	カ14
	コ118・119
14	カ14
15	カ16
17	カ17
18	カ17
19	カ26
20	カ26
21	カ26
22	カ26・144・152 153・201
	コ437
23	コ5
24	カ28
25	カ30
26	カ33
27	カ34・56・85 117・125・163
	コ37・77・85 97・100・102 210・241・279 280・302・303 322・325・330 375・389・439 441・455・482 494
28	カ34・40・56・83 85・117・163
	コ13・37・55・56 66・67・77・81 87・88・96・97 99・100・102 105・106・117 151・200・202 210・217・226 241・260・271 272・279・280 281・283・284 289・300・301

蔵書印番号	請求番号
28	コ302・303・310 311・314・317 325・330・333 342・346・347 349・362・368 370・371・376 377・378・380 381・382・383 387・389・391 412・416・439 440・441・449 455・482・494 495・496・502
29	カ34・40・56 83・119・163
	コ66・84・85・90 92・106・114 218・219・281 311・314・317 347・429・448 449・450・460 461
30	カ36・57・92 96・113・115 116・164
	コ220・224 307・308・402 415・416・417
31	カ36
32	カ37
33	カ38
34	カ39
35	カ43
36	カ45
37	カ52・75・88 89・225・226 271
	コ108・152・153 288・464・484
37	コ499
38	カ53
39	カ54
40	カ56・85
41	カ58・81
42	カ59
43	カ65
44	カ45
45	カ67
46	カ67
47	カ67
48	カ67
49	カ67
50	カ68
51	カ68
52	カ74
53	カ77・104

蔵書印番号	請求番号
53	コ79
54	カ83
55	カ84・87
56	カ88
57	カ95
58	カ95
59	カ96・121
	コ402・416 417・421・422 445
60	カ97
61	カ102
62	カ102
63	カ103
64	カ106
65	カ106
66	カ106
67	カ108
68	カ108
69	カ109
70	カ111
71	カ112
72	カ112
73	カ112
74	カ113
75	カ114
76	カ114
77	カ119・125
78	カ119
	コ429・446
79	カ119
80	カ120
81	カ120・222
	コ407
82	カ119
84	カ127
85	カ127
86	カ128
87	カ128
88	カ128
89	カ130
90	カ131
91	カ131
92	カ131
93	コ145
94	コ145
95	カ136
96	カ138
97	カ138
98	カ138
99	カ138
100	コ145
101	カ185
	コ145
102	カ140・141・205 221・248・252

蔵書印番号	請求番号
103	カ141
104	カ141
105	カ146・159・185 187・191・216 255
106	カ146
107	カ146
108	カ147
109	カ153
110	カ156
111	カ157
112	カ158
113	カ158
114	カ158
115	カ158
116	カ158
117	カ159
118	カ159
119	カ159
120	カ160
121	カ160・166
	コ127
122	カ161
123	カ162
124	カ162
125	カ162
126	カ162
127	カ165
128	カ168
129	カ172
130	カ172
132	カ178
133	カ178
134	カ180
135	カ181
136	カ182
137	カ182
139	カ183
140	カ184
141	カ184
142	カ184
143	カ185
145	カ185
146	カ186
147	カ191
148	カ191
149	カ193
152	カ195
153	カ196
154	カ196
155	カ197
156	カ200
	コ286・295
157	カ200
	コ286

蔵書印番号	請求番号
158	カ205・212 214・252
159	カ205
160	カ205
161	カ206
162	カ208
163	カ208
164	カ210
165	カ210
167	カ212
168	カ213
169	カ214
170	カ214
178	カ217
179	カ217
180	カ217
181	カ218
182	カ218
183	カ219
184	カ220
185	カ222
186	カ222
187	カ222
188	カ227
189	カ227
190	カ229
191	カ229
192	カ229
193	カ229
194	カ230
195	カ230
196	カ230
197	カ230
198	カ230
200	カ238
201	カ244
204	カ246
205	カ252
206	カ254
207	カ255
208	カ255
209	カ256
210	カ257・259
211	カ258
212	カ258
213	カ258
214	カ258
215	カ263
216	カ263
217	カ264
219	カ265
220	カ265
221	カ265
222	カ265
223	カ268
224	カ270

蔵書印番号	請求番号
225	カ270
226	カ271
228	コ12・465
229	コ12
230	コ12
231	コ12
232	コ18
233	コ18
234	コ18
235	コ18
236	コ18
237	コ18
238	コ18
239	コ18
240	コ18
241	コ18
242	コ18
243	コ18
245	コ18
246	コ18
247	コ18
248	コ19
249	コ28
250	コ36・485
251	コ40
252	コ47
253	コ50
254	コ57
255	コ58
256	コ62
257	コ64
259	コ66
260	コ88
261	コ95
262	コ99
263	コ100
264	コ100
265	コ101
266	コ102
267	コ102
268	コ134
269	コ158
270	コ115・116・232 275・462・466 467・468・469 470・472・475 479
271	コ120
272	コ120
273	コ126
274	コ126
275	コ126
276	コ129
277	コ130
278	コ130
279	コ133
280	コ133
281	コ133
282	コ134・278
283	コ134
284	コ134

蔵書印番号	請求番号
285	コ135
286	コ141
287	コ142
288	コ142
289	コ146
290	コ146
291	コ152・153
292	コ153
293	コ154
294	コ155
295	コ158
296	コ158
297	コ158
298	コ160
299	コ160
300	コ166
301	コ166
302	コ167
303	コ168
304	コ168
305	コ174
306	コ176
307	コ176
308	コ176
309	コ177
310	コ177
311	コ179
312	コ179
313	コ188
314	コ188
315	コ193
316	コ193
317	コ212
318	コ212
319	コ212
320	コ212
321	コ214
322	コ214
323	コ214
324	コ214
325	コ221
326	コ221
327	コ221
328	コ223
329	コ234
330	コ238
331	コ238
332	コ238
333	コ238
334	コ238
335	コ238
336	コ239
337	コ239
338	コ239
339	コ239
340	コ241
341	コ241
342	コ241
343	コ241
344	コ241
345	コ241

蔵書印番号	請求番号
346	コ241
347	コ241
348	コ241
349	コ241
350	コ241
351	コ241
352	コ242
353	カ279 コ242
354	コ242
355	カ279 コ242
356	コ245
357	コ249
358	コ249
359	コ252
360	コ252
361	コ253
362	コ253
363	コ253
364	コ253
365	コ253・370
366	コ253
367	コ253
368	コ253
369	コ256
370	コ259
371	コ259
372	コ259
373	コ263・265・458
374	コ241
375	コ371
377	コ265
378	コ270
379	コ270
381	コ277・278
384	コ286
385	カ200 コ286・295
386	コ295
387	コ296
388	コ296
389	コ296
390	コ296
391	コ314
392	コ319
393	コ319・487
397	コ329
398	コ329
399	コ332
400	コ347
401	コ343
402	コ347・370
403	コ350
404	コ352
405	コ360
406	コ360
407	コ361
408	コ361
409	コ365・467・468
410	コ361

蔵書印番号	請求番号
411	コ361
412	コ376
413	コ396
414	コ400
415	コ361
416	コ403
417	コ403
418	コ404・406
419	コ410
420	コ412
421	コ437
422	コ437
423	コ443
424	コ444
425	コ444
426	コ444
427	コ444
428	コ445
429	コ483
430	コ485
431	カ298
432	カ302
433	カ302
434	カ302
435	コ555
436	コ556
437	コ556・558 561・562
438	カ274
439	カ276
440	カ277
441	カ277
442	カ279
443	カ279
444	カ279
445	カ190
446	カ190
447	カ257・259
448	カ260
449	コ8
450	コ8
451	コ9
452	コ9
453	コ9
454	コ11
455	コ337
456	コ337
457	コ337
458	コ559・567
459	コ560
460	コ560
461	コ567
462	コ584
463	コ568
464	コ569
465	コ573
466	コ583
467	コ583
468	コ584
469	コ584
470	コ585

蔵書印番号	請求番号
471	コ586
472	コ586
473	カ287
474	カ290
475	カ293
476	コ506
477	コ507
478	コ507
479	コ509
480	コ509
481	コ509
482	コ510
483	コ511
484	コ511
485	コ511
486	コ512
487	コ516
488	コ516
489	コ520
490	コ526
491	コ526
492	コ528
493	コ531
494	コ531
495	コ532・515
496	コ534
497	コ535
498	コ538
499	コ539
500	コ551
501	コ551
502	コ592・593
503	コ592・593
504	カ295
505	カ146
508	カ166
509	コ11
510	コ15
511	コ509
512	カ38
513	カ72
514	カ72
515	カ72
516	カ72
517	カ72
518	カ72
519	カ72
520	カ84
521	カ201
522	カ201
523	コ8
525	コ359
526	カ69
530	コ463
531	コ14

『新収目録』蔵書印印影一覧

凡例・本一覧には、『新収目録』所載の図書に捺印された蔵書印を図示した。
・図示した蔵書印に附記した番号は、「蔵書印番号」表の番号と一致する。
・番号に附記した括弧のうち、［　］は黒印、（　）は藍印、〈　〉は緑印を示し、括弧のないものは全て朱印である。
・印影の縮尺率は、６１％であるが、＊を附す小型印は実寸とした。
・欠番は、重複を統合したために発生したものである。
・印影の掲出は番号順を原則とするが、配置の都合上、前後することがある。

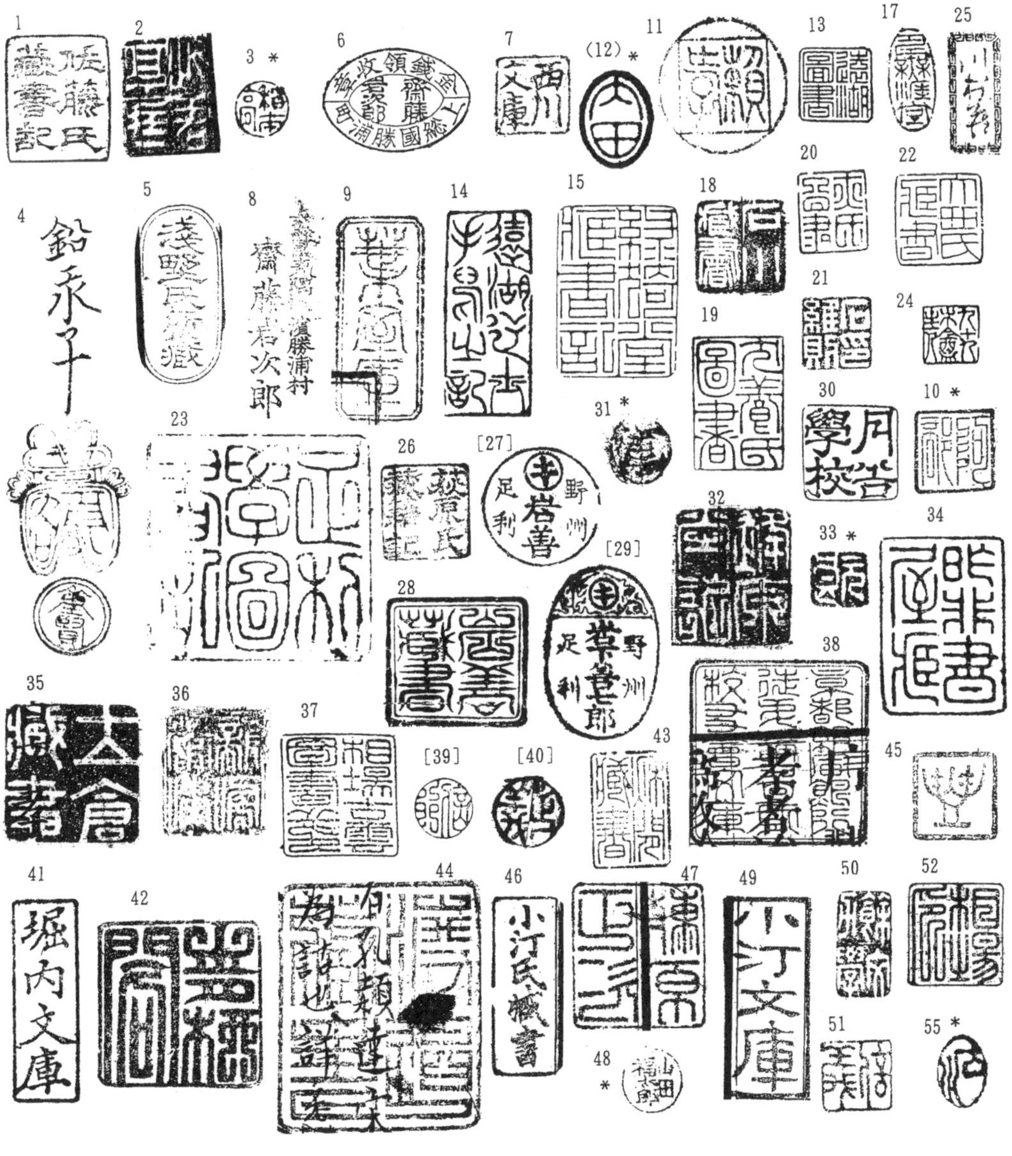

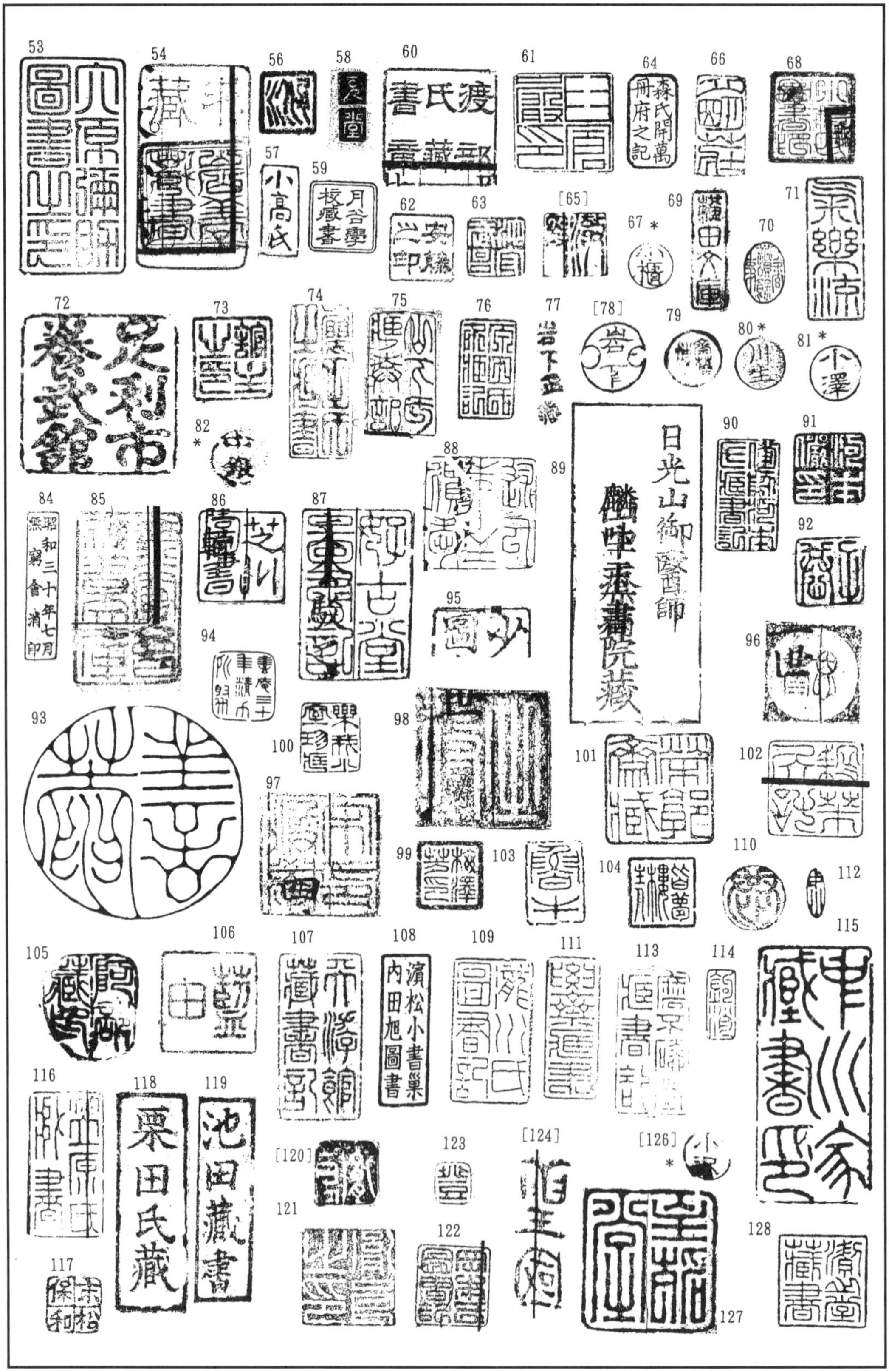
53 54 56 58 60 61 64 66 68
57 59 62 63 [65] 67 * 69 70 71
72 73 74 75 76 77 [78] 79 80 * 81 *
82 * 88 89 90 91
84 85 86 87 95 92
94 96
93 100 98 101 102
97 99 103 104 110 112
105 106 107 108 109 111 113 114 115
116 118 119 [120] 123 [124] [126] *
121 122 127 128
117

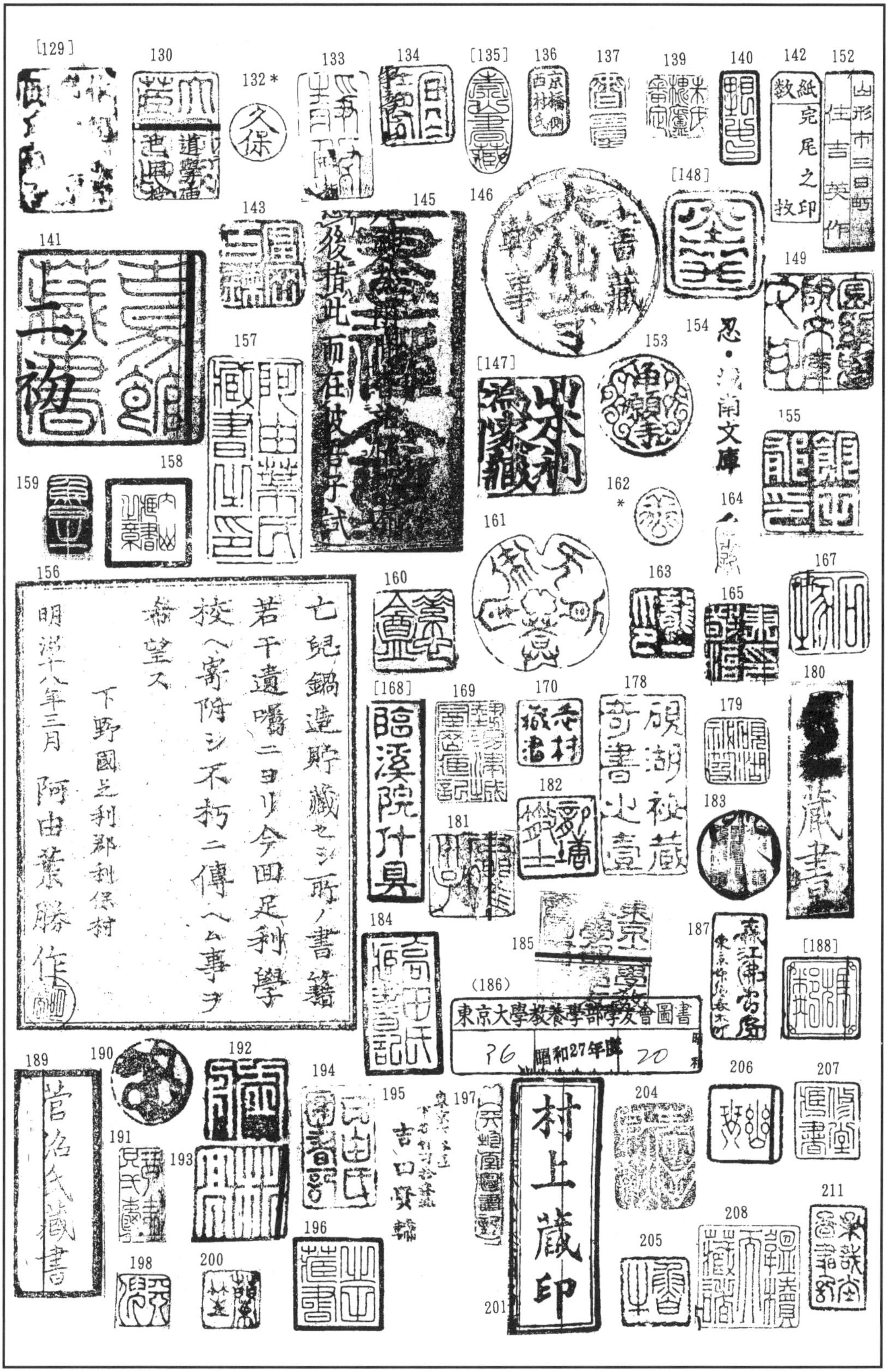

紙数 完尾之印 牧
山形市三日町 住吉英作
忍・南文庫
亡兒鍋造貯蔵セシ所ノ書籍若干遺囑ニヨリ今回足利學校ヘ寄附シ不朽ニ傳ヘム事ヲ希望ス
下野國足利郡利保村
明治十八年三月 阿由葉勝作
東京大學教養學部學友會圖書
昭和27年度
吉口寅輔
村上蔵印

Class.........Shelf..........No..
Library
of
DOSHIN KWAI
足利友愛義團藏書
横田文庫
小澤
足利新上町今尾
丸山源八
電話番号
小汀文庫
梅澤忠齋藏
東勢田文庫
大家氏藏書
東京都墨田區菊川一ノ二九梅澤忠齋
兼子文庫
新縣住石附氏藏書印

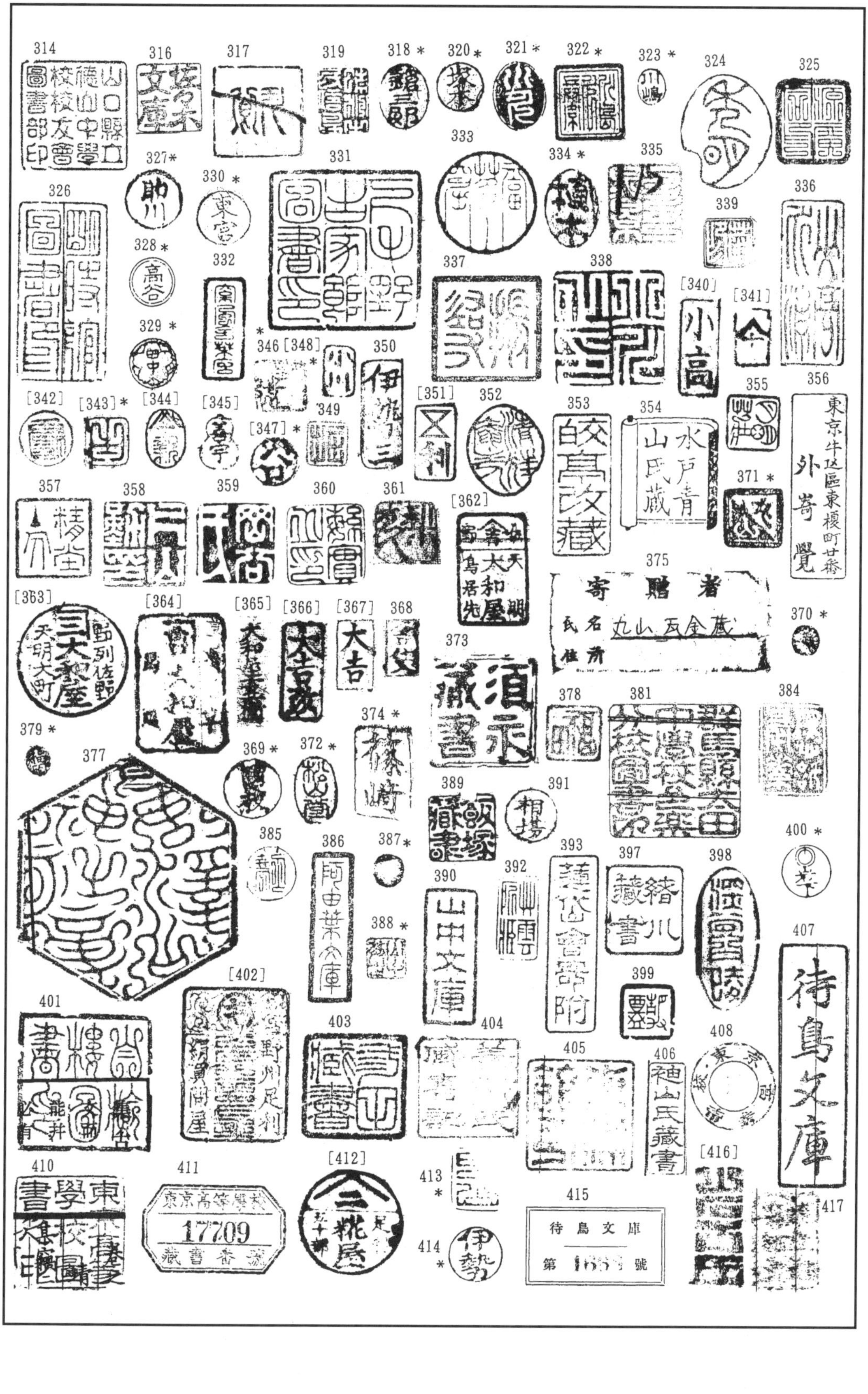

314 316 317 319 318* 320* 321* 322* 323* 324 325
327* 330* 331 333 334* 335 326 336 339
328* 332 337 338 [340] [341]
329* 346* [348] 350 [351] 352 353 354 355 356
[342] [343]* [344] [345] [347]* 349
357 358 359 360 361 [362] 371*
375 370*
[363] [364] [365] [366] [367] 368 373 378 381 384
379* 377 374* 369* 372* 389 391
385 386 387* 393 397 398 400*
390 392 388* 399 407
[402] 401 403 404 405 406 408
410 411 [412] 413* 414* 415 [416] 417
東京牛込區東榎町廿番
外寄覺
寄贈者
氏名
住所
水戸青山氏藏
山中文庫
待鳥文庫
東京高等學校
17709
藏書番號
待鳥文庫
第 號

409
418
419*
422*
425
427
426*
429*
431
[421]
420*
423*
428
430*
[432]*
436*
[434]*
438
[424]*
442
443
445
446
455
三柚書屋
433
437*
武井
435
439
440
[441]
[444]
447
449
450
453
日益月加 恭盡藏
456
[457]
458*
459
[448]
452
雖同社之外親戚故人不許借此
451
宜園之藏書
454
460
461
高山
462
[463]
465
466
468
469
464
467
482
新聞漫書
484
470
471
474
[477]
483
拙房齋書
473
赤松藏書
[475]
[478]
479
[480]
481*
[493]
485*
鶴見照雄藏本
472
476
[492]
494
486
489
490
491
487
488
500
502
495
496
497
498
[499]
越後荒井濱
501
503
[505]
大野家
504
511
508*
白井
512*
509
513
515*
[518]